KB190624

아는 만큼 건강한 목회

일러두기

본문에 인용한 성경 구절은 대한성서공회에서 펴낸 개역개정판을 따랐습니다.

다른 번역본을 인용한 경우 따로 표기하였습니다.

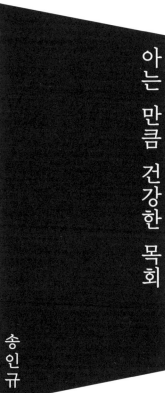

아는 만큼 건강한 목회

송인규

3

차 례

하나님의 말씀을 너희에게 일러 주고

너희를 인도하던 자들을 생각하며

그들의 행실의 결말을 주의하여 보고

그들의 믿음을 본받으라.

Remember your leaders,

who spoke the word of God to you.

Consider the outcome of their way of life

and imitate their faith.

히브리서 13:7

《아는 만큼 건강한 목회》를 선보이며

이 책《아는 만큼 건강한 목회》는 "아는 만큼" 시리즈의 제
3권이다. '아는 일'은 의미 있는 예배 참여(1권《아는 만큼 누리는
예배》)나 신앙적 질문들(2권《아는 만큼 깊어지는 신앙》)뿐만 아니
라, 건강한 목회 사역의 수행과 관련해서도 매우 중요하다.

▽ **목회 철학과 목회적 성찰**

목회자는 물론 교인들 사이에서도 '목회 철학'이라는 말이
회자되는데, 목회 철학이란 목회자가 목회 사역의 수행과 관
련하여 어떤 이상과 비전을 지니고 있는지 그 요지와 얼개를
담아내는 것이다. 목회 철학은 목회 사역을 하는 데에 방향과

목표를 제시할 뿐만 아니라 구체적인 사역 방침 설정과 프로그램 시행에도 영향을 미친다.

목회자는 사역을 수행하면서 자신의 됨됨이와 활동을 수시로 돌아보게 마련이다. 이러한 목회적 성찰은 스스로 부과한 자기 훈련의 일환일 수도 있고, 교인들의 질문/도전이나 상황적 변화에 부응한 결과일 수도 있다. 그런데 목회적 성찰은 좋든 싫든, 의식을 하든 못하든 목회 철학에 의거하여 이루어진다.

어떤 목회자는 목회 철학이나 목회적 성찰에 대해 시큰둥한 반응을 보일지도 모른다. "목회 철학이요? 그런 것 없습니다. 그냥 맡겨진 대로 열심히 설교하고 예배드리고 심방하고 임직자 훈련을 할 뿐이지요. 뭐 거창하게 목회 철학이니 목회적 성찰이니 하는 것들이 필요합니까?"

어찌 보면 맞는 말 같다. 그러나 사안을 좀 더 깊이 들여다보면 이런 반응은 일의 실상을 정확히 파악하지 못하는 데서 생기는 피상적 언급에 불과하다. 왜 전통적인 구역 모임을 소그룹 목장 체제로 개편하고자 하는가? 무엇 때문에 30-40대 신앙 생태에 관한 리포트를 눈여겨보는가? 무슨 까닭에서 사회 선교부의 예산을 삭감하는가? 이 모든 행동이나 결정에는 나름의 즉각적 이유가 있겠지만, 이런 이유들을 면밀히 추적해 보면 결국에는 목회 사역과 관련하여 더 중요시하는 목표, 더 집념을 품는 이상이 발견되게 마련이다. 바로 이러한 것이 목회 철학이 아니고 무엇이겠는가? 그러니 목회 철학이 있느냐 없느냐의 문제가 아니라 어떤 목회 철학을 품느냐가 사안의 핵심이다.

▽ '목회학'으로부터의 도움

만일 어떤 이가 목회 철학과 목회적 성찰을 중요시하여 이 방면으로 노력을 기울인다고 하자. 그럴 때 그에게 가장 우선시되는 것은 '목회란 무엇인가' 하는 점이다. 일반 사전을 찾아보면 목회는 "목사가 교회를 맡아 설교를 하며 신자의 신앙생활을 가르치고 지도함"[1]이나 "목사로서 (회중)을 영적으로 돌보는 [일]"[2] 정도로 간략히 풀이되어 있어, 목회의 실상을 파악하는 데는 효용 가치가 별로 높지 않다. 바로 이때 목회학, 즉 '목회적 경험이나 활동을 이론적 탐구의 대상으로 삼는 신학 분과'가 긴한 도움을 준다. 이와 관련하여 오덴(Thomas C. Oden, 1931-2016)이 제공하는 포괄적 설명은 **목회 활동**과 **목회에 대한 이론적 고찰**(목회학 혹은 목회 신학pastoral theology) 사이에 떼려야 뗄 수 없는 관계가 존재함을 내비치고 있다.

목회 신학[목회학]은 목사의 직분과 기능을 다루는 기독교 신학의 분과이다. … 목회 신학은 신학으로서 하나님의 지식—성경에 증거되고, 전통을 통해 전달되며, 체계적 추론에 의해 성찰되고, 개인적·사회적 경험 가운데 구체화되는—에 주의를 기울인다. 목회 신학은 목양 관련의 과목이기 때문에 이론과 실천을 연관시키는 특징이 있다. 이 과목은 성경과 전통에 해명의 의무를 지고, 경험상 건실하며, 내적으로 조리에 맞는, 일관적 사역 이론을 발전시키고자 한다는 점에서 **이론적**이다. 그러나 그렇다고 하여 단지 사역에서 일어나는 바에 대한 이론적 진술이거나 객관적 묘사인 것만은 아니다. 이 과목은 또 구체적 목양의 과제가 무엇인지 정의만 내리지 않고 그것을 실현하는 데에 관심을 쏟기 때문에 **실천적** 과목이기도 하다. 이것의 준궁극적 목표는 사역의 이론을 개선하는 것이지만, **장기적 목표는 사역을 실제적으로 개선하는 것**[이 부분의 강조는 인용자의 것]이다.[3]

이처럼 목회학은 목회의 이론과 실천을 연관시키는 신학 분과이기 때문에, 목회 철학과 목회적 성찰에 대해서도 결코 소홀히 여길 수 없는 단서와 아이디어를 제공한다.

이상의 접근 방식과 다소 차이를 보이기는 하지만, 그럼에도 불구하고 목회 철학이나 목회적 성찰에 대해 비슷한 도움을 주는 내용이, 존 맥아더(John F. MacArthur, 1939-)와 그의 동료들이 집필한 목회 사역 안내서에서 발견된다. 그들은 이 책의 저술 목적을 세 가지 질문과 답변으로 정리하는데, 이것은 결국 목회 철학과 목회적 성찰에 관한 것이다.

1. 하나님이 목회 사역에 요구하시는 성경적 절대 명제들을 **확인**

한다. 즉, "사역 철학을 수립하는 데 필요한 권위는 무엇인가?"라는 질문에 답한다.

2. 성경이 요구하는 목회자의 자격을 **밝힌다**. 즉, "하나님은 어떤 사람에게 그리스도의 양 떼를 칠 자격을 주셨는가?"라는 질문에 답한다.

3. 성경이 정하는 목회 사역의 우선순위들을 **기술한다**. 즉, "성경을 기초로 한 목회 사역이란 어떤 것인가?"라는 질문에 답한다.[4]

이처럼 목회학을 신학 분야의 관점에서 펼쳐 나가는 전문 서든 성경적 목회 사역이 무엇인지를 밝히고자 하는 안내서든, 이런 자료들은 목회 철학의 수립과 목회적 성찰의 실행에 직간접적으로 도움을 준다.

▽　**이 책의 취지와 구조**

《아는 만큼 건강한 목회》는 목회와 목회학 사이의 이러한 내적 연접성에 주목한 결과물이다. 그렇다고 하여 이 책이 목회학 입문서로 꾸며졌다는 말은 아니다. (만약 그렇게 하려면 훨씬 더 많은 중요한 내용들을 체계적이고 순차적으로 기술했어야 한다.) 그러나 동시에, 가벼이 즐길 수 있는 목회 수상집으로 생각하여 집필한 것도 아니다. 엄격성 면에서는 좀 느슨하지만, 목회 철학의 수립과 목회적 성찰의 실행을 겨냥한다는 점에서 목회 관련 학습서로 분류하기에는 충분할 것이다. 결국 목회에 대한 이론적/신학적 성찰이 건강한 목회 활동을 촉진한다는 신념하에 책의 제목을《아는 만큼 건강한 목회》로 잡았다.

총 16편의 글을 4부로 나누어 구성했는데, 1부 "목회와 사역 철학"에는 목회 활동, 교회, 동역, 그리고 목회자에 관한 근본적이고 본질적인 질문을 담은 글들을 실었다. 2부 "교육과 훈련으로서의 목회 사역"에서는 제자 훈련, 성경 교육, 맞춤 양육의 문제를 서술하고 있다. 3부 "목회 사역이 주는 도전"에서는 개인주의 풍조, 섬김의 목회, 비난, 성적 비행 등 목회자를 향한 각종 도전에 대하여 성경적이고 실제적인 대처 방안을 제시한다. 목회 사역의 여러 이슈를 다룬 4부에서는 오늘날의 목회 현장에서 논란과 쟁점이 되는 가나안 성도, 목사의 이중직, 직분관, 교회 합병 등을 다루고 있다.

▽ **감사의 마음을 담아**

"아는 만큼" 시리즈 전 3권을 완성할 수 있어서 저자로서 무척 감격스럽다. 이런 일이 가능하도록 수고를 아끼지 않은 분들에게 감사의 뜻을 전한다. 무엇보다도 세 권 모두의 편집을 맡아 애쓴 이현주 선생께 고마움을 느낀다. 그는 이 글들의 가치를 인정하여 시리즈 출간의 아이디어를 내놓았고 구체화시켰다. 그리고 이 시리즈를 일관되고 독특한 디자인으로 멋지게 옷을 입혀 준 정지현 선생께도 감사의 마음을 전한다. 이 시리즈가 새로운 모습으로 다시 태어나도록 책의 출로를 마련해

준 김도완 대표께도 마음으로부터 사의를 표한다. 그가 보인 관심과 호의 때문에 예배·신앙·목회에 관한 필자의 부르짖음이 사람들에게 전해질 수 있게 되었다. 역시 이번에도 원고를 작성하고 정리하는 일에 변함없이 동역하고 기도로 함께한 아내 영아에게, 감사와 기쁨의 마음을 전한다.

끝으로, "아는 만큼" 시리즈를 애독해 주신 모든 독자께 진심으로 감사를 드린다. 이 시리즈가 한국 교회의 예배를 풍성하게 누리고, 신앙을 깊게 이해하고, 목회 사역을 건강하게 하는 데 조금이라도 기여할 수 있다면, 저자로서 바랄 것이 없겠다.

2023년 8월
송인규

I

목회와 사역 철학

1. 무엇이 목회 활동의 중심인가?

복음 사역과 목회

•

•

　복음은 그리스도인의 신앙과 삶을 형성하고 작동시키는
본질적 사안이요 핵심적 내용이다. 복음은 때로 예수 그리스
도와 동일시되는가 하면막 10:29; 롬 16:25, 성경의 주된 사상으로
소개되어 있으며롬 1:2, 일꾼의 정체성을 밝히는 것롬 15:16; 골 1:23
으로 나타나 있다. 따라서 그리스도인은 무슨 일을 행하든지
복음을 중심으로 해야 하고 또 복음 지향적이어야 한다. 이것
은 목회 사역의 경우에도 예외가 아니다. 이 장에서는 복음이
무엇인지, 복음 사역과 목회 활동이 어떻게 연계되어야 하는
지, 특히 목회자 편에서 자신의 마음을 어떻게 복음적 가치관
으로 무장할 수 있을지에 대해 논의를 개진할 것이다.

복음의 의미와 내용

복음福音은 일반 사전에도 "그리스도가 죽음으로써 인류를 구원했다는 기쁜 소식"[1]이라고 되어 있어서, 그 어의에 '기쁜 소식'이 담겨 있음을 보여 주고 있다. 신약 성경에 나타난 단어 '유앙겔리온εὐαγγέλιον'은 어휘 자체로는 '유εὐ(좋은)'와 '앙겔로스ἄγγελος(소식)'의 복합어이다.

'유앙겔리온'은 기독 신앙이 희랍(그리스) 사회에 유입되기 전부터 이미 그들 사이에 통용되던 단어였다. 원래 '유앙겔리온'은 주로 전쟁에서의 승리를 알리는 자가 받는 '보상reward'을 가리켰으나 후에는 그 승리의 '기쁜 소식' 자체를 뜻하는 것으로 차차 바뀌었다.[2] 또 로마 사회에서는 황제의 탄생이나 등극을 알리는 소식에 대해 이 단어를 사용했다.[3] 복음 전도자들은 하나님께서 그리스도 안에서 자신의 약속을 이루심으로써 모든 사람에게 구원의 은혜를 베푸신다는 기쁜 소식을 '유앙겔리온'이라 불렀다.

그리스어 '유앙겔리온'은 로마 사회로의 전환에 따라 '에방겔리움evangelium'이라는 라틴어로 재등장했는데, 이 역시 '유eu(좋은)'와 '앙겔리움angelium(소식)'으로 분해해 볼 수 있다. 라틴어 '에방겔리움'은 후에 고대 영어에서 'godspel'[god(good) + spell(tale)]이라는 단어로 바뀌고, 다시금 오늘날 우리가 사용

하는 'gospel'로 정착이 된다.[4]

어떤 학자는 복음의 성경적 의미를 "죄에 예속된 인간들을 위하여 그리스도 예수 안에 나타난 하나님의 구속 활동을 기쁘게 선포함"[5]이라고 역동적으로 묘사한다. 그런데 이러한 복음의 내용은 주체자와 수혜자라는 두 가지 측면에서 조망할 수 있다. 만일 복음을 가능하게 한 주체자 그리스도와 하나님[객관적 측면]을 드러내기 원한다면, "**하나님**의 복음"롬 1:1, 15:16; 고후 11:7; 살전 2:2, 8-9, "**그리스도**의 복음"고전 9:12; 고후 2:12, 9:13, 10:14; 갈 1:7; 살전 3:2, "**그의 아들**의 복음"롬 1:9이라는 표현을 쓰는 것이 합당하다. 그러나 복음으로 말미암아 은택을 누리는 수혜자의 입장[주관적 측면]에서는 "**구원**의 복음"엡 1:13, "**평안**의 복음"엡 6:15 등의 표현을 쓰는 것이 적실하다.

복음 제시의 세 가지 수준

복음의 내용을 제시하는 데는 다음 세 가지 수준으로 나누어 볼 수 있다. (여기에서 '수준'이라 함은 복음의 내용을 얼마나 **자세히**—얼마나 많은 항목으로—제시하느냐에 대한 것이다.)

∇ 세 가지 수준의 설명

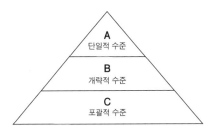

(1) 단일적 수준[A]

단일적 수준이란 말뜻 그대로 단일한 항목에 의해 복음을 설명하는 수준이다.

> **행 14:15** 이르되, "여러분이여! 어찌하여 이러한 일을 하느냐? 우리도 여러분과 같은 성정을 가진 사람이라. 여러분에게 **복음**을 전하는 것은 이런 헛된 일을 버리고 천지와 바다와 그 가운데 만물을 지으시고 **살아 계신 하나님께로 돌아오게 함**이라."

바울이 루스드라에서 전한 복음의 내용은 "살아 계신 하나님께로 돌아오라!"는 단일한 것이었다. 이처럼 단일적 수준으로도 복음을 제시하는 일이 가능함은 다른 예—"목마른 자들아, 물로 나아오라"사 55:1, "주 예수를 믿으라!"행 16:31, "예수는 주"이시다 고전 12:3 등—를 보아 알 수 있다.

(2) 개략적 수준[B]

개략적 수준이란 복음의 내용을 몇 가지 항목에 의해 제시하는 것이다. 대표적인 예로서 다음에 언급한 바울 사도의 설명이 있다.

> 고전 15:1-4 [1]형제들아! 내가 너희에게 전한 **복음**을 너희에게 알게 하노니 이는 너희가 받은 것이요 또 그 가운데 선 것이라. [2]너희가 만일 내가 전한 그 말을 굳게 지키고 헛되이 믿지 아니하였으면 그로 말미암아 **구원**을 받으리라. [3]내가 받은 것을 먼저 너희에게 전하였노니 이는 성경대로 **그리스도께서 우리 죄를 위하여 죽으시고** [4]**장사 지낸 바 되셨다가** 성경대로 사흘 만에 **다시 살아나사**

바울이 고린도 교인들에게 복음을 전했을 때 그 내용은 적어도 네 가지 항목으로 구성되어 있었다(이런 면에서 '개략적 수준'이라고 말하는 것이다). 네 가지 항목은 '우리 죄'3절, '그리스도의 죽음'3절, '그리스도의 장사'4절, '그리스도의 부활'4절이다. 이 가운데 뒤의 세 가지는 복음의 객관적 측면에 대한 것이다. 만일 복음의 주관적 측면까지 거론한다면 '우리가 믿고 구원 받음'2절을 또 하나의 항목으로 추가할 수 있을 것이다.

이처럼 개략적 수준의 복음 제시에 해당하는 구절로서 누가복음 24장 46-48절, 사도행전 5장 29-31절, 17장 2-3절,

로마서 4장 25절 등을 들 수 있다.

(3) 포괄적 수준[C]

복음의 내용을 제시하는 일은 단일적 수준이나 개략적 수준 이외에 포괄적 수준으로도 가능하다. 포괄적 수준이란 복음의 내용을 그야말로 포괄적으로 전달/설명하는 수준이다. 이 역시 사도 바울의 사례에서 배울 수 있다.

> **롬 1:15** 그러므로 나는 할 수 있는 대로 **로마에 있는 너희에게도 복음 전하기를 원하노라.**
>
> **롬 16:25** **나의 복음**과 예수 그리스도를 **전파함**은 영세 전부터 감추어졌다가

바울은 로마서를 시작하면서 로마인들에게 복음 전하기를 원했고1:15, 로마서를 끝내면서 나의 복음을 전파했다16:25고 했다. 이로써 그가 쓴 로마서 전체가 하나의 복음 메시지라는 것을 추정할 수 있다. 그렇다면 로마서에 들어 있는 다음의 내용이 복음에 포함된다고 볼 수 있다.[6]

- **모든 사람의 불의**1:18-3:20
- **전가**轉嫁**된 의: 칭의**3:21-5:21
  1. 그리스도를 통해3:21-26
  2. 믿음으로 수용3:27-4:25

3. 의의 열매5:1-11

4. 요약: 인간의 불의와 하나님의 의의 선물5:12-21

- **분여**分與**된 의: 성화**6:1-8:39

1. 죄의 횡포에서의 자유6:1-23

2. 율법의 정죄에서의 자유7:1-25

3. 성령의 능력 안에서의 삶8:1-39

- **이스라엘에 대한 하나님의 처우**9:1-11:36

- **의의 실천**12:1-15:13

1. 몸-교회에서12:1-21

2. 세상에서13:1-14

3. 믿음이 약한 그리스도인과 강한 그리스도인 사이에서14:1-
15:13

Ⅴ **복음 제시와 신앙 교육**

상당히 많은 목회자들은 복음 제시의 '포괄적 수준[C]'과
관련하여 질문이 생길 것이다. 여기서는 그 질문을 두 가지로
추려서 하나씩 다루고자 한다.

(1) **"복음을 소개할 때 C 수준처럼 포괄적 제시를 하는 일은
거의 없지 않은가?"** 맞다. 보통 우리의 복음 소개는 '노방 전도
에서 흔히 이루어지는 단일적 수준[A]' 혹은 '복음 전도 성경
공부Evangelistic Bible Study에서 많이 시행하는 개략적 수준[B]'
으로 끝난다. 그러나 복음의 제시를 꼭 A와 B의 수준으로 국한

해야 할 필요는 없다.

이 대목에서 우리는 한 가지 고정관념을 시급히 교정하는 일이 필요한데, 즉 복음을 들려줄 대상은 오직 불신자뿐이라는 뿌리 깊은 편견이다. 복음을 들을 대상이 주로 그리고 일차적으로는 불신자들이지만, 다음의 이유들로 인해 신자들 또한 복음 제시의 대상으로 보아야 한다.

첫째 이유: 자기들이 신자라고 생각하지만, 실상은 복음의 핵심 내용을 제대로 이해하지 못한 채 교회 생활에만 익숙해 있는 이들이 예상외로 많다. 이런 이들은 더 포괄적 수준의 복음 내용 소개(예를 들어, C 수준)를 통해 복음을 깨닫고 참 신자가 되어야 한다.

둘째 이유: 또 어떤 이들은 비록 신자가 되어 복음의 몇몇 항목에 대해서는 흔쾌히 동의를 하지만, 다른 항목에 대해서는 회의나 의문을 여전히 품고 있다. 이런 이들에게는 C 수준의 복음 제시를 통해 복음의 전반적 사항을 총체적으로 이해하도록 해야 한다.

셋째 이유: 비록 그리스도인들이 복음의 전체 내용을 알고 있다 할지라도, 꽤 많은 경우 그 정도가 피상적이기 때문에 더 깊은 깨달음을 통해 확신으로 나아갈 필요가 있다. 이것을 돕는 방도가 바로 C 수준의 복음 내용 제시인데, 바로 이런 깨달음과 확신이 있어야 신앙의 성숙과 영적 이해력이 증진되기 때문이다. 앞에서 말했듯 바울은 이미 믿고 있는 로마의 그리

스도인들 참고. 롬 1:6-7에게 복음을 전하겠다 1:15고 했고,[7] 실제로 1장 18절에서 15장 33절까지의 내용으로 복음을 전했다.

(2) **"그렇다면 C 수준은 신앙 교육이지 복음 제시는 아니지 않은가?"** 복음 제시와 신앙 교육의 구별 ─ 전자는 비신자를 대상으로 하고 후자는 신자들을 겨냥하는데 ─ 이 필요하기는 하나, 어떤 경우에는 위에 제시한 세 가지 이유 때문에 그 구분이 그렇게 중요하지 않다. 그러므로 C 수준의 복음 제시가 사람들을 실제로 돕는 결과를 낳을 수만 있다면 그 명칭을 복음 제시라고 하든지 신앙 교육이라고 하든지 별 상관이 없다.

복음 사역과 목회 활동

▽ 둘 사이의 연계성

복음 제시가 신자들을 대상으로도 이루어져야 한다는 데 동의한다면, '복음 사역' 역시 그 일부는 신앙 공동체의 구성원들에 대한 교육적·목회적 활동의 일환이 된다. 복음의 메시지를 가르치는 일은 곧 신자들이 성화된 삶을 살도록 종용하는 목회적 돌봄이나 지원으로 연결이 된다. 이렇듯 복음 사역과 목회 활동은 함께 어우러지는 것이다. 그런데 이러한 어우러짐을 어떤 학자는 복음 사역으로부터 접근하여 설명했다.

복음 메시지에는 그것이 예수의 가르침이건 사도들의 가르침이건 윤리적 요구 사항이 내장되어 있다. 하나님의 은혜에 의해 신자가 받은 새롭고 특권적인 위치는 직접 의로운 삶엡 2:10으로 연결이 되도록 의도된 것이다. 고린도후서 5장 21절, 골로새서 1장 22절 이하, 2장 6절 이하, 디모데전서 2장 11-14절의 진술들이 함의하는 윤리적 의미들을 주목해 보라. ··· 신자는 반드시 '하나님께 합당한'살전 2:12 삶이자 '**그리스도의 복음에 합당한**'빌 1:27 삶을 영위해야 한다. 바울은 교회들이 수립된 **복음의 선포적 사실들로부터 종종 윤리적 교훈을 도출하곤 했다.** 예를 들어, 그리스도에 관한 이런 본질적 사실들에 기초하여 상호 관심 갖기롬 15:1-3, 겸손과 형제 사랑빌 2:1-11, 용서엡 4:32, 부부 간의 사랑엡 5:25 이하, 거룩과 정결롬 6:4; 고전 6:15-20 및 확신과 소망고전 15:20; 살전 4:13 이하을 권면한다.[8] [강조는 인용자의 것]

그런가 하면 어떤 목회학 전문가는 복음 사역과 목회 활동의 어우러짐을 설명하면서 목회적 책임을 출발점으로 삼기도 한다.

신약에서 **목회의 목표는 신자의 성숙을 촉진하는 것이다**골 1:28-29; 엡 4:15. 성숙이란 "흑암의 권세"에서 건짐을 받아 그리스도의 나라에 속한골 1:12-13 사람으로서 충만히 살도록 하는 일이다. 그것은 하나님의 아들로서 자유롭게갈 3:26-4:7, 5:1, 또 성령과 보조를 맞추어 성실히갈 5:16-6:5; 엡 5:1-21 사는 것이다. **이것은 조금씩이지만 복음의 의미**implications**를 점점 더 구현해 내는 일이다.** 신자들에 대한 부단한 부르심은 곧 그리스도 안에서의 위치를 실현하는 데, 또 그런 위치에 합당한 방도로 생활하는 데엡 4:1 이하 진보를 나타내라는 것이다.[9] [강조는 인용자의 것]

▽ 목회 활동의 전반적 형세

나는 목회 활동과 복음 사역을 통합해 진행할 때 목회 활동이 복음 사역을 중심으로 수행되어야 한다고 본다. 그 이유를 도표(29쪽)에 의거해 설명해 보겠다.

먼저, 도표에 나타난 개별 항목들을 하나씩 살펴보자. 원의 가장 바깥쪽에는 오늘날의 사람들이 가진 이슈들이 자리하고 있다.

- **개인적 이슈들**: 취업·결혼, 가정적 어려움, 건강·재정·진로의 불확실한 전망 등
- **목회적·기독교적 이슈들**: 분파주의적 난립상, 성장주의적 교회관, 이원론적 신앙, 기복 신앙, 적극적 사고방식, 교회 이탈 현상 등
- **사회적 이슈들**: 개인주의, 쾌락주의, 신자유주의, 양극화 현상, 동성애와 동성혼, 이혼·자살의 급증, 가족 와해 등

목회 활동

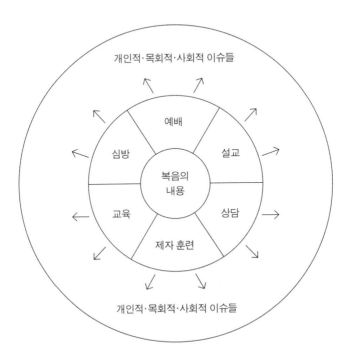

교우들에게 있는 이런 다양한 차원의 이슈들에 대해, 목회자는 다양한 영역(**예배, 설교, 상담, 제자 훈련, 교육, 상담**)에 걸쳐 목회적 활동을 전개한다. 그런데 이와 같이 여섯 영역에 걸친 목회적 노력은 어떤 식으로든 복음의 내용에 영향을 받아야 한다. 복음의 내용을 다시 한번 상기해 본다면 다음과 같은 요소들이다.

- **인간의 근본 문제**: 죄와 타락한 본성
- **예수 그리스도의 구속**: 동정녀 잉태, 고난, 십자가, 장사, 부활, 승천, 재위在位
- **구원의 은택**: 믿음, 회개, 칭의, 입양, 성화, 견인, 영화
- **윤리적 생활**: 선행, 거룩, 그리스도를 닮은 삶

이제 목회 활동의 전체적 과정을 정리해 보자.

- 목회 사역은 사람들이 가진 개인적·목회적·사회적 이슈들을 파악하고 그리스도의 심정[애끓는 마음]으로 대하는 것에서부터 출발한다.
- 목회자는 사람들의 고통과 아픔을 절감하되 동시에 그런 이슈들에 대한 복음적 분석·진단·처방 등을 시도해야 한다.
- 목회 사역의 모든 분야(설교, 예배, 상담, 제자 훈련, 교육, 심방)는 이러한 복음적 분석·진단·처방을 핵심으로 한 실천적 적용 활동이다.

목회자 개개인의 중요성

모든 목회 활동이 그렇지만 복음 지향적 목회 철학의 수

립, 곧 복음 사역을 목회 활동의 중심에 두는 일 역시, 목회자 한 사람의 가치관과 결의가 매우 중요하다. 물론 목회 사역의 수행과 발전이 목회자 혼자만의 힘으로 다 이루어진다는 말은 아니다. 그럼에도 불구하고 목회자가 올바른 가치관을 견지하는 일이야말로 복음 지향적 목회 활동을 펼치는 데 가장 중요한 요인이다.

▽ 목회자의 가치관에 영향을 미치는 요인들

그런데 바로 여기에 문제가 있다. 대부분의 목회자가 복음 지향적 목회관에 무관심하지만 혹시 이런 목회관에 큰 관심을 가진 이가 있다고 해도, 자신이 꿈꿔 온 목회적 가치관을 실현하기가 쉽지 않기 때문이다. 가장 큰 이유는 목회자의 심령이 알게 모르게 자신을 둘러싼 여러 가지 현실적 요인들에 의해 영향을 받곤 하기 때문이다.

그렇다면 목회자의 목회적 가치관 형성에 영향을 미치는 요인들은 무엇일까? 그 요인들을 항목별로 정리해 보면 다음과 같다(32쪽 도표 참조).

- **목회/교육/사역 현장**: 보람과 실망, 긍정·부정적 반응(감사 vs. 비판), 성공과 실패 등
- **개교회의 구성원들**: 당회원·중직자·부교역자·교인들의 기대와 욕구, 건의, 제안 등

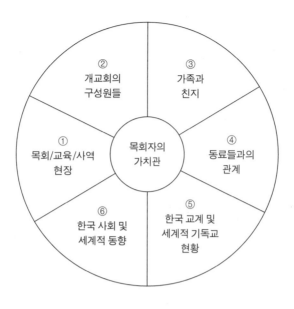

- **가족과 친지**: 특히 배우자의 평가·의견, 부모나 동기간의 코멘트, 친척들의 직간접적 논평 등
- **동료들과의 관계**: 노회원들과의 교류, 신학교 동창끼리의 소식·소문·가십, 기독교 안팎의 친구에게서 듣는 이야기들, 페이스북 친구들의 소식 전달 등
- **한국 교계 및 세계적 기독교 현황**: 인터넷 자료, 뉴스, 소식지, 기도 제목, 기독교 매체, 기독교 서적 등
- **한국 사회 및 세계적 동향**: 인터넷 자료, 뉴스, TV 등

그런데 목회자가 아무런 마음의 각오나 준비 없이 삶에 임할 때 상기한 여섯 가지 항목은 목회자의 가치관 형성에 대체로 부정적인 방향으로 영향을 미친다. 목회자가 이런 요인들에 영향을 받으면 그의 목회관은 여지없이 성경적 주체성과 영적 방향 감각을 포기한 채 세류에 휩쓸리기 쉽다. 이런 과정이 반복될 경우 목회자는 어느 사이엔가 복음 지향적 목회관에서 점점 멀어지게 된다.

▽ 목회자가 자신을 지키는 한 가지 길

그렇다면 어떻게 목회자는 자신에게 영향을 미치는 이러한 요인들에 의해 압도당하지 않을 수 있을까? 목회자가 현실을 완전히 등질 수도 없는 처지에서―이렇게 도피주의적 태도를 취하는 것 역시 합당하지 않을 수 있다― 어떠한 대응책이나 효율적 방안을 마련할 수 있을까? 이런 질문에는 결코 만병 통치식의 답변이 있을 수 없다. 그저 한 가지 지침을 제안한다면, 목회관 형성과 실현을 위해서는 현실적 요인들보다 성경의 가르침에 더 영향을 받도록 경건의 훈련을 실천해야 한다. 우리에게 믿음과 행위의 최종적 표준은 하나님께서 주신 성경이므로, 목회를 할 때도 성경의 교훈과 가르침에 착념하는 정도만큼 세상 정신의 유혹과 공격으로부터 자신을 지킬 수 있다.

그런데 상당수의 목회자들이 신앙 고백상으로는 "성경이

신앙과 행위의 최종적 표준"이라고 인정을 하지만, 성경의 가치관이 '실제로' 자신의 신앙과 행위—예를 들어, 목회관—에 영향을 미치는 경우는 예상외로 드물다. 그러므로 성경의 가르침이 목회자 개인에게 실제적으로 영향을 발휘하도록 하는 것이 중요한데, 이를 위해 다음과 같은 3단계적 조치를 제안한다.

첫째 단계: 어떤 주제—예를 들어, '복음'이나 '목회' 등—와 관련하여 성경의 가르침이 무엇인지를 정리한다. 시간적 여유를 내어서 신약만이라도 성경의 책들을 훑어 나가며 의미심장한 가르침을 찾아내고 그것을 체계적으로 정리한다. 어떤 경우에는 성구 사전concordance의 도움을 받아 다루고자 하는 단어나 어구에 해당되는 구절만을 참조할 수도 있다. 또 만일 어떤 신학 서적이나 전문 저술서가 현재 관심을 두고 있는 주제를 체계적으로 다루어 놓았으면, 그 책자를 활용하면 된다.

둘째 단계: 그 주제에 관한 성경적·신학적 교훈의 핵심 내용이 무엇인지 간추리도록 한다. 이러한 교훈이 어떤 경우에는 네 가지 사항으로, 또 어떤 경우에는 다섯 가지 정도로 간추려질 수 있을 것이다. 이러한 핵심 교훈을 내면화하는 일이 모든 것을 좌우한다. 그러므로 그 핵심 교훈을 일주일 단위로 나누어 하루에 한 항목씩 집중하도록 힘써야 한다(35쪽 도표 참조).

이러한 성찰은 배정된 항목을 매일 짧게나마 묵상하고 그

월요일	화요일	수요일	목요일	금요일	토요일
예수님 닮은 목회자가 되는 일	복음의 내용: 그리스도의 십자가, 대속적 사랑	──────→ 그리스도의 부활	구원과 사죄의 즐거움 (하나님의 사랑에 대한 감사)	구원과 선행 사이의 연결	복음적 설교의 중요성

내용에 입각해 기도하는 것으로 이루어 갈 수 있다. 실제 과정에서는 이 둘째 단계가 가장 오래 걸리고 지루하며 고통스럽다.

셋째 단계: 성경적·신학적 교훈의 핵심적 내용이 마음속에 확연히 자리 잡게 함으로써 실제적 상황 속에서 복음적이고 성경적인 가치관이 강력히 현시되도록 한다. 성경의 교훈이 실제적으로 영향력을 발휘하는 단계이다. 그런데 우리가 셋째 단계를 거의 목도하지 못하는 것은 둘째 단계의 훈련이 없기 때문이다.

이상에서 소개한 세 단계의 노력이 없으면 사실상 성경의 가치관은 허울 좋은 주장으로 끝나기 쉽고 실제적인 효력을 발휘하지 못한다. 이것은 복음 지향적 목회관의 수립에서도 마찬가지이다. 그러므로 목회자들은 목회의 중심이 되는 성경적·신학적 교훈을 내면화하는 데 많은 노력을 기울여야 한다. 그것만이 성경적 교훈이 실제적으로 목회자의 심령과 행동에 구체적 영향을 미치도록 해 주는 조치가 될 것이다.

다른 모든 사안과 활동이 그렇듯이 우리의 목회 사역도 궁극적으로 하나님을 기쁘시게 하지 못한다면, 참되고 합당한 목회 사역이라고 할 수 없을 것이다. 그리고 하나님을 기쁘시게 하는 목회 활동의 중심에는 복음과 복음 사역이 반드시 담겨 있어야 한다.

2. 내 교회의 성장만이 전부인가?

'내 교회주의'와 우상 숭배

•

•

그리스도인이나 목회자가 자신이 연관되어 있는 어떤 특정 교회를 생각하고 아끼고 발전시키려는 것은 당연하고 마땅하며 기림을 받을 일이다. 오히려 그렇게 하지 않는 그리스도인이나 목회자는 무책임하고 게으른 인물로 낙인이 찍힐 것이다. 그런데 자기 교회를 돌보고 애쓰는 것이 왜 문제가 된다는 말인가? 이에 대해 크게 두 행위로 나누어 설명하고자 한다.

- AT_1: 자기 교회를 아끼고 돌보며 위해서 힘을 쏟는 일
- AT_2: 자기 교회의 외형적 팽창에만 착념하는 것

AT_1은 책임성 있는 그리스도인이 견지하는 성숙한 태도인 반면, AT_2는 빗나간 욕심에 이끌린 우상 숭배적 행위의 일환이다. 그러므로 AT_2에 대해서는 '내 교회주의'라는 표현을 사용하고자 한다.

'내 교회주의'라는 우상 숭배

어떤 이는 그저 자기 교회의 번창에 몰두하는 일을 가리켜 '우상 숭배'로까지 매도하는 것은 지나치지 않느냐고 의아해할지도 모르겠다. 그러나 '내 교회주의'의 실상을 소개하고 나면 오해가 풀리리라고 생각한다. '내 교회주의'에는 세 가지 특징이 있는데, 이 세 가지 특징이 누적적으로 작용할 때 '내 교회주의'가 성립된다.

(1) **'내 교회주의'는 개個교회 중심의 관점으로 고착화되어 있다.** 대부분의 그리스도인들과 목회자들을 사로잡고 있는 관점은 개교회 중심의 사고방식이다. 교회에 관한 모든 상황, 형편, 처지를 항시 자기 교회의 입장에서만 파악한다. 이것은 특히 목회자들에게서 훨씬 더 빈번히 또 강렬한 정도로 발견된다. 그들은 교회가 어떤 방침이나 조치를 취할 때 그것이 자기 교회에 유익이 되는지 아닌지에만 초점을 맞춘다. 다시 말해, 어

떤 사안이나 결정 사항이 아무리 기독교적 대의大義를 드높인다고 해도, 자신의 교회에 이득이 된다 싶지 않으면 그것을 무시하든지 뒷전으로 물려 버리든지 한다. 이렇다 보니까 목회적 성과에 대한 평가 역시 항시 자신의 교회와 연관해서만 이루어진다.

(2) **'내 교회주의'는 교회의 존재 이유와 사역의 주요 목표를 수적 성장에만 둔다.** 교회가 오늘날 왜 세상 속에 존재해야 하느냐에 대해서 번듯한 신학적 답변이 없는 것은 아니다. '하나님의 나라를 실현하기 위해서', '하나님의 영광을 드러내기 위해서', '그리스도의 몸을 세우기 위해서', '세상의 소금과 빛이 되기 위해서' 등이 그런 답변이다. 문제는 이런 존재 이유가 목회 현실 가운데 별다른 실효성을 갖지 못한다는 데 있다. 오히려 이런 항목들보다는 '교회의 수적 규모를 키우기 위해서'가 실제적 동인이 된다. 또 이러한 실용적 존재 이유에 맞추어 교회의 모든 사역과 프로그램이 돌아가고 있다.

사태를 더욱 심각하게 만드는 것은 첫째 특징과 둘째 특징의 연접에 있다. 만일 어떤 교회의 구성원들에게 어느 한 가지 특징만 있다면, 그나마 문제의 심각성이 다소 완화될 수 있다. 예를 들어, 개교회 중심이기는 하지만 영적 성숙을 교회의 존재 이유로 삼는다든지(첫째 특징은 있지만 둘째는 아님), 교회의 수적 성장에 지대한 관심을 갖지만 한국 교회 전체를 염두에 둔다든지(둘째 특징은 있지만 첫째는 없음) 할 경우에는, 그것이

'내 교회주의'라는 우상 숭배로까지는 발전하지 않을 수도 있다. 그러나 첫째 특징과 둘째 특징이 함께 상호 영향을 끼치며 번성할 때 급기야 우상 숭배의 제의적祭儀的 면모는 꿈틀거리며 그 모습을 드러내는 것이다.

(3) '내 교회주의'는 다른 교회나 다른 목회자와의 비교와 경쟁의식에 의해 심화된다. 한국 교회 내에 개교회 중심의 수적 성장 경향이 고질화된 것은, 다른 교회(및 다른 목회자)와의 비교 및 불필요한 경쟁의식 때문이다. 이 역시 일반 교우들보다는 목회자의 경우에 더 뿌리가 깊고 파급 정도 또한 광범위하다. 물론 이런 심리 상태가 겉으로 잘 드러나지는 않는다. 그러나 목회자들끼리는 이것이 얼마나 은연중에 파괴적 요인으로 작용하는지를 잘 알고 있다. 개인적 소문과 뒷담화, 목회자끼리의 비공식적 회합이나 만남, 노회나 총회 등의 공식 집회 등을 통해서 교묘히 목회자의 심령을 불건전한 방향으로 부추기고 있다.

앞에서 밝혔듯이 이미 첫째와 둘째 특징만으로도 '내 교회주의'라는 우상 숭배 행위가 성립된다고 할 수 있다. 그러므로 셋째 특징은 이미 형성·성립된 우상 숭배의 영향력이나 정도와 상관이 있다. 예를 들어, 자기 교회의 수적 성장에 몰입한 (첫째 특징과 둘째 특징의 보유) 어떤 목회자가 평소 경쟁 대상으로 삼고 있는 어떤 교회나 그 목회자에 의해 자극을 받을 때 (셋째 특징의 개입), 그 폐해적 위용은 대단해진다. 일단 이런 심리 상태가 궤도에 오르고 가속화되면, 연관된 지도자는 그 마음속에 제단을 쌓고 '자기 교회의 수적 확장'이라는 금송아지를 모셔 놓는 것과 마찬가지이다. 이제 그는 이 제단을 지키는 제사장이 되고, 자신의 모든 목회 사역과 목회 활동은 오직 이 금송아지를 높이고 섬기는 데 바쳐진다. 그의 심령은 수적 번창의 욕구로 활활 타오르고, 금송아지 또한 시간이 지날수록 규모와 크기가 증대한다. 이를 보고 어찌 "탐심은 우상 숭배니라 "골 3:5라는 판정을 내리지 않을 수 있겠는가?!

의문과 답변

물론 아직도 이러한 우상 숭배론에 동의하지 않는 이들이 있을 수 있다. 그들의 마음속에는 해소되지 않는 의문점들이 앙금처럼 가라앉아 있기 때문이다. 이 앙금을 분석해 보면 대개 두 가지 의문으로 축약이 된다.

첫째 의문: 자기 교회를 책임성 있게 돌보는 것[AT₁]과 '내 교회주의'의 첫 번째 특징—개교회 중심의 관점—이 어떤 점에서 차이가 나는가? 두 가지 항목으로 답변이 가능하다. 첫째, AT₁은 교회를 좀 더 유기체organism의 차원에서 보고 있고, '내 교회주의'는 좀 더 조직체organization의 차원에서 보는 것으

로 이해할 수 있다. 두 번째 차이는 전체 교회적 시각과의 양립성 여부에 대한 것이다. 즉 AT_1은 얼마든지 전체 교회적 시각과 함께 주장할 수 있으나, '내 교회주의'는 개교회 중심적 시각이 핵심 신념이기 때문에 전체 교회적 시각을 허락하지 않는다. 이러한 두 가지 점이 AT_1과 '내 교회주의'의 첫 번째 특징 사이에 존재하는 차이이다.

둘째 의문: 자기 교회의 수적 확장에 대한 욕구가 그렇게도 바람직하지 않은 것인가? 이에 "꼭 그렇지는 않다"라는 답변을 기대하는 이도 있겠지만 나의 답변은 "그렇다"이다. 이런 욕구는 성경의 관심과 동떨어진 것일 뿐만 아니라 반反성경적 경향을 충동질하기 때문이다.

우선, 성경은 개교회의 수적 성장에 대해 별 관심을 표명하지 않는다. 교회의 문제점이나 지향점을 다루고 있는 사도들의 서신—바울의 서신들, 베드로전후서, 요한 서신들—만 하더라도 수적 확장에 대해서는 직접적 권면은 말할 것도 없고 간접적 힌트조차 주지 않는다. 예를 들어, 바울의 경우에도 각 교회에 대한 관심은 신학적·교리적·윤리적·상호 관계적 이슈 및 질적 성숙과 연관되어 있지**참고. 롬 1:17; 고전 1:10-11; 갈 1:8; 엡 4:11-16; 빌 4:2-3; 골 2:1-5; 살전 4:1-18 등**, 수적 성장에 대한 것이 아니다.

혹자는 사도행전의 경우를 언급하면서 성경이 교회의 수적 성장을 도외시하거나 무관심으로 일관하지는 않는다고 반론을 제기할 수 있을 것이다. 정말 사도행전에는 수적 성장에

대한 보고가 반복적이고 점진적으로 나타난다 행 2:41, 4:4, 5:14,
6:7, 9:31, 11:21, 24, 16:5. 그러나 사도행전의 수적 언급은 복음이 예
루살렘에서 시작하여 땅끝까지 퍼져 나가는 데 대한 전체적인
보고참고. 행 1:8를 목적으로 하고 있지, 개교회의 수적 확장이 궁
극적 관심사는 아니다. (특히 사도행전 9장 31절이나 16장 5절은 교
회 전체에 대한 수적 증가를 말함으로써 이 점을 지지한다.) 그러므로
사도행전의 수적 보고를 근거로 해서 개교회의 수적 확장 욕
구를 정당화할 수는 없다.

우상 타파에의 길

그러면 '내 교회주의'의 우상은 어떻게 타파할 수 있을까?
어떻게 하면 우리는 자기 교회의 수적 확장에만 급급해하는
탐욕적 자세를 고치거나 예방할 수 있을까?

(1) **그리스도인과 목회자는 교회에 대한 이해·파악과 관련
하여 전체 교회의 시각을 잃지 말아야 한다.** 이것은 교회의 상
황, 형편, 처지 등을 파악할 때 한국 교회 전체의 시각으로 조
망해야 함을 의미한다. 목회자는 개교회 입장에서의 득실 여
부에만 치우치지 말고, 무엇이 한국 교회 전체에 유익이 되고
무엇이 한국 교회 전체에 손실이 될지 판정해야 한다. 한때 바

울 사도는 "이 외의 일은 고사하고 아직도 날마다 내 속에 눌리는 일이 있으니 곧 **모든 교회를 위하여** 염려하는 것이라"고후 11:28라는 진술을 통해 이러한 전체 교회적 시각에 대해 말한 적이 있다. 전체 교회적 시각이란 다른 말로 하면 '주님의 심정과 시각으로'참고. 마 9:36 한국 교회의 형편을 파악하고자 하는 고상한 시도이며 노력이다.

그런데 어떻게 하면 한국 교회를 전체적으로 볼 수 있을까? 한 가지 길은 한국 교회의 실태를 종교사회학적으로 기술한 자료나 책자를 읽는 것이다. 우리는 기독교 및 교회의 활동이 객관적 종교 현상의 일부로도 취급될 수 있음을 잘 알고 있다. 그러므로 한국 교회를 설문·통계 수치에 관한 실증 자료 및 사회과학적 연구에 의한 발견 사항들에 비추어서 파악하는 일도 매우 중요하다. 물론 종교사회학의 비판적 관점을 덮어놓고 전적으로 수용하라는 말은 아니다. 하지만 그런 연구 결과를 신선한 자극으로 여겨 소화할 수 있어야 한다.

또 한 가지 유념할 사항은, 한국 교회 전체 시각에서 실정을 파악한다고 해서 개교회적 실정 파악을 배제하자는 말은 아니라는 점이다. 우리는 한국 교회 전체를 바라보면서 동시에 얼마든지 개교회적 시각을 발전시킬 수 있다. 사실 이 두 가지 시각을 함께 견지하는 것이 건전하고 바람직한 일일 것이다.

(2) **수적 성장에의 집착을 무력화할 수 있게끔 목회자 나름대로의 방안을 모색해야 한다.** 인간의 마음은 어느 하나에다

최종적 우선권을 부여하면 나머지 사항은 덜 중요한 것으로 밀리게 된다. 이것은 예수께서도 가르쳐 주신 내용이다참고. 마 6:24. 그러므로 '내 교회주의'를 좇아 수적 성장에 대해 우선순위를 부여하면, 교우들의 질적 성숙에 대해서는 아무래도 최상의 관심을 쏟을 수가 없게 된다. 반대로 교회의 질적 성숙이 목회자의 최대 관심사로 부상하면, 수적 성장은 자연히 덜 중요한 것이 되고 만다.

문제는 어떻게 하면 질적 성숙을 가장 귀하게 여기게끔 바뀔 수 있느냐 하는 것이다. 여기에 무슨 왕도나 비법이 존재하지는 않는다. 하나님의 말씀을 읽고 살피고 연구하여 그 원리를 내면화하는 수밖에 없다. 우선 바울 서신을 로마서부터 시작하여 차근차근 공부하는 것도 좋은 방법이다. 몇 개월을 들여 성경을 읽으며 새로이 발견한 것, 깨달은 것을 정리하는 일이 일차적으로 가장 중요하다고 생각한다. 그리고 그 정리한 바를 기반으로 하나님께 기도하고, 그것이 자신의 목회 실정에 직간접으로 반영될 수 있게 해 달라고 간구해야 한다. 또 교회론이나 목회학 분야에서 신학적으로도 건실하고 시대적으로도 적실한 기독교 서적을 탐독하는 행위도 병행해야 한다. 그래야 개인적 성경 연구에서 파악하지 못했던 점들을 보완할 수 있다.

그러면 이제 그리스도인들의 개인 전도 활동이나 교회의 전도 사역은 중단해도 된다는 말인가? 그렇지는 않다. 개인 전도를 포함한 전도 활동은 '내 교회주의'와 무관하게 늘 수행해야 한다. 더 구체적으로 말해서 전도는 결코 교회 성장을 위한 수단이 아니다. 전도는 하나님을 기쁘시게 하고눅 15:7; 벧후 3:9, 죄인들이 구원을 받도록 돕는 일이다눅 19:9-10; 요 20:31. 그리스도인의 전도 활동을 통해서 결과적으로 교인의 수가 증가할 수는 있지만, 그렇다고 하여서 전도가 꼭 교회 성장을 위해 존재하는 것은 아니다. 오히려 전도 활동을 해도 그것이 꼭 개교회의 수적 증가와 연결이 안 될 수도 있다(전도의 열매가 맺히지 않을 수도 있고, 믿겠다고 긍정적으로 반응을 하고 다른 교회에 출석할 수도 있다). 그러므로 개교회의 교회 성장 프로그램과 무관하게 전도 활동은 늘 있어야 한다.

(3) 오늘날의 목회적 유행과 세태에 영향받지 않도록 경건의 훈련 또한 강화해야 한다. 인간은 누구나 주위 사람들과 사회 환경에 의해 알게 모르게 직간접적으로 영향을 받는다. 목회자 역시 마찬가지이다. 특히 목회자들끼리 서로 간에 영향을 많이 주고받는 내용은, 교회의 수적 성장을 통한 자기 가치self-worth의 확인이다. 이것은 억지로 노력하지 않아도 목회자의 심령 깊숙이 각인될 만큼 영향력이 크다. 그리고 이런 빗나간 가치관은 목회자끼리의 교류를 통해 거의 무의식적 차원에서 세력 확장을 계속하고 있다.

여기에서 가장 중요한 것은 목회 사역과 관련한 목회자의 자존감이다. 이는 자신의 목회 규모가 크든지 작든지 간에 건전하고 객관적인 자기 평가 능력을 갖추는 일에 관한 것이다. 자기보다 교세가 크고 영향력 있는 사역자에 대해서도 시기나 비굴함으로 반응하지 않고 축하와 인정을 할 수 있으며, 반대로 자기보다 외형적·내용적으로 규모가 작게 활동하는 목회자에 대해서도 자랑과 교만보다는 동료 의식과 그리스도 안에서의 존경으로 일관할 수 있어야 한다. 물론 이런 내적 태도와 건전한 자신감의 형성이 쉬운 일은 아니지만, 자신에 대한 하나님의 부르심을 확신하고 있고 또 매일 그 부르심이 자기 목회 사역의 원동력이 되고 있다면 불가능한 일도 아니다. 오직 이런 목회적 자존감이 갖추어져 있을 때에만 목회자끼리의 비교와 경쟁의식의 덫에서 자유로울 수 있을 것이다.

그리스도인에게는 많은 우상이 있다. 그 대상은 돈·성·명예·과학기술·민족주의·개인주의 등 하나하나 열거하기도 힘들 만큼 다양하다. 그런데 대부분의 우상들은 외형적으로 세속적 형태를 띠고 있어서 애초부터 경계심을 일으킨다. 그러나 '내 교회주의'는 다르다. 이것은 본질적으로는 우상이지만 겉으로는 매우 종교적이고 성경적이고 신앙적인 껍질을 쓰고 있어서 우상인지조차 식별이 쉽지 않다. 또 일단 이 길로 들어서면 '내 교회주의'의 열심은 더욱더 우상 숭배라는 생각이 들지 않게 만드는데, 이 방면의 우상 숭배자가 어디에나 그득하기 때문이다.

그러나 우상 숭배는 우상 숭배다. 아무리 힘들고 복잡하더라도 한시바삐 이 덫에서 헤어나도록 힘써야 한다. 물론 더욱 좋은 길은 아예 처음부터 이런 우상과 단호히 결별하는 식으로 마음을 정하고 목회 방침을 펼치는 것이다.

3. 목회에서 동역은 꿈에 불과한가?

목회 동역의 비전

•

•

3장에서는 목회 사역과 관련하여 한 가지 꿈을 소개하고 자 한다. 꿈은 현실상의 제약과 난관 때문에 그대로 이루어지지 않는 수가 많지만, 그렇다고 하여 꾸지조차 말라는 법은 없다. 오히려 꿈이 집요하고 반복적이고 선도적일 때 우리의 현실 또한 훨씬 더 꿈에 근접할 수 있을 것이다.

이것은 '목회에서의 동역'의 경우에도 마찬가지이다. 이 장에서 다루는 내용의 대부분은 목회 현실에 비추어 볼 때 그저 꿈 같은 것들이다. 그러나 이런 식의 꿈이라도 자꾸 꿀 때 우리의 목회 현실은 조금이라도 더 꿈에 나타난(혹은 꿈이 현시하고자 하는) 이상적 모습을 반영할 수 있을 것이다.

이제 커튼을 젖히고 '목회에서의 동역'이라는 꿈속으로 들어가 보자.

목회에서의 동역이란 무엇인가?

'목회에서의 동역'은 여러 가지 의미로 사용될 수 있다. 여기서는 세 가지만 소개하고자 한다.

(1) **팀 사역**team ministry**의 개념이 있다.** 이것은 여러 명의 사역자나 일꾼이 하나의 팀으로 사역을 수행하는 일이다. 이런 의미에서의 동역은 매우 일반적인 개념으로서 교단에서나 선교 단체에서나 교회의 사역에서나 선교 현장에서나 어디서든 찾아볼 수 있다. 또 사역의 성격에 따라 일시적일 수도 있고 좀 더 장기에 걸쳐 수행될 수도 있다.

(2) **복수 사역자 목회**multiple staff church work**를 뜻하기도 한다.** 이는 혼자가 아니라 여러 명의 사역자가 함께 교회 사역을 감당하는 경우인데, 회중의 크기가 일정 수준—예를 들어, 50-60명—이상이 되면 불가피하게 고려해야 하는 방안이다. 미국 같은 나라에서는 이런 스타일의 교회 사역에서 최고 리더십을 발휘하는 이를 선임 목회자senior pastor라 부르는데, 선임 목회자는 다른 목회자/사역자와 더불어 대체로 동역자의

관계를 유지한다. 우리나라의 경우는 유교적 위계질서가 몸에 밴 문화인지라 담임 목사가 부교역자들을 대동하고 (또 때로는 거느리고) 사역하는 방식으로 발전하였다.

(3) **공동 목회**collaborative ministry[1] **라는 뜻을 나타낼 수도 있다.** 이것은 '두 명 이상의 목회자가 하나의 회중에 대해 동등한 권위를 행사하는 목회 형태'로서, 이 글에서 다루려는 사안이다. 이런 형태의 사역은 다분히 이상적이라 다른 나라에서건 한국에서건 현실에서 구체적인 사례를 찾기가 쉽지 않다. 미국에서는 복수 장로 형태의 회중 정치plural-elder congregationalism를 교회 정치의 이상으로 보는 이들[2]이 있어서 이런 식의 사역 형태[3]를 염두에 둘 수 있었다.

우리나라에서는 신학생 시절에 막연하게나마 이런 방식의 목회를 계획하고 논하는 이들이 있었지만,[4] 목회를 시작하면서 구체화되어 하나의 모델로 자리 잡은 경우는 지극히 드물지(아니면 거의 없지) 않나 싶다.

목회에서의 동역은 왜 필요한가?

그렇다면 왜 목회에서의 동역—두 명 이상의 목회자가 하나의 회중에 대해 동등한 권위를 행사하는 목회 형태—을 고려해야 하는가? 무엇 때문에 목회에서의 동역이 있어야 한다고 생각하는 것인가? 최소 네 가지 이유를 말할 수 있을 것이다.

(1) **성경의 가르침을 중시하기 때문이다.** 성경은 일반적으로나 복음과 연관해서나 협력과 협조를 강조하는데, 공동 목회는 이러한 정신을 가시화하는 구체적 방안이 되기 때문이다.

전 4:9-12 [9]**두 사람이 한 사람보다 나음**은 그들이 수고함으로 좋은 상을 얻을 것임이라. [10]혹시 그들이 넘어지면 **하나가 그 동무를 붙들어 일으키려니와** 홀로 있어 넘어지고 붙들어 일으킬 자가 없는 자에게는 화가 있으리라. [11]또 **두 사람이 함께 누우면 따뜻하거니와** 한 사람이면 어찌 따뜻하랴? [12]한 사람이면 패하겠거니와 **두 사람이면 맞설 수 있나니** 세 겹 줄은 쉽게 끊어지지 아니하느니라.

빌 1:27 오직 너희는 그리스도의 복음에 합당하게 생활하라. 이는 내가 너희에게 가 보나 떠나 있으나 너희가 한마음으로 서서 한 뜻으로 **복음의 신앙을 위하여 협력하는 것과**

빌 2:22 디모데의 연단을 너희가 아나니 자식이 아버지에게 함같이 **나와 함께 복음을 위하여 수고하였느니라.**

빌 2:25 그러나 에바브로디도를 너희에게 보내는 것이 필요한 줄로 생각하노니 그는 나의 형제요 **함께 수고하고 함께 군사된 자요** 너희 사자로 내가 쓸 것을 돕는 자라.

(2) **현행 한국 교회의 목회적 리더십에 대한 대안을 찾고 싶어 하기 때문이다.** 현재 한국 교회 내에서 당연시되고 있는 '일인 만능 체제의 목회 리더십'은 여러 면에서 어려움을 일으키고 난점을 초래한다. 이러한 구조를 바꾸고 체질 개선을 하는 것이 거의 불가능한 일이지만, 그럼에도 적지 않은 수의 목회자들은 (주로 담임 목회자가 되기 이전에) 다른 대안을 생각해 보곤 한다.

한국 교회가 외견상으로는 교역자 팀에 의한 목회를 지향하고 있지만 실제로는 주로 담임 목회자(혹은 당회장)에게 의사 결정권 및 정책 시행권이 집중되어 있어, 종종 이런 권세가 오용되고 있다. 담임 목회자(혹은 당회장)가 여러 가지 사항—목회 방침의 설정과 실행, 부교역자에 대한 인사권, 재정 계획의 수립 및 사용, 설교의 책임 분담, 각종 사역의 입안 및 진행 등—에서 홀로 권위를 행사하고 있다. 특히 동역자로 팀을 이루어야 할 부교역자들에 대한 전횡적 대우는 오래전부터 있어 왔고, 이와 관련한 담임 목회자의 방침과 결정권은 그 누구도 범접해서는 안 되는 신성한(?) 영역으로 봉해져 있다.[5]

또 한국 교회의 다수를 이루고 있는 장로 교회의 경우, 원래는 '장로들'과 더불어 교회 운영을 도모해야 함에도 불구하고 실제로는 당회장 일인에 의해 모든 것이 움직이고 있다. 그러다 보니 안건 채택과 상정, 의제를 논의하는 방식을 포함한 의사 결정의 전 과정이 민주적 토의 절차와는 거리가 멀다는 불평이 불거지곤 한다. 물론 교회가 위기를 맞거나 특수한 상황이 벌어졌을 때는 분명 담임 목회자의 결단과 단독적 행보가 있어야 할 것이다. 하지만 모든 회의 및 매번의 토의가 이런 방식으로 이루어지는 것은 결코 바람직하지 않다.

이러한 권세의 오용과 전횡에 대해 문제의식을 가진 일부 젊은 목회자들은 그 대안을 모색하는 가운데 공동 목회의 가능성을 타진하고 꿈꾸는 수가 있다.

(3) 공동 목회가 사역을 하는 데에 상승synergy을 가져다줄 수 있기 때문이다. 목회 리더십이 한 명의 담임 목회자에게만 집중되어 있을 경우, 사역의 효율성이나 효과와 관련하여 몇 가지 어려움이 발생한다.

우선, 한 명의 목회자가 아무리 훌륭하고 탁월해도 그의 은사와 능력은 소수의 항목에 국한되어 있고, 강점과 동시에 약점을 갖고 있게 마련이다. 이것은 은사의 발휘나 행사에서 치명적 한계가 있음을 의미한다. 또 건강이나 체력 그리고 시간의 가용성可用性, availability 또한 수시로 제약을 받는다는 뜻이 된다. 그뿐만 아니라 공동체를 살피고 지도하는 권세가 한 사람에게 집중되어 있을 때, 공동체에 대한 책임감 때문에 그가 받는 부담과 스트레스는 엄청나게 크고 종종 소진, 신경 쇠약, 일탈에의 유혹 등으로 이어진다.

한편 공동 목회는 이런 문제점과 장애물들을 어렵지 않게 제거할 수 있다. 은사의 발휘와 활성화가 여러 방면에서 이루어질 것이고, 교우들을 모든 시간대에 걸쳐 전천후로 돕는 일이 가능해질 것이다. 책임감의 산개散開와 분담이 정신적·신체적 안정에 이바지하리라는 것은 금세 추측할 수 있다.

물론 이런 상승효과는 오늘날 한국 교회에서 채택하는 방식의 '복수 사역자 목회'에서도 나타날 수 있지만, 그 경우에는 사역자들 사이에 동등한 권세가 부여되지 않기 때문에 자발성과 창의성이 떨어지기 쉽다.

(4) 공동 목회는 오늘날의 목회 상황이 부득불 요구하는 바이기도 하다. 현재 한국의 목회 상황이 얼마나 각박하고 어려운지는 목회자 자신들이 잘 알고 있다. 담임 목회자 자리가 한 곳 나면 떼로 몰려드는 지원자들의 모습이 이 점을 잘 반영한다. 또 정확한 통계 자료가 없기 때문에 확언하기는 힘들지만, 교회 개척 시의 성공률도 10퍼센트에 지나지 않는다고 한다. 열 교회가 교회 개척을 시도한다고 해도 몇 년 후 재정 자립이 보장되는 경우는 한 교회밖에 되지 않는다는 뜻이다. 2000년도 이후 목사 안수를 받는 이들 가운데 상당수가 목회처 없이 떠돌고 있다는 것은 그저 소문이 아니라 꽤 정확한 보고인 듯하다.

이런 실정에서 만일 목회적 동역을 실시할 수 있다면, 그런 목회 방침이 채택되는 정도만큼 목회처 없는 새내기 목회자를 구제하는 셈이 될 것이다. 물론 이 한 가지 이유만으로 목회에서의 동역을 주장하는 것은 아니다. 이미 앞에서 세 가지 항목으로 열거했듯이 목회적 동역은 현재의 목회 상황이 어떠냐와 무관하게 필요하다. 그러한 타당성이 인정된다면, 네 번째 이유도 필요성을 설명하는 부차적 항목으로 채택될 수 있지 않을까 싶다.

목회 동역을 위해서는 무엇을 준비해야 할까?

목회에서의 동역이 바람직하고 또 필요한 일이지만, 섣불리 접근하거나 소아적 영웅 심리 때문에 달려드는 것은 전혀 바람직하지 않다. 따라서 목회적 동역을 원하는 사역자끼리 상당히 긴 기간에 걸쳐 자신 및 상대방에 대한 평가와 점검이 있어야 한다. 만일 이런 면에서 소신을 세울 수 없고 자신과 상대방에 대해 확신이 서지 않으면 목회에서의 동역은 시도하지 않느니만 못할 것이다.

여기서는 목회에서의 동역을 꿈꾸는 당사자들에게 필요한 최소 다섯 가지 방면의 사전 준비를 안내하고자 한다.

(1) **목회에서의 동역에 대한 개인적 확신과 비전이 있어야 한다.** 이것은 목회적 동역을 추구하게 만드는 출발점이다. 그러므로 목회에서의 동역을 심각하게 고려한다면 이 점부터 확인하고 넘어가야 한다. 목회에서의 동역에 대한 자기 나름의

소신이 없으면 준비가 덜 된 것으로 알고, 계획 및 실행을 얼마간 늦추어야 한다. 자기 나름의 소신에는 목회에서의 동역과 연관한 성경적 지지 근거, 필요성, 중요성을 묵상하고 숙지하는 일도 포함된다. 연관된 말씀을 대하면서 이론적 기초를 튼튼히 할 뿐 아니라 마음이 뭉클해지는 '주관적' 표징이 있다면 금상첨화일 것이다.

(2) **동역을 꿈꾸는 이들 상호 간에 깊은 신뢰가 형성되어야 한다.** 모든 목회적 관계가 신뢰를 바탕으로 수립되지만 목회적 동역의 경우에는 더욱 그렇다. 이것은 십중팔구 두 사람이 서로에 대한 관계, 대우, 권세에서 평등하다고 느낄 때 가능해질 것이다. 그리하여 웬만한 갈등이나 문제점, 장애물이 끼어들어도 기본 관계가 흔들리지 않을 수 있어야 한다. 이래야만 서로 간의 의견 차이에 대해서 좀 더 합리적이고 차분한 논의를 할 수 있고 좀 더 객관적인 해결 방안(자신에게 유리한 해결 방안이 아니라)을 찾을 수 있다. 만일 둘 사이에 깊은 이해와 신뢰가 뿌리내려 있다면 다른 웬만한 요인들은 크게 문제 되지 않을 것이다. 반대로 이 면에서 결격이나 하자가 발생한다면 다른 부대 상황이 아무리 호조를 나타내어도 목회적 동역은 하루아침에 무너지고 말 것이다.

(3) **목회적 동역을 계획하는 이들은 솔직한 의사소통과 대화에 의지가 있어야 한다.** 동역을 모색하는 이들은 평소 상대방에 대해 자신을 투명하게 드러내 보이고 그와 더불어 명확한

의사소통을 할 수 있어야 한다. 이것이 가능하려면 필요시 기꺼이 자신을 양보하려는 마음, 서로에게 귀를 기울이고 또 상대방으로부터 무언가를 배우겠다는 마음가짐은 기본이다.[6] 분명 목회에서의 동역을 추진하다 보면 여러 가지 예상하지 못한 문제점들이 드러날 것이다. 이때 이런 어려움들에 대한 입장을 솔직히 나누고 대화하는 데 어느 정도 익숙해 있으면 사태는 좀 더 쉽게 정리될 수 있다. 그러므로 문제가 발생하고 상반된 견해가 첨예하게 대치될 때에도 상대방과 더불어 끝까지 대화하겠다는 강한 의지가 있어야 한다.

(4) **목회에서 동역을 실현하고자 하면 서로 간에 은사의 확인과 인정이 필요하다.** 우선 자기 자신의 은사가 무엇이고 어떤 면에서 공동 목회에 기여할 수 있을지 구체적인 아이디어가 있어야 한다. 동시에 동역하는 대상의 은사가 무엇이고, 이것이 나 자신 및 전체 목회 사역과 어떻게 맞아떨어질 수 있는지 객관적인 검토가 필요하다. 즉, 동역자 간에 각자의 업무 사항이 무엇이고 책임 분담이 어떻게 이루어지고 있으며 자신의 역할이 무엇인지에 대한 명확한 이해[7]가 있어야 한다. 이러한 업무 사항, 책임 분담, 자신의 역할에 대한 이해는 상대방에 대해서도 동일하게 준비되어야 한다.

(5) **목회적 동역을 계획할 때는 구체적 목표를 설정해야 한다.** 이는 서로의 미래에 관한 공통적 이해와 함께 비전, 목적의식, 뚜렷이 명시한 목표들을 점검하기 위한 구체적 장치를

마련하고자 함이다.[8] 그러기 위해서는 목회에서의 동역을 통하여 앞으로 몇 년 동안에 이루고자 하는 바가 무엇인지를 양자 혹은 삼자 간에 명확히 해야 한다. 이러한 상호 이해가 있어야만 시간의 경과에 따른 객관적 평가가 가능하고, 과거의 활동에 대한 평가가 있어야만 그다음 단계를 위한 계획과 준비가 좀 더 현실성 있게 마련될 것이다.

목회에서의 동역이 끼치는 유익은 무엇인가?[9]

목회적 동역이 끼치는 유익에 대해서는 간접적으로나마 이미 앞에서 언급했다. 여기서는 조금 더 구체적으로 유익의 측면에서 기술하고자 한다.

(1) 목회 동역은 교회 사역의 전반적 효율성을 증대시킨다. 목회자가 혼자이면 그가 발휘할 수 있는 은사는 기껏해야 자신의 것에만 국한된다는 점을 이미 앞에서 지적했다. 아무래도 그 목회자는 자신이 잘할 수 있는 은사 위주로 교회 사역을 전개할 것이다. 그러나 목회적 동역을 시행하면 또 다른 목회자의 은사(들) 또한 교회 사역과 접목될 수 있다. 이런 점에서 목회에서의 동역은 여러 가지 복잡한 상황에 대해 효과적인 대처가 가능하다.

이것은 또 다발적인 목회적 필요에의 대처와 관련해서도 마찬가지이다. 어떤 젊은 부부의 아이가 미숙아로 태어나면서 기관氣管 부위의 응급 수술이 필요했는데, 그때가 마침 주일 오전 예배 시간이었다. 그 교회는 목회적 동역을 하고 있어서 아이가 응급 수술을 받는 동안 각각의 목회자가 심방과 주일 예배 인도 사역을 차질 없이 감당할 수 있었다. 이것은 일인 목회자 체제에서는 생각할 수 없는 대처 방안이다.[10]

(2) **목회 동역은 일인 목회자 체제와 연관하여 나타나는 외로움의 문제를 격감시킨다.** 목회 사역을 수행하다 보면 혼자서는 감당하기 힘든 여러 가지 심리 상태—고민, 부담, 소진, 지침 등—를 겪게 되는데, 공동 목회를 할 때는 목회적 책임 사항을 분담하므로 이런 과중 현상이 덜 나타난다. 목회자의 고민과 짐은 목회자 이외의 대상과 나누기 쉽지 않은 내용이 많은데, 공동 목회를 하면 얼마든지 이럴 기회가 있어서 힘을 얻을 수 있다.

빈번히 발생하는 바이지만 일인 목회자는 아마도 자기 아내가 아니고는 자신의 좌절과 문제점을 털어놓을 대상이 없다. 책망이 필요할 때 자유로이 자신을 향해 경책할 사람을 곁에 두고 있지도 못하다. … 또 비판가라 자처하는 이들에 의해 너무 손쉽게 경책을 당할 때 그 옆에서 지지해 줄 사람도 없다.

… **공동 목회에서는 각 목회자에 대해 목회자 역할을 하는 이—100**

퍼센트의 격려와 도움을 줄 수 있는 사람—가 제공되는 셈이라는 것이다.[11] [강조는 인용자의 것]

(3) 목회 동역은 교회 리더십의 기초가 더 넓어지고 믿음직하게 되도록 돕는다. 일인 사역은 사역자 한 사람에게서 탁월한 은사가 계발되면 계발될수록 그리스도의 머리되심을 찬탈하는 결과를 종종 낳는다. 또 이런 인물이 다른 교회로 떠나게 되면 그가 드리운 영향력의 그림자가 너무 길어서 남아 있는 회중에게 깊은 상실감을 던지기도 한다.

그러나 목회적 동역이 이루어지는 경우에는 이런 사태를 미연에 방지할 수 있다. 한 교회 내에 인간 지도자들이 복수로 존재하는 이유는 그들이 유일하신 머리, 그리스도와 달리 연약하고 부족한 죄인들임을 깨우치도록 하기 위함이다.[12] 두 사람이 동역하면서 이 점을 상호 간에 지속적으로 상기시킬 때 스스로가 그리스도의 자리를 넘보지 않도록 영적으로 경계심을 발휘할 수 있게 된다. 동시에 교우들 또한 자신들의 목회자가 이런 면에서 신뢰할 만하다는 것을 알기 때문에 안심할 수 있다.

(4) 목회 동역은 교인 수가 많아도 목회자가 교우들과 가까이 있을 수 있게 해 준다. 목회자는 가능하면 교우들과 가까이 지내야 하고 교우들이 쉽게 접촉할 수 있어야 하는데, 규모 있는 교회에서 단독 사역을 하는 경우 이것이 매우 힘들다. 그러나

목회자가 교우들의 사정을 잘 파악하는 것은 매우 중요하다.

목회자들이 양 떼와 친밀한 관계를 발전시킬 때 거기에는 몇 가지 이점이 있다. 잘 모르는 이에 대해서보다는 잘 아는 이에 대해서 더 명확하고 힘 있게 논점을 밝힐 수 있다는 것이 효과적인 커뮤니케이션의 이치이다. 그래서 교회의 사역자들이 반복적인 심방을 통해 회중을 친밀하게 알 때, 가르치는 사역에서의 효율성이 크게 높아진다. 그리스도의 몸 가운데 존재하는 특정한 필요가 무엇인지도 알게 된다. 사람들이 지닌 성경 지식의 수준을 정확하게 앎으로써 그들의 이해력에 맞추어 가르침의 수준을 조정할 수 있다.[13]

이 모든 일은 목회자가 교우들과 가까워질 때만 이루어 갈 수 있는데, 공동 목회에서는 자신이 책임지고 돌볼 대상이 훨씬 줄어들기 때문에 맡겨진 교우들과 좀 더 가깝고 친밀하게 지낼 수 있다.

(5) **목회 동역은 설교를 조금 더 여유 있게 준비하고 내용의 다양성을 허용한다.** 한 편의 설교 준비에 최소한 10시간[14] 정도가 소요된다고 할 경우, 설교자가 탁월한 설교를 할 수 있는 횟수는 일주일에 2-3회에 지나지 않는다. 심방, 행정과 같은 또 다른 사역까지 감안을 하면 설교에 집중할 수 있는 시간은 더욱 줄어든다. 그러므로 단독 목회자의 경우에는 효과적인

시간 사용이 장벽에 부딪혀 여유 있고 준비가 잘된 설교 작성의 기회가 별로 많지 않다. 또 설교의 내용이 수준 높게 준비된다 하더라도 교우들로서는 한 가지 색깔의 설교만 들어야 한다는 아쉬움을 떨칠 수가 없다.

그러나 공동 목회를 할 경우에는 사정이 많이 달라진다. 설교자로서는 설교의 짐이 많이 줄어들기 때문에 훨씬 더 여유 있는 준비가 가능해지고, 교우들 편에서는 다양한 설교를 들을 기회가 생긴다.

목회에서의 동역에 수반되는 난관들은 무엇인가?

목회에서의 동역이 그토록 의미 있고 필요하고 이로운 방침이라면, 왜 우리는 이런 형태의 사역을 거의 볼 수 없는 것일까? 오죽하면 꿈 이야기를 하면서 이 사안을 소개했겠는가? 그것은 목회에서의 동역이 그만큼 어렵기 때문이다. 그렇다면 목회적 동역이 직면하는 난관은 무엇일까? 다섯 가지로 그 내용을 열거해 보겠다.

(1) **목회 동역을 계획하는 이들은 전례가 없기 때문에 고군분투해야 한다.** 우리는 특정 사역의 면모를 파악하고 체득할 때, 앞서간 인물들의 모본이나 개척자적 경험을 자주 참조한

다. 또 그런 사역을 일구는 데 필요한 여러 가지 자료나 책자, 안내와 정보 등의 도움을 받는다. 그런데 목회에서의 동역은 인기 있거나 손쉽게 달성되는 프로젝트가 아니기 때문에 앞서 행한 이들의 경험이나 수고나 교훈이라는 것이 거의 없다.

전례가 있어도 힘든 길인데, 참조할 만한 인물이나 사례도 없고 도움 얻을 만한 자료도 없이 개척자로 나서야 하므로 난관이 더욱 가중된다.

(2) **공동 목회자 두 사람 사이에 파괴적 심리 상태가 침투하곤 한다.** 목회 지도자들 사이에 열등의식, 질투, 자만심, 과도한 경쟁심 등이 끼어드는 수가 많고, 또 이런 파괴적 심리 상태 때문에 사역에 큰 지장을 받곤 한다는 것은 사역자 모두의 공통 경험이다. 이런 현상은 어떤 형태의 사역에서든 나타나는 법이지만 특히 목회 동역을 시도하는 이들 사이에서는 더욱더 심각하게 나타날 수 있다.

목회적 동역을 계획한 두 사람은 이런 문제에 대해 어느 정도 신경을 쓰고 조심해 왔기 때문에 그 정도가 약한 사태에 대해서는 건강하게 대처할 수 있다. 그런데 이런 일들이 빈번하게 일어나고 파괴적 심리가 깊어지면, 두 사람의 신앙 성숙 정도로서는 감당할 수 없는 지경에 이르게 된다. 특히 동일 사역, 동일 공간에 자리를 두고 이런 심리 상태를 겪으면 마치 사탄의 농간에 빠져 노략질을 당하는 것 못지않게 큰 고통이다. 그러니 누군들 이런 고통을 겪으면서까지 목회에서의 동역을 시행하려 하겠는가?

(3) **동역을 하는 동안 여러 요인으로 말미암은 갈등이 엄습한다.** 갈등은 어떤 인간관계에서도 찾아오는 법이지만, 공동목회의 경우 여러 종류의 갈등이 복합·다차원적으로 발생할 수 있다. 두 사람이 다소의 거리를 두고 사역하든지 느슨한 의미에서의 동역 관계를 유지하고 있으면 문제 되지 않을 일들이, 목회에서의 동역처럼 용신의 틈이 적은 인간관계에서는 커다란 재앙을 초래할 수 있다.

기질과 성격의 특이성 때문에 사역의 진행 방식을 결정하는 데 마찰을 빚을 수 있고, 견해와 관점이 달라서 설교나 상담 시 상반된 주장이 돌출되기도 하며, 리더십 스타일이나 의사 결정 방식의 차이로 인해 교회 정책 수립에까지 차질을 빚게 하는 수도 발생한다. 이때 갈등 관리를 제대로 하지 않으면 동역자끼리는 물론 회중에 대해서도 상처를 주고 불시에 관계의 단절 및 파괴까지도 초래할 수 있다.

(4) **교우들 사이에 편당이 생길 수 있다.** 교우들 사이에 일종의 패거리가 생기는 것은 여러 가지 요인에 의해서이다. 그런데 어떤 경우에는 그러한 편당 형성의 원인이 목회자와 직간접적으로 연관되는 수가 있다. 이것은 목회자와 상관없는 형태의 편당보다 위험하다.

목회적 동역을 하는 동안 문제가 되는 것은 두 목회자에 대한 교우들의 호불호가 뚜렷이 나뉠 때이다. 어떤 이는 A 목회자의 설교 스타일을 좋아하지만 어떤 이는 그 반대이다. 어떤 이는 B 목회자와 연고지가 같고 선후배 관계이지만 어떤 이는 그럴 만한 꼬투리조차 없다. 어떤 이는 특정 목회자의 가르치는 은사에 푹 빠져 있지만, 또 어떤 이는 가르치는 것보다는 오히려 심방을 통한 푸근한 대화를 그리워하기도 한다.

교우들이 목회자의 어떤 특정한 면모나 조건에 대해 호감을 느끼는 것은 자연스러운 일이다. 하지만 이것이 도를 지나쳐 특정 목회자에 대한 선호도로 비약하거나 패거리 형성으로 이어진다면 사태는 심각해진다.

(5) 공동 목회자 사이에 권세 및 권리 배분이 명확하지 않을 때 혼란과 무질서가 파급된다. 관련된 지도자들 사이에서 공동 목회자의 권위 구조가 어떠해야 하는지 허심탄회하게 논의되지 않거나 합의한 내용이 무엇인지 명확히 전달되지 않으면, 사역의 여러 방면에서 사사건건 전전긍긍하게 되고 번거로울 정도로 망설이게 된다. 또 크고 작은 행정적 결정 사항이나 사역 방침을 추진하는 데에 자유롭지 못할 뿐 아니라 창의력을 발휘하기 어렵다.

그러므로 다소 번거롭더라도 이런 부분들을 명확히 해야 한다. 결국 이 사안은 세 가지 정도로 귀착이 되는데, '사례비 관계', '설교 담당의 책임', '최종 결정권자 문제'가 그것이다. 이런 사안을 대충 이야기하고 넘어가면 수습하기 힘들 정도의 어려움이 초래된다는 것이 선배들의 지혜로운 귀띔이다.

이제 꿈의 커튼을 내릴 때가 되었다. '두 명 이상의 목회자가 하나의 회중에 대해 동등한 권위를 행사하는 목회 형태'라는 의미에서의 목회적 동역이 한국 교회 현실에서는 꿈에 불과할지 모르지만, 꿈의 영역에만 그려 놓기에는 매우 아깝고 그리운 목회 형태이다. 다행스럽게도 오늘날 젊은 사역자들 가운데 이런 형태로 목회하는 이들이 있다는 소식이 들린다. 바라기는 이번 장에서 밝힌 공동 목회의 모습이 한국 교회의 목회 현장 여기저기서 출현하고, 또 그들의 고상하고 희생적인 목회 방침이 널리 알려졌으면 한다.

4. 작은 교회 목회자, 어떻게 살 것인가?

우리 시대 영웅으로서의 정체성

·
·

한국 교회에 대한 실태 조사가 지금까지 여러 번 있었지만, 소형 교회에만 집중해 실시한 경우는 거의 없었던 것으로 알고 있다. 심지어 소형 교회의 정의나 개체 수, 전체 교회 가운데 차지하는 비율 등에 대해서도 조사하거나 공식적으로 발표한 적이 없다. 물론 이 장에서 언급하고 있는 〈소형 교회 목회 실태 및 인식 조사 결과 보고서〉[1] 역시 그런 방면으로의 연구 문건은 아니다. 단지 출석 교인이 적은 교회들의 현황과 소형 교회 목회자들의 실태를 객관적으로 파악하는 데 도움을 주고자 작성한 것이다.

이 조사에서는 소형 교회의 범위를 출석 교인 100명 이하로 잡고 206명의 소형 교회 담임 목회자를 임의의 표본으로 선택했다. 조사 대상이 된 목회자들을 연령별로 보면, 40대 이하가 81명(39.9%), 50대가 99명(48.1%), 60대가 26명(12.6%)이었다. 출석 교인 수를 기준으로 할 경우, 50명 미만의 교회가 125교회(60.7%), 50-100명 사이가 81교회(39.3%)였다. 교단 소속은 예장통합이 53교회(25.7%), 예장합동이 57교회(27.7%), 감리교가 44교회(21.4%)이었고, 기타 교단이 52교회(25.2%)로 나타났다. 소재지별로 분류하자면, 대도시가 118교회(57.3%), 중소도시가 53교회(25.7%)였고, 읍면 소재가 35교회(17.0%)였다. 설립 연도는 1999년 이전에 설립된 교회가 83교회(40.3%), 2000-2009년 사이에 설립된 교회가 62교회(30.1%)였고, 2010-2017년 사이에 설립된 교회가 61교회(29.6%)였다.

소형 교회 목회자의 어려움

어느 목회자나 크고 작은 어려움이 있겠지만, 소형 교회 목회자가 겪는 특별한 어려움은 무엇일까? 이것은 특정 교회가 처한 목회적·사회문화적 조건에 따라 달라지므로 일률적으로 답변하기가 쉽지 않다.[2] 그렇지만 소형 교회 목회자는 다

음과 같은 피할 수 없는 세 가지 보편적 어려움이 있는 것으로
보인다.

▽ 하나님과의 관계와 관련한 어려움

무엇보다도 먼저, 소형 교회 목회자는 이따금 자신이 하나
님과의 관계에서 무슨 문제가 있어 수적 성장에서 어려움을
겪고 있는 것은 아닌가 하는 회의에 빠지곤 한다. 즉 자신이
하나님의 소명에 충실하지 않기 때문에 (혹은 하나님께서 자신과
함께하지 않기 때문에) 사역의 열매가 맺어지지 않는 것인지도
모른다고 생각하는 것이다.

이것은 근본적으로 수량적 크기가 클수록 더 바람직하다
는 통념과 맞물려 있다. "우리의 의식에 침투한 가정인즉 적을
수록 신통찮고 클수록 양호하다는 것이다. 교회의 세계로 가
보면, 최대의 주일 학교, 최대의 선교 예산, 최대의 교인 수, 최
대의 교회 차량, 최대의 건물을 가진 교회들이 신문에 가장 크
게 소개되고 가장 좋은 평가를 받는다."[3] 따라서 사역의 열매
가 적으면 자연히 하나님의 은택이나 호의로부터 멀어진 결과
라고 생각하게 마련이다.

우리는 땅의 피조물들인지라 우리의 사역이 의미심장하다는 데
대한 가장 확실한 증거를 수적 성장에서 찾는다. 숫자가 늘어나
면 우리는 우리의 달란트를 지혜롭게 투자했다고 확신한다. 수효

가 줄어들면 우리의 노력을 배가해야 한다고 믿게 마련이다. **결국 우리는 하나님의 미션과 우리의 소명에 얼마나 성실했느냐 하는 것 때문에 성공의 결과를 측정하고 싶은 욕망이 생기는 것이다.**[4] [강조는 인용자의 것]

이번 조사의 설문 문항 가운데는 이 점을 타진하는 명시적 항목이 없어서 위의 내용이 소형 교회 목회자들의 문제라고 확증적으로 말하기는 어렵다. 그러나 목회를 하면서 겪는 가장 큰 어려움[문 12] 가운데 "교인 수 정체"(39.8%)가 첫째 요인으로 나타났고, 46.6퍼센트의 목회자들이 목표 교인 수를 설정하고 있는 점[문 14], 또 목회 불만족의 첫째 이유가 "교회 성장이 안 되어서"(40.0%)인 점[문 27-1]을 고려할 때, 이 사안이 목회자들의 하나님과의 관계 인식에 부정적으로 작용했으리라는 추정은 결코 억단이 아닐 것이다.

교회가 직면한 수적 성장 결여의 원인을 소명에 대한 불충성이나 하나님께서 함께하시지 않기 때문이라는 쪽으로 찾기 시작하면, 목회자는 영적 배척감이나 상실감에 사로잡히게 되고 잘못하면 이것이 영혼의 습성으로 굳어질 수 있다.

▽　**사람들의 평가로 인한 어려움**

소형 교회의 목회자가 겪는 또 다른 어려움은 사람들과의 관계에서 야기되는 것이다. 이 현상은 대체로 목회자 자신으로부터 출발하지만, 일단 발생하고 나면 사람들과의 관계에 의해 악화일로를 걷게 마련이다. 소형 교회의 경우 수적 성장의 둔화나 퇴보는 다반사인데, 이로 인해 사역의 보람과 성취감을 맛보지 못하고 오히려 열등의식이나 낮은 자존감에 시달리기가 십상이라는 것이다.

그리하여 교회 안팎의 사람들을 당당히 대하기가 왠지 힘들고, 특히 목회에 '성공'하거나 진보를 나타낸 동료와 후배들로부터 알게 모르게 무시당하는 것 같은 느낌을 받곤 한다. 다음의 처지가 이런 상황을 반영한다.

> 작은 교회들은 자기들의 교세가 미미하다는 것을 지나치게 의식하기 때문에 사기가 저하되곤 한다. **예를 들어, 교인 수가 적은 교회의 목회자는 목회자 연합 모임에서 동료 서기 목사가 등록 교인과 예산을 언급할 때 자기 교회의 교인 수가 적다는 사실을 뼈아프게 의식한다.** 형편없이 낮은 자신의 사례비 수준을 좀 더 잘나가는 동료의 것과 비교하면서 그의 사기 또한 뚝 떨어진다.[5] [강조는 인용자의 것]

이 어려움은 이번 설문의 30번 항목이 너무나 명확히 드러내 주고 있다. 소형 교회 목회자들 가운데 40퍼센트가 중대형 교회 목회자와 비교하여 열등감을 느끼고 있고, 또 47.1퍼센트가 소형 교회 목회를 실패로 보는 주변의 인식이 부담스럽다고 답변하고 있다.

▽ 실제적 제약이 끼치는 어려움

아마도 소형 교회가 가장 실제적으로 당하는 어려움은 세 번째 항목일 것이다. 교회의 규모가 작아서 겪는 제약과 불이 익은 누구나 훤히 알고 있다. 언뜻 생각해도, 빈약한 (또 불안정 한) 사례비, 사역 파트너의 부족, 협소한 모임 장소, 초라한 사 역 프로그램, 부속 기관의 취약성 등이 그런 열악한 조건들로 떠오른다.[6]

목회자의 사례비 문제는 이번 설문 조사에서도 꽤 중요한 의제로 다루어졌다. 이 문제를 직접 거론하는 문항은 '문 32-36'이다.

- **문 32** 목사님께서는 교회로부터 사례비를 받으십니까?
- **문 33** 목사님께서는 교회 사역 외에 다른 직업, 즉 이중직을 갖 고 계십니까?
- **문 34** 목사님께서는 이중직에 대해 어떻게 생각하십니까?
- **문 35** 목사님께서는 혹시 앞으로 기회가 되면 이중직을 가질 의향이 있으십니까?
- **문 36** 목사님 배우자께서는 직업을 갖고 계십니까?

그 외에 '문 18, 19' 또한 간접적이지만 사례비 문제와 연관된 것으로 판정할 수 있다.

- 문 18 귀 교회는 다른 교회나 개인으로부터 정기적 또는 비정
기적으로 재정 지원을 받고 있습니까?
- 문 19 외부의 교회, 단체, 개인 가운데 어디에서 재정 지원을 받
습니까?

나머지 어려움은 '문 12'("소형 교회 목회의 어려움")에서 다
루고 있는데, "헌신된 일꾼 부족"(19.9%), "재정 부족"(19.9%),
"교회당 공간 부족"(6.3%)을 거론함으로써 목회 사역의 실제
적 제약 형편을 반영하고 있다.

영웅론: 일반적 개념에서 목회적 적용까지

이처럼 열악하고 힘든 사역 환경 가운데서도 작은 교회를
굳건히 지켜 가는 목회자들은 진정 이 시대의 영웅이라 할 수
있다. 이것은 그저 빈말이나 공치사가 아니라 정말로 그렇다는
말이다. 그렇다면 영웅은 누구이고 어떤 사람을 가리키는가?

Ⅴ   영웅론과 신앙

영웅hero을 영어 사전에서 찾아보면, "1 초인간적인 힘, 용기, 능력을 가진 인간으로서 신들의 호의를 얻음. 2 엄청나게 용감하거나 고상한 행위를 연출함으로써 두각을 나타내는 인물"[7]로 나타나 있다. 이 정의와 묘사(특히 첫째 항목)는 다소 낯설게 느껴지는데, 그 이유는 이 정의가 다분히 그리스 문화를 반영하고 있기 때문일 것이다. 그에 비하면 오히려 한글 사전의 정의와 설명인 "① 사회의 이상적 가치를 실현하거나 그 가치를 대표할 만한 사람. 지혜와 용기가 뛰어나 대중을 이끌고 세상을 경륜할 만한 인물을 이른다. ② 어떤 분야에서 보통 사람으로서는 도저히 할 수 없는 일을 이루어 대중으로부터 열광적인 사랑 받는 사람"[8]은 좀 더 우리의 정서와 합치되어 보인다.

영웅의 인물됨을 연구한 어떤 전문가들은 호메로스의 작품에 등장하는 아킬레우스를 고대 영웅의 전형으로 제시하면서, 충성심, 신체미, 전투 기술 및 카리스마적 위용을 영웅적 특질로 꼽는다.[9] 그러면 이런 형태의 영웅 이해가 기독 신앙과 의미 있는 접점을 마련할 수 있을까? 이에 대한 그들의 답변은 "예"와 동시에 "아니요"이다. 우선 부정적 반응부터 거론하자면, 기독 신앙은 아킬레우스식의 인본주의적 자기 성취에 편을 들어 주지 않는다.[10] 그런 의미에서 영웅론은 기독 신앙 내에 설 자리가 없다.

그렇다고 부정적 평가만이 전부는 아니다. 아킬레우스가 전쟁 영웅으로서 탁월성을 발휘했고, 그의 탁월성이 누구에게나 호소력을 갖는다는 점은 부인할 수 없다. 비록 탁월성의 '구성 내용'이 어떤 것이어야 하는지에 대해서는 의견을 달리하더라도 탁월성의 '의미심장함'에 대해서만큼은 동의하지 않을 수 없다는 말이다. 바로 여기에서 기독 신앙과 영웅 개념이 만나게 된다. 기독 신앙은 우리에게 탁월성을 요구하고 탁월성을 갖춘 인물이 영웅이기 때문에 기독 신앙과 영웅됨이 그렇게 동떨어진 것만은 아니라고 할 수 있다.

단지 기독 신앙이 지향하는 영웅적 탁월성은 아킬레우스식의 인간 본위적 카리스마가 아님을 주목해야 한다. 오히려 기독교에서 중요시하는 영웅적 탁월성의 내용은 '자기부인 self-denial'이고, 이 점에서 가장 모범이 되는 인물은 뭐니 뭐니 해도 아브라함이다.

우리는 아브라함이 자기 아들을 바치고자 모리아 산으로 올라가는 이야기 때문에 오싹하면서도, 그러한 섬뜩함 밑으로 일종의 부러움 아니면 위대한 능력과의 조우로 인해 생기는 경외심을 느끼지 않을 수 없다. **자아 이외의 그 무엇을 그토록 강력히 믿기에 모든 것을 포기할 수 있다는 것**─이것은 참으로 놀라운 종류의 힘이다.

… 우리가 확신하기로는 아브라함의 모습, 신앙적 순종의 패턴이

자기부인에 의해 만들어졌다는 것이다. **신앙은 복음성가에 맞추어 박수를 치며 자기를 포옹하는 일이 아니고, 자기수용**self-acceptance **이라는 치료적 프로젝트도 아니다.** 신앙은 영적 훈련과 세상적 노력 사이에 조심스러운 균형을 유지하는—마치 우리의 삶에 '실제적인' 요구를 하기 위해 신앙적 훈련 항목들 가운데 가지를 치듯이 하는— 행위도 아니다. 제자도는 어중간하게 조치를 취하는 일이 아니다. **하나님 의존적이 아닌 프로젝트는 그게 무엇이 되었든 거부함으로써 하나님의 뜻이 편만해지도록 하는 것이다. 기독교의 가르침에 따르자면, 자아를 비우는 일**evacuation of the self**은 탁월함에 이르는 왕도요 우리의 최대 능력과 열망을 성취하는 길이다.**[11] [강조는 인용자의 것]

이처럼 기독 신앙은 믿음에 기초한 자기부인을 영웅적 탁월성으로 여기고 있으며, 이러한 탁월성을 추구하는 것이 기독교적 영웅론의 핵심이다.

▽ '작음'과 영웅적 탁월성

오늘날 우리의 문제는 숫자가 많고 스케일이 커야만 의미를 부여하는 데 있다. 크기만 하면 무조건 최고라고 여기는 것은 이미 거대주의/대량주의giantism라는 우상 앞에 절한 결과인지도 모른다. 그래서 의식 있는 이들은 현시대의 우상으로서 이미 대량주의를 지목했다. 경제학자인 슈마허(E. F. Schumacher,

1911-1977)는 "오늘날 우리는 거대주의라는 전 세계적 범위의 우상 숭배 행위로 인해 고통을 겪고 있다"[12]라고 말한다. 또 어떤 목회자는 "숫자를 위한 숫자의 추구는 우상 숭배의 일종이다"[13]라고 단도직입적으로 공언한다.

　실상은 규모가 작고 단위가 낮은 것이 유익과 혜택을 제공하는 수도 많다. 슈마허는 항구성 있는 경제학을 위한 조건 가운데 하나로서 과학자나 기술자들에게 소규모 단위의 적용에 들어맞는 방법들과 장치를 요청한다.

소규모의 작동 방식은 아무리 수효가 많아도 개개의 힘이 자연의 회복력과 관련하여 미미하게 작용하기 때문에 **대규모의 작동 방식보다 항시 자연환경에 해를 적게 끼친다.** 이해력보다는 실험에 훨씬 크게 의존하는 인간 지식의 과소함smallness과 짜깁기식 성격 patchiness 때문에 **오히려 작은 것이 지혜롭다.**

… 작은 공동체들이라도 무지 때문에 가끔 심각한 부식 현상을 일으키는 식으로 잘못을 범하지만, 거대 그룹이 탐욕 · 시기 · 권세욕에 의해 초래하는 황폐에 비하면 이는 매우 사소한 것이다. 우주 전체가 주제넘게 자기들의 허가받은 채석장이라도 되는 양 덤비는 익명의 회사들이나 거대한 정부들보다는, **적은 단위로 조직된 사람들이 그들 떼기의 땅이나 다른 자연 자원을 더 잘 다루리라는 것은 명백한 일이다.**[14] [강조는 인용자의 것]

작은 것이 아름답다는 슈마허의 외침은 결코 과장이나 반어법이 아니다.[15]

또 어떤 소형 교회 목회자는 '작음'이 성경적으로도 충분히 지지받을 수 있는 덕목임을 논하고 나서[16] 다음과 같이 결론을 짓는다.

소형 교회를 성공에 대한 현대적 표준에 의거해 측정할 경우 쉽사리 열등의식이 형성될 것이다. 그러나 교회가 자신을 성경적 준거에 의해 측정한다면 존립 의의, 가치, 적법성 등을 인정받을 수도 있다. 작은 크기가 적법성을 보장하지는 않아도 동시에 정죄나 조롱을 야기할 준거도 되지 않는다. **크기는 교회의 성경적 표지標識, marks와 아무런 관계가 없다**. 말씀이 전달되고 성례가 시행되는가? 사랑과 공의가 선포되고 실행되는가? 그리스도가 말씀과 행실로 구체화되고 있는가? 그리스도의 몸[교회]이 희생적으로 구속의 행위에 진력하고 있는가? 이것이 중요하다. **크기**는 성경적 신실성이나 효율성과 아무런 상관이 없다는 말이다.[17] [강조는 인용자의 것]

그런데도 우리는 작은 것에 불만을 표시하고, 자신의 조건이나 활동이 숫자상 미미하다 싶으면 곧 불안해한다. 쉐퍼(Francis A. Schaeffer, 1912-1984) 역시 이 점을 지적하면서, 다른 어느 지역보다도 미국에서의 사역 환경이 이런 경향을 부채찍한다고 말한다.

그리스도인들이 크기라는 20세기적 증후군에 가장 심하게 사로 잡히는 곳이 미국일 것이다. 크기는 성공을 나타낸다. 내가 헌신이 되었다면, 거기에는 필연코 많은 수의 사람들과 재정 등이 따를 것이라고 생각한다. 그러나 실상은 그렇지 않다. **하나님은 크기와 영적 능력이 병행한다고 말씀하지 않을 뿐 아니라 예수님의 가르침에 보면 오히려 반대로 말씀하셨고, 우리가 너무 큰 장소를 선택하지 않도록 의도적으로 조심하라고 말씀하신다. 우리의 경향은 큰 사역과 큰 장소를 강조하곤 하지만, 그런 모든 강조는 육적인 일이다.** 그런 식으로 생각하는 것은 회심 전의 이기적이고 자기중심적인 과거의 **나**로 되돌아가는 것이다.[18] [강조는 인용자의 것]

결국 쉐퍼가 깨달은 것은, 사람들에게는 작게 보여도 어떤 이가 하나님이 허락한 장소에 머물러 있다면 그는 하찮은 사람이 아니요 그곳은 하찮은 곳이 아니라는 사실이다.

각 그리스도인은 하나님께서 허락하신 장소에서 하나님의 막대기가 되어야 한다. **하나님께서 보시기에는 작은/하찮은 사람도 없고 작은/하찮은 장소도 없음을 우리는 평생토록 기억해야 한다.** 오직 한 가지만이 중요한 법이니, 순간마다 하나님께서 주신 장소에서 자신을 드린 사람이 되는 일이다. 자신을 작은 장소에 있는 작은 사람으로 생각하는 이들―만일 그들이 그리스도께 자신을 드리고 삶의 전반에서 주를 인정하며 산다면―이야말로, 어쩌면 하나님의 은혜에 의해 자기 세대의 흐름을 바꿀 수 있을지도 모른다.[19]

큰 것에만 집착하는 세상의 시각을 거부하고 하나님 중심의 관점을 견지하는 것이 사역적·목회적 측면에서의 자기부인이 아닐까 생각한다. 동시에 이러한 자기부인이야말로 영웅적 탁월성을 구성하는 핵심 가치라고 할 수 있을 것이다.

영웅 목회자로 사는 길

물론 어떤 목회자가 소형 교회를 맡았다고 해서 저절로 영웅이 되는 것은 아니다. 그는 먼저 큰 것을 추구하는 세상 풍조에 맞서 목회적 자기부인을 시도해야 한다. 동시에 소형 교회의 목회적 환경에 따르는 어려움에도 불구하고 의연한 자세로 사역에 임해야 한다. 그런데 이러한 영웅적 탁월성이 발휘되려면, 적어도 세 가지 방면으로 도움이 마련되어야 할 것이다.[20]

▽ **하나님과의 친밀성에서 오는 영적 원동력의 향유**

그리스도인이 하나님께 받은 특권이자 의무는 하나님(혹

은 그리스도)과의 깊고 친밀한 사귐이다. 성경은 우리가 주 예수 그리스도와 더불어 교제하는 것 고전 1:9이 하나님께서 우리를 부르신 내적 목적 가운데 하나라고 언급하고 있다. 이 점은 주께서도 강조하신 바로서, 포도나무와 가지의 관계를 실물 교훈으로 삼은 근본 취지가 바로 여기에 있다고 볼 수 있다.

요 15:4-5, 7 [4]내 안에 거하라. 나도 너희 안에 거하리라. 가지가 포도나무에 붙어 있지 아니하면 스스로 열매를 맺을 수 없음같이 너희도 내 안에 있지 아니하면 그러하리라. [5]나는 포도나무요 너희는 가지라. 그가 내 안에, 내가 그 안에 거하면 사람이 열매를 많이 맺나니 나를 떠나서는 너희가 아무것도 할 수 없음이라. … [7]너희가 내 안에 거하고 내 말이 너희 안에 거하면 무엇이든지 원하는 대로 구하라. 그리하면 이루리라.

주님은 신앙의 핵심을 그리스도와 그리스도인 사이에 존재하는 생명적 연합 관계("내가 네 안에, 네가 내 안에"4, 5절)로 보셨다. 이 관계는 서로를 향해 "~안에 거할 때" 형성되고, "~에 붙어 있지 않으면"4절, "~안에 있지 아니하면"4절, "~를 떠나서는"5절 유지될 수 없다. 그리고 이러한 상호 내주는 '말씀'과 '기도'를 통해7절 실현될 수 있다고 비치셨다.

그러므로 목회자들 또한 주님과의 교제를 생명처럼 여기고 실행해야 한다. 목회자들은 정기적·규칙적·지속적으로 하나님의 말씀을 읽고 묵상하고 되새기며 찬양·감사·회개·간구의 기도를 드려야 한다. 이러한 친밀한 교제가 이루어지는 한 결코 영적 배척감이나 의구심에 습관적으로 휘둘리는 일은 발생하지 않을 것이다.

그런데 목회자의 경건 실행과 관련하여 두 가지 유념 사항을 덧붙이지 않을 수 없다.

(1) **성경을 읽고 기도하는 주목적은 순전히 자신의 심령을 위한 것이어야 한다.** 이 말은 목회자가 경건 훈련 중 하나님께 나아갈 때 '목사', '사역자', '지도자'이기 전에 한 명의 그리스도인, 하나님의 자녀, 성도로서 그렇게 해야 한다는 뜻이다. 경건의 목적은 하나님을 더 잘 알고 하나님의 뜻을 더 깊이 깨달으며 하나님의 다스림에 순종하기 위함이지, 더 나은 목회를 위한 방편 마련에 있지 않다.

그렇지 않을 경우, 성경 묵상이 설교 거리를 찾기 위한 수단이 되고 기도는 목회적 추진력을 공급받기 위한 묘책으로 하락하게 된다. 물론 목회자가 말씀과 기도를 통해 꾸준히 교제할 때 그 결과가 설교 내용에 반영되고, 사역자로서의 영적 역량 또한 향상될 수 있음을 부인하는 것은 아니다. 그러나 그것은 어디까지나 경건 실행의 결과이지 처음부터 경건 훈련의 목표로 삼을 바가 아니라는 말이다. 후자가 상습화되면 경건은 곧 이익의 방도로 전락하고 만다 딤전 6:5.

(2) **목회자의 경건 실행은 하나님과 독대하는 데 초점을 맞**

추어야 한다. 한국 교회 목회자가 겪는 심각한 약점 중 하나는 그가 늘 교우들의 주목을 받고 있기 때문에 위선적이 되기 쉽다는 데 있다. 그가 수행하는 모든 사역—예배이든 기도회이든 찬양 모임이든—은 공적으로 노출이 되는 까닭에, 까딱 잘못하면 사람들의 시선을 받을 때만 거룩하고 경건한 인물인 양 처세하는 버릇이 생길 수 있다. 이러한 태도는 경건의 모양은 갖추었으되 경건의 능력은 부인하는딤후 3:5 이율배반적 처사로서, 자신과 공동체에 적잖은 피해를 줄 수 있다.

그러므로 목회자는 하나님께만 알려지고 사람들—심지어 배우자도—은 알지 못하는 자기만의 "골방"마 6:6이 있어야 한다. 그곳에서 하나님의 존전에 나아가 하나님의 말씀 앞에 자신을 벌거벗긴 채 드러내고히 4:12-13, 교훈과 책망과 교정을 받으며딤후 3:16, 자신의 갈 길을 재차 지시받는 일시 32:8이 필요하다.

목회자가 상기한 내용을 유념하며 규칙적으로 경건 훈련을 지속할 때 그로부터 누리는 유익은 말할 수 없이 크다. 두 가지 사항만 소개하도록 하자.

첫째, 목회를 하는 근본 동인을 지속적으로 점검받을 수 있다. 목회 사역의 근본 동인은 "뜻이 하늘에서 이루어진 것같이 땅[소형 교회]에서도 이루어지기를"마 6:10 열망하는 데서 찾아야 한다. 목회 사역은 처음부터 끝까지 하나님 나라의 일이요, 하나님의 사업이며, 하나님의 교회를 세우는 것이다. 그러나 우리 대부분은 목회와 관련하여 이러한 하나님 중심적 관점을 견지하지 못할 때가 많다. 오히려 우리의 심령은 '내 교회, 내 목회, 내 사역' 의식으로 가득하다. 지속적 경건 훈련은 이 같은 우리 중심의 목회관을 고치고 다스리고 바꾸어 준다. 하나님의 뜻이 성취되기를 바라는 거룩한 욕구가 내 야망을 실현하려는 세속적 욕구를 밑둥이부터 공략하는 것이다. 이런 유익은 다른 어떤 것에 의해서도 주어지지 않는다.

둘째, 복음 사역자로서의 영광을 목도하게 한다. 우리가 사역자로서의 소명을 받은 것은 우리에게 무슨 대단한 것이 있어서가 아니고**고후 3:5**, 그저 하나님의 은혜 때문이다**엡 3:7-8; 딤전 1:12-14**. 또 우리의 사역이 영광스러운 것은 그것이 소위 '영적'인 것이기 때문이 아니라 영광의 하나님**벧전 4:14; 약 2:1**이 우리를 불러 이 영광의 직분**고후 3:8**을 맡기셨다는 사실 때문이다.

그러므로 우리가 누리는 사역자로서의 영광은 목회 사역의 규모나 목회의 성과에 좌우되는 것이 아니다. 그런 것들 이전에 이미 우리를 부르실 때부터 우리는 그 영광을 입었다. 하지만 우리는 땅에 발을 견고히 붙이고 사는 바람에 세상의 찬란함에 미혹되어 "그리스도의 영광의 복음의 광채"**고후 4:4**를 온전히 목도하지 못한다.

지속적 경건 훈련은 우리의 이러한 영적 소경 상태를 치료해 준다.

▽ 건전한 자존감에서 비롯된 동료 의식의 함양

건전한 자존감은 누구에게나 필요하고 중요한 사안이라서 목회자들은 물론, 소형 교회 목회자들에게는 더더욱 필수적이다. 목회자의 자존감이 제대로 수립되려면 두 가지 조건이 충족되어야 한다. 그 하나는 하나님께서 자신을 인정하고 받아 주셨다는 확신이다. 나머지 하나는 자신의 목회 사역을 통해 열매가 맺히고 있다는 데 대한 사실적 증거이다. 이 두 가지 조건이 갖추어진 목회자들은 대체로 건강한 자존감을 소유하고 있다. 이 조건들 가운데 전자는 이미 앞에서 다루었으므로 두 번째 조건에 대해서 살펴보겠다.

소형 교회 목회자의 경우 두 번째 조건은 어떻게 확보할 수 있을까? 여기에서 수적 증가를 사역의 열매로 상정하는 것은 별로 바람직하지 못하다. 수적 성장이 회심에 의한 증가일 때는 사역의 열매로 여겨도 되겠으나 수적 성장 자체가 사역의 열매로서 본질적 사항은 아니라는 말이다.

오히려 우리는 사역의 열매를 교우들의 신앙적 성숙에서 찾아야 한다. 이것은 목회적·사역적 열매의 필수 사항이기 때문에 어떤 종류의 목회 사역에도 해당이 된다. 그다음에 생기는 질문은 무엇이 '신앙적 성숙'인가 하는 점이다. 이에 대한 답변을 하나로 고정할 수는 없겠지만, '하나님과의 관계', '그리스도인끼리의 관계', '세상과의 관계'라는 세 가지 항목[21]을 상정하고자 한다. 목회 사역을 통해 교우들이 얼마나 더 하나님과의 관계가 친밀해졌는지, 교우들 상호 간에 형제 사랑의 정신과 실행이 얼마나 더 널리 퍼졌는지, 교우들이 세상 속에서 얼마나 더 하나님의 나라를 충실히 구현했는지가 신앙적 성숙을 점검/측정하는 방도가 된다.

교우들에게 이런 식의 신앙적 성숙이 나타나려면 성경의 가르침이 활성화되도록 하는 데 가장 중점을 두어야 할 것이다. 말씀을 전하고 가르치는 사역에서 결실이 없으면 다른 어떤 종류의 사역으로도 그 결핍을 메울 수가 없다. 그러므로 설교는 언제나 성경 중심적이어야 하고 신학적으로 건실해야 한다. 제자 훈련 커리큘럼을 개발하여 여러 가지 성경적 주제를 가르치고 생활화하도록 훈련해야 한다. 이를 위해 소형 교회 목회자는 전심전력해야 한다 딤전 4:13, 15. 그리하여 비록 더딜지 모르지만 교우들의 인격과 삶에 점진적으로 변화가 나타나도록 힘써야 한다. 바로 이런 것을 가리켜 목회 사역의 열매라고 하는 것이다. 그리고 이런 조건의 충족으로 인해 목회자의 건전한 자존감이 형성된다.

바로 이렇게 건전한 자존감이 수립될 때 소형 교회 목회자는 다른 목회자들과 더불어 적극적이고 안정적인 관계를 발전시킬 수 있다. 이런 현상은 바울의 모습에서도 발견이 된다.

고전 15:9-10 [9]나는 사도 중에 가장 작은 자라. 나는 하나님의 교회를 박해하였으므로 사도라 칭함 받기를 감당하지 못할 자니라. [10]

그러나 **내가 나 된 것은 하나님의 은혜로 된 것**이니 내게 주신 그의 은혜가 헛되지 아니하여 **내가 모든 사도보다 더 많이 수고하였으나 내가 한 것이 아니요 오직 나와 함께하신 하나님의 은혜로라.**

사역자로서 바울의 자존감이 건전한 까닭은 그에게 두 가지 조건, 즉 ① 하나님의 인정("내가 나 된 것은 하나님의 은혜로 되었다", 10절)과 ② 사역의 열매("내게 주신 그의 은혜가 헛되지 아니하여 내가 모든 사도보다 더 많이 수고했다", 10절)가 확보되어 있기 때문이라고 할 수 있다. 그리하여 그는 자신의 약점("사도 중에 지극히 작은 자, 9절; "하나님의 교회를 박해하였으므로 사도라 칭함 받기를 감당하지 못할 자, 9절)도 솔직히 인정하고, 동시에 자신의 강점("내가 모든 사도보다 더 많이 수고함", 10절) 또한 덤덤히 받아들인다. 이로 보건대 바울에게는 건전한 자존감이 확보되었다고 할 수 있다.

소형 교회의 목회자도 마찬가지이다. 그가 성실한 목회 사역을 수행함으로 말미암아 그 나름대로 사역의 열매(교우들의 신앙적 성숙)가 맺혀 건전한 자존감을 수립한다면, 그는 동료 목회자들과의 관계에서 얼마든지 안정과 평온을 유지할 수 있다. 그는 자신보다 사역 규모가 큰 동료에 대해 넓은 마음을 품을 수 있다. 그리하여 그들의 흥왕이 하나님의 주권적 섭리 가운데 있음—"만일 하늘에서 주신 바 아니면 사람이 아무것도 받을 수 없다"요 3:27—을 인정한다. 반대로 자기보다 더 열

악한 목회 환경에 처한 이들에 대해서도 교만고전 4:6이나 자랑
고전 4:7을 일삼지 않고, 반대로 겸손고전 3:6-7과 감정 이입고전
12:26의 태도로 일관하게 된다. 이것이 목회자로서의 진정한 동
료 의식인데, 이러한 의식의 발로는 건전한 자존감이 확보되
어야 가능하다.

▽ 자족하는 마음이 가져다주는 빈핍감의 극복

소형 교회 목회자에게 닥치는 가장 실제적인 어려움은 아
마도 재정의 부족일 것이다. 다른 여러 가지 부대 사안들—일
꾼 부족, 미미한 사역 프로그램, 협소한 장소 등—도 실은 재
정 문제와 직간접으로 맞물려 있다.

하지만 이 모든 문제점에 대한 근본적 대응 방안은 재정적
형편의 개선에 있지 않다. 오히려 우리는 삶의 모든 환경에 유
연히 대처하는 자족감에서 그 비결을 찾아야 할 것이다. 이 점
에서도 역시 바울의 모범과 권면이 유효적절한 교훈이 된다.

빌 4:11-13 [11]내가 궁핍하므로 말하는 것이 아니니라. **어떠한 형편
에든지 나는 자족하기를 배웠노니** [12]나는 비천에 처할 줄도 알고 풍
부에 처할 줄도 알아 모든 일 곧 배부름과 배고픔과 풍부와 궁핍
에도 처할 줄 아는 일체의 비결을 배웠노라. [13]내게 능력 주시는
자 안에서 내가 모든 것을 할 수 있느니라.

딤전 6:6-8 [6]그러나 **자족하는 마음**이 있으면 경건은 큰 이익이 되느

니라. ⁷우리가 세상에 아무것도 가지고 온 것이 없으매 또한 아무

것도 가지고 가지 못하리니 ⁸**우리가 먹을 것과 입을 것이 있은즉 족**

한 줄로 알 것이니라.

바울은 자신의 재정적 형편과 관련하여 하나님의 섭리적
역사를 확신하고 있었다. 그러기에 그는 하나님께서 풍요를
항시 주셔야만 한다고 기대하지도 간구하지도 않았다. 그는
재정 상황과 관련하여 다른 이들과 비교하거나 남의 경우를
표준으로 놓고 스스로 괴롭히거나 하지 않았다. 오히려 헌물
이 제공되면 생계의 부담에 얽매이지 않고 복음 증거에만 착
념했고, 그렇지 않을 경우에는 기꺼이 천막 만드는 일을 했으
며 심지어 다른 약한 이들을 돕기까지 했다 행 20:34-35. 그는 기
본 생계를 꾸리는 것으로 만족했고(자족하는 마음의 핵심), 인생
의 끝을 염두에 두고서 경제생활을 영위했다.

물론 바울의 처지와 우리의 형편이 똑같은 것은 아니다.
우선, 당시에는 오늘날처럼 목회자들이 넘쳐나 경쟁을 해야
하는 상황이 아니었다. 또, 바울은 독신으로 지냈기 때문에 가
족 부양의 책임에서 자유로웠다. 그러나 이러한 상황을 염두
에 두더라도 오늘날 우리에게 자족하는 마음이 필요함을 강조
하지 않을 수 없다. 우리의 문제는—또 더 무서운 것은—빈
핍의 상황(객관적 상황)보다도 과도한 빈핍감(주관적 상황)에 있
다. 빈핍감이 우리의 의식을 사로잡는 한 자족감은 결코 우리

심령 가운데 뿌리내릴 수가 없다.

자족의 마음이 중요하다고 해서 소형 교회 목회자가 생계의 대책을 세우는 일에 무책임해야 한다는 뜻은 아니다. 이것은 특히 교회 개척 사역을 꿈꾸는 목회자들에게 중요하다. 완전한 재정 대책이 확보되기 전에는 결코 개척을 시작하지 않겠다고 하는 것도 문제이지만, 반대로 오직 하나님의 능력을 앞세우며 아무런 대책 없이 개척 사역에 뛰어드는 것도 삼가야 한다.

설문 조사의 결과가 보여 주듯, 소형 교회 목회자의 연간 사례비[문 32-2]는 2천만 원(매월 166만 원가량) 미만인 경우만도 42.0퍼센트나 되고 2천만 원에서 4천만 원이 47.5퍼센트여서, 무려 89.5퍼센트의 소형 교회 목회자가 4천만 원(매월 330만 원가량) 미만의 사례비를 받고 있는 셈이다. 게다가 사례비 수령[문 12]과 관련해서도, 부정기적으로 받는 이가 8.3퍼센트인가 하면 아예 사례비를 받지 않는 이들도 21.4퍼센트에 이르렀다. 자연히 목회자의 이중직 문제[문 33, 34, 35]가 대두되지 않을 수 없고, 배우자의 직업 보유 여부[문 36]까지 거론되는 것이다. 또 이런 맥락에서 외부 재정 지원에 관한 사항들[문 18, 19, 20]도 고려 대상이다.

소형 교회에 닥치는 여타의 제약 사항들─일꾼 부족, 협소한 모임 장소, 초라한 사역 프로그램, 부속 기관의 취약성 등─은 좀 더 유연히 대응하는 것이 필요하다. 즉 재정적 여건이나 관련 사정이 여의치 않으면, 어쩔 수 없이 제한된 상황에서 최선을 다하는 수밖에 없다. 그러다가 혹시 재정 형편이 나아지거나 여타의 조건들이 충족되면, 우선순위에 따라 한 가지씩 개선을 시도할 수 있을 것이다.

지금까지 소형 교회의 목회자들이 어떻게 하여 영웅 목회자들이 될 수 있는지 설명을 시도했다. 소형 교회의 목회적 환경이 야기하는 문제점 세 가지를 열거했고, 이어서 이러한 어려움에도 불구하고 어떻게 의연한 자세로 목회적 사역에 임할 수 있는지 대처 방안을 제시했다. 바로 이런 과정에서 소형 교회의 목회자들은 각자 나름대로 자기부인의 노력을 기울이는 가운데 영웅적 탁월성을 드러낼 것이다. 그런 의미에서 소형 교회의 목회자들은 영웅 목회자라는 명칭을 얻기에 합당하다!

II

교육과 훈련으로서의 목회 사역

5. 제자 훈련, 무엇을 놓쳤는가?

제자 훈련과 제자 훈련 프로그램

•
•

  한국 교회 내에서 '제자 훈련'이라는 주제의 변천 과정을 일별하노라면, 1960년대에 이 말을 처음 접하고 매우 생경해 떨떠름하게 반응하던 상황이 떠올라 '세상이 참 많이도 바뀌었구나' 하는 짧은 감상에 젖는다. 제자 훈련에 대한 개인의 평가가 어떠하든지 지금은 그 주제나 용어를 낯설게 여기는 그리스도인이 거의 없을 정도가 되었기 때문이다. 1990년대부터 목회자치고 목회 전략을 수립할 때 제자 훈련을 도외시할 수 없었고, 그 후 교회마다 모종의 제자 훈련 프로그램을 진행하는 것을 당연한 방침으로 여겼다.

  이와 같이 제자 훈련이 편만하게 보급된 현실에도 불구하

고, 한국 교회의 제자 훈련에 커다란 구멍이 뚫려 있다는 생각
이 떠나지 않는다. 그것은 바로 제자 훈련 커리큘럼의 문제이
다. 제자 훈련을 목회적·교육적 근간으로 삼으려면 당연히 제
자 훈련 커리큘럼을 개발해야 하겠건만, 이상하게도 이에 대
한 본격적인 논의가 제대로 이루어지지 않았다.

그렇다고 하여 이 짧은 글에서 제자 훈련 커리큘럼에 대
한 모든 것을 제시하려는 것은 아니다. 그저 이런 아이디어가
활성화되는 데 작으나마 기폭제가 되었으면 하는 바람에서 기
본적으로 필요한 사항 몇 가지를 서술하고자 한다.

'제자'와 연관어들: 의미의 규명

사전적 의미로 '제자弟子, disciple'는 "예수의 가르침을 받아
그의 뒤를 따르는 사람"[1]이다. 그리스어 '마데테스μαθητής'가
"배우다"라는 뜻의 '만다노μανθάνω'로부터 유래한 명사임을
생각할 때 납득이 가는 정의이다. 그러나 사실상 복음서에 나
타나는 '제자'의 용례는 다소 복잡하다. 예를 들어, 누가복음의
경우 '제자들'과 관련하여 세 가지 서로 다른 지칭 대상이 등
장한다.

눅 6:12-17 [12]이때에 예수께서 기도하시러 산으로 가사 밤이 새도록 하나님께 기도하시고 [13]밝으매 **그 제자들**[B]을 부르사 그중에서 **열둘**[A]을 택하여 사도라 칭하셨으니 [14]곧 베드로라고도 이름을 주신 시몬과 그의 동생 안드레와 야고보와 요한과 빌립과 바돌로매와 [15]마태와 도마와 알패오의 아들 야고보와 셀롯이라는 시몬과 [16]야고보의 아들 유다와 예수를 파는 자가 될 가룻 유다라. [17]예수께서 그들과 함께 내려오사 평지에 서시니 **그 제자의 많은 무리**[C]와 예수의 말씀도 듣고 병 고침을 받으려고 유대 사방과 예루살렘과 두로와 시돈의 해안으로부터 온 많은 백성도 있더라.

세 종류의 지칭 대상을 수적 범위의 면에서 보면 다음과 같이 분류할 수 있다.

- **[A]** 사도라고도 불리는 열두 명으로 된 그룹눅 8:1, 9:1, 12, 18:31
- **[B]** 최소 70명 정도로 추산되는 더 큰 범위의 헌신자들눅 10:1, 17
- **[C]** 큰 무리의 추종자 집단

여기서는 주로 [A]에 초점을 맞추어 논의를 전개하고자 한다. 어떤 제자도 전문가는 자신의 연구 결과에 기초하여 제자 및 연관어들의 의미를 다음과 같이 밝히고 있다.

그러므로 기독교적 의미에서 예수님의 제자란 영생을 얻기 위해 예수님에게로 와서, 예수님을 구주와 하나님이라고 시인하고, 그분을 따르는 삶을 시작한 사람이다.

… **제자도**discipleship는 제자로서의 지속적인 성장 과정이고, **제자 삼기**discipling는 제자들이 서로 도와서 제자로 성장해 가야 할 책임을 함축한다. 그러므로 제자도와 제자 삼기는 스승-제자 관계를 가리키는 전문적인 의미로도 이해될 수 있지만, 그리스도인의 경험이라는 더욱 넓은 의미로서 이해될 수 있다. … 그러므로 기독교 제자도와 제자 삼기라는 말이 의미하는 것은 삶의 모든 영역에서 그리스도인으로 성장함이다.[2]

이상의 내용에 의해 제자 및 그와 관련된 연관어들의 의미를 정리하면 다음과 같다.

- **제자**: 영생을 얻기 위해 예수님께로 와서, 예수님을 구주와 하나님으로 시인하고, 그분을 따르는 삶을 시작한 사람; 그리스도인을 가리키는 통상적 표현.
- **제자도**: 제자로서의 지속적인 성장 과정; 예수처럼 되어 가는 과정.
- **제자 삼기**: 제자들이 서로 도와서 함께 성장해 가도록 돕는 일; 삶의 모든 영역에서 그리스도인으로서 성장함.
- **제자 훈련**[3]: 제자로서의 지속적인 성장을 도모하기 위해 제자도

의 함양에 필요한 목회적·교육적 훈련을 실시하는 일.

예수께서 제자들을 선발하고 훈련하신 목적[4]

예수께서 공생애 동안 제자들을 부르시고 훈련하는 가운데 친히 행하고 보이고 가르치신 바는 헤아릴 수 없을 만큼 많다. 그리스도인들은 그중 자기들에게 의미심장한 어떤 측면이나 요소, 또는 사안을 뽑아내어 이것을 제자 훈련의 '본질적 사항'으로 내세우곤 했다. 예를 들어, 어떤 이는 예수님의 제자 훈련에서 소그룹의 원형을 찾아냈고,[5] 또 어떤 이는 제자들을 세워 가는 단계들을 발견했는가 하면,[6] 또 다른 이는 지도자적 훈련가의 자질[7]을 도출하기도 했다. 이와 달리, 성경에 나타난 제자도의 특성들을 찾아낸 후 이러한 특성들의 함양이 곧 제자 훈련이라고 주장하는 이들도 있다.[8]

물론 이러한 주장과 방법론들에 일리가 있고, 특히 어떤 것(P. T. 찬다필라와 윌리엄 맥도널드의 주장)은 타당하기 그지없다. 그럼에도 불구하고 내가 가장 중요하고 의미심장하게 여기는 사안은 제자 훈련의 '목적'에 관한 것이다. 그리고 이와 관련하여 마가의 설명은 큰 도움이 된다.

막 3:13-15 [13]또 산에 오르사 자기가 원하는 자들을 부르시니 나아 온지라. [14]이에 **열둘을 세우셨으니 이는 [그들이] 자기와 함께 있게 하시고 또 보내사 전도도 하며** [15]**귀신을 내쫓는 권능도 가지게 하려 하심**이러라.

마가복음에는 마태복음(10:1-4)이나 누가복음(6:12-16)에는 없는 한 가지 중요한 내용, 곧 제자들을 세우신 '목적'이 기록되어 있다. 이 목적은 두 가지로 명시되어 있다.

- 첫째, 자기와 함께 있게 하기 위함
- 둘째, 보내사 … 하려 하심

첫째 항목을 보면, 제자들 각자가 예수 그리스도와 함께 있으면서 그리스도가 누구인지 알고 깊이 있게 사귀도록 하는 데 목적이 있다. 둘째 항목은 제자들을 세상[9]으로 보내어(파송해)[아포스텔로ἀποστέλλω] 어떤 사명을 감당토록 하는 데 목적이 있음을 보여 준다. 이 경우에는 그 사명의 내용이 '전도', '귀신을 내쫓음'으로 나타나 있다.

그러나 마가복음 3장 14절에는 또렷이 드러나 있지 않지만, 예수께서 제자들을 세우신 목적 가운데 또 한 가지 중요한 내용이 있음을 간과해서는 안 된다. 그것은 예수께서 자기와 함께 있도록 한 주체에 대한 것이다. 우리말 성경에는 '자기와 함께 있는' 존재가 누구인지 생략되어 있다.[10] 영어 성경에는 그 주체가 "they[제자들]"라고 명시되어 있다. 이것은 제자들이 한 사람씩(개인적으로) 예수님과 함께 있다는 뜻도 되지만, 제자들이 하나의 팀으로서 예수님과 함께 있다는 의미이기도 하다. 어떤 신약학자는 후자의 의미와 관련해 이렇게 설명한다.

> 어떤 이들은 제자들을, 이스라엘의 선지자들이 예견한 바 앞으로 새 이스라엘이 될 '**믿는 남은 자**believing remnant'로 **본다**. 이는 열둘이라는 특별한 집단이 형성된 것과 맞아떨어진다. 그들은 그런 집단으로서 옛 이스라엘과 대조되는 그룹인데, 하나님이 통치하신다는 말의 온전한 의미implications는 그들 속에서, 즉 그들이 예수님과 일체가 되는 가운데 실현될 것이었다. 이 견해는 예수께서 **제자 혹은 사도 공동체를 교회**—그 충만한 실상에 도달하는 것은 오직 그의 죽음, 십자가 및 승천 이후일 텐데—**의 기초로 형성하셨다는 시각**과 함께 만난다.[11] [강조는 인용자의 것]

이에 비추어 볼 때 우리는 예수께서 제자를 세워 훈련하시는 목적 가운데 또 한 가지의 항목—그들끼리 하나의 팀/공동체를 구성함—이 마가복음 3장 13-15절에 들어 있음을 알 수 있다.

결국 우리는 마가복음에 나타나 있는 제자 선발 및 임명의 기사에서 세 가지 항목의 목적을 찾아볼 수 있다.

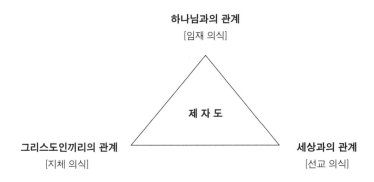

하나님과의 관계
[임재 의식]

제 자 도

그리스도인끼리의 관계
[지체 의식]

세상과의 관계
[선교 의식]

- **첫째 항목**: 예수 그리스도와 함께 있음 → 주님과의 사귐 **[하나님과의 관계]**
- **둘째 항목**: 제자들끼리 공동체를 구성함 → 신앙 공동체의 형성 **[그리스도인끼리의 관계]**
- **셋째 항목**: 세상으로 보냄을 받아 사명을 감당함 → 세상에 대한 사명 **[세상과의 관계]**

제자 훈련 커리큘럼의 수립

목회 사역에서 제자 훈련을 실시하고자 하는 모든 지도자는 무엇을 훈련 내용으로 삼아야 할지 고민하게 된다. 또 어떤 내용은 포함하고 어떤 내용은 배제할 것인지에 대한 원칙과 정당화 작업 또한 필수적으로 뒤따른다. 그러다 보면 이런 훈련을 시키는 더 큰 목적이 무엇인지를 생각하게 되고, 과연 그런 목적에 이런 훈련 내용이 적합한지 고민하지 않을 수 없다. 사실 이런 항목들을 두루두루 다루는 교육학의 분야가 '교육 과정' 혹은 '커리큘럼'인데, 제자 훈련 역시 교육 활동의 일환인 고로 커리큘럼이라는 사안을 도외시할 수 없다.

커리큘럼curriculum은 라틴어 '쿠레레*currere*'라는 동사에서 유래했고 "달림, 코스, 경주용 병거"라는 뜻이 있지만, 실제로는 "학교, 대학 등에서의 공부 코스; 그런 코스를 구성하는 주제들"[12]의 의미로 사용한다. 그런데 교육 전문가들은 커리큘럼이 교습instruction과는 다르다는 점을 강조한다.

"커리큘럼"은 일련의 **의도들**intentions, 의도하는 일련의 학습 결과들을 의미한다. 그렇다면 커리큘럼이라는 사안은 우리가 코스 기획자로서 우리의 코스에서 학습되기를 원하는 것들의 성격 및 조직과 연관이 된다. 커리큘럼 개발은 학습되기 바라는 내용[즉 의도하는 학습 결과들]을 명세화한 설계안으로 귀착이 된다. 따라서 커리큘럼은 청사진이나 건축 디자인 같은 것이다. 다른 한편 교습 계획instructional planning은 의도한 교습 과정을 개략화한 기획안으로 귀결이 된다. 따라서 교습 계획은 건축 스케줄과 같다. 커리큘럼과 교습 계획은 새 가옥에 대한 디자인과 새 집의 건축 단계를 제시하는 기획처럼 서로 다르다. 그러나 이 두 가지는 청사진이 건축 스케줄의 기획에 대해 필요한 가이드가 되는 것처럼 서로 간에 연관성도 있다.[13]

이처럼 커리큘럼은 교습 활동과 구별되지만, 교육과 학습이 이루어지는 전체 과정과 독립적으로 작용하지는 않는다. 전문가들은 그 과정을 다음과 같이 도표화한다.[14]

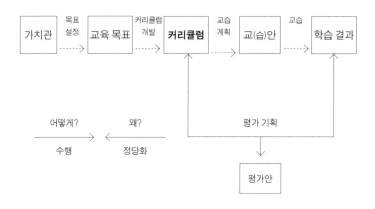

올바른 커리큘럼이 설정되려면 먼저 교육적 목표가 무엇인지부터 결정해야 한다. 커리큘럼이 결정되고 나면 교(습)안을 작성해야 하고 그에 따라 가르쳐야 한다. 물론 커리큘럼은 무엇을 가르쳐야 할지에 대한 것이므로 교육과 학습 과정에서

매우 중요한 위치를 차지한다.

그런데 커리큘럼을 고안할 때 특히 골똘한 생각을 요하는 것은 범위scope의 문제이다.

'커리큘럼의 범위'라는 용어는 커리큘럼 가운데 무엇을 다루는 것이 적합한지를 묘사하는 데 사용되고 있다. 이것은 '커리큘럼의 내용'이라는 용어와 구별되는데, 후자는 커리큘럼 가운데 실제로 취급하는 것과 연관이 된다. '범위'는 좀 더 넓은 의미의 용어로서 무엇을 취급**해도 되는지**를 가리키는데, 커리큘럼 가운데 사용될 수 있는 것 이상을 포함한다. '내용'은 좀 더 좁은 용어로서 취급**되고 있는** 바를 지칭한다. 범위는 하나의 '분야'인데, 교회가 교육적 사역을 위해서 합당한 경역境域, purview하에 두고 있다는 의미에서의 분야이기도 하고, 또 교회가 커리큘럼의 내용으로 합당하게 도출할 수 있는 자원이 된다는 의미에서의 분야이기도 하다.[15]

그렇다면 '범위'는 커리큘럼이 구성되는 한계를 정해 줌과 동시에 그 내용의 자원도 될 수 있는 일종의 '개념적 틀conceptual framework'이라고 할 수 있다. 그런데 이런 '범위'에 대한 구체적 예시 내용이 무척 흥미롭다.

- **첫째 사항**: 하나님 통제하의 인간에 대한 크리스천의 경험 — 복

음에 비쳐 본 실재의 신적 차원.

- **둘째 사항**: 다른 사람과의 관계에 대한 크리스천의 경험— 복음에 비쳐 본 실재의 인적 차원.

- **셋째 사항**: 세계 속의 인간에 대한 크리스천의 경험— 복음에 비쳐 본 실재의 자연적 차원.[16]

놀랍게도 이 내용은 내가 제자 훈련의 삼중 목적/의도로 도출한 내용과 그대로 일치한다. 이것은 제자 훈련의 삼중 목적이 기독교 커리큘럼에서 매우 중요한 '범위'로 작용할 수 있음을 보여 준다.

이제 제자 훈련의 삼중 목적에 근거하여 오늘날의 그리스도인들, 주로 청년부터 장년층에 이르기까지의 20-60대에게 필요한 표준적 형태의 커리큘럼을 예시하고자 한다.

제자 훈련 커리큘럼에 대한 활용 방안

앞서 예시한 제자 훈련 커리큘럼을 활용할 수 있는 방안을 다섯 가지로 설명하고자 한다.

(1) **제자 훈련 커리큘럼의 각 영역/범주는 필요에 따라 늘이거나 줄일 수 있다.** 여기서 24과로 구성한 것은 임의로 정한 것

일 뿐 특별한 의미가 있는 것은 아니다. 따라서 피훈련자의 사정이나 신앙 공동체의 특성에 따라 과를 더 늘릴 수도 있고 줄일 수도 있다. 예를 들어, 〈하나님과의 관계〉를 담고 있는 제5과 "경건의 시간"을 세 과로 늘려서 '경건의 시간', '경건의 시간: 장애물과 해결책', '경건의 시간과 새벽 기도' 등으로 확대할 수 있다. 반대로 훈련받는 이가 이미 경건의 시간에 대한 이해와 실천 면에서 경험이 많다면, 제5과·6과·7과를 묶어서 하나로 축약할 수도 있다(예를 들어, '경건의 시간: 묵상과 기도').

(2) **각 과에 맞는 제자 훈련 교재는 다양한 방도로 준비할 수 있다.** 가장 좋은 길은 제자 훈련을 담당하는 목회자가 그 내용을 꾸미는 것이다. 이것이 비현실적이면 이미 만들어져 있는 교재 가운데 자신이 세운 커리큘럼 내용과 가장 잘 맞는 것을 찾아내야 한다. 목회자 편에서 교재를 집필할 수도 없고 기존 교재가 마땅하지 않을 때는 목회자가 여러 가지 자료를 참조하여 훈련에 맞게끔 교재를 편집하는 방안이 그나마 대안이 될 것이다. 이때 참조 가능한 자료는 다양하다. 기존의 성경 공부 교재, 소책자, 정기간행물의 기사, 책의 일부 내용, 전문가의 강의안 등은 물론 연관된 영상 자료 또한 훌륭한 도구가 된다. 비록 품은 들겠지만 이러한 '짜깁기' 교재가 웬만한 훈련 자료보다 월등히 좋을 수 있다. 무엇보다도 해당 과와 관련하여 목회자가 원하는 내용을 다룰 수 있다는 것이 장점이다. (다만, 어디서 인용했는지는 꼭 기입하는 습관을 들이도록 하자.)

〈하나님과의 관계〉를 위한 커리큘럼		〈그리스도인끼리의 관계〉를 위한 커리큘럼	
第1과	복음과 구원	第1과	교회의 본질
第2과	그리스도의 십자가	第2과	지체 의식
第3과	그리스도의 부활	第3과	조직체로서의 교회
第4과	하나님과의 교제	第4과	교회 봉사
第5과	경건의 시간	第5과	건전한 자아상
第6과	묵상	第6과	정서적 성숙
第7과	기도의 본질	第7과	섬김에의 길
第8과	기도와 응답	第8과	그리스도인의 교제
第9과	중보 기도	第9과	형제 사랑
第10과	하나님 임재의 실행	第10과	그리스도인의 용서
第11과	죄와 용서	第11과	판단, 비판, 평가
第12과	믿음의 의미	第12과	갈등과 해결책
第13과	하나님의 나라	第13과	권면과 상담
第14과	하나님의 소명	第14과	직분과 직분자
第15과	하나님의 인도	第15과	목회자의 권위
第16과	그리스도의 주되심	第16과	평신도의 중요성
第17과	청지기 의식	第17과	지교회와 선교 단체
第18과	헌신된 삶	第18과	연합과 분립
第19과	성령 충만	第19과	교파의 유래
第20과	기독교적 지성	第20과	복음주의적 전통
第21과	구약 입문	第21과	기독교 교육 입문
第22과	신약 입문	第22과	소그룹 활동
第23과	기독교 교리 입문	第23과	그룹 성경 공부
第24과	개인 성경 공부	第24과	그룹 기도회

〈세상과의 관계〉를 위한 커리큘럼

제1과	세상과 세속
제2과	보냄받은 의식
제3과	기독교 세계관
제4과	학문과 신앙
제5과	예술과 기독 신앙
제6과	교우 전도
제7과	신앙과 변증 활동
제8과	포스트모던 시대의 기독교
제9과	전도와 사회 참여
제10과	불신 가정에서의 문제
제11과	이성 교제와 결혼
제12과	부부 생활
제13과	자녀 교육
제14과	동성애 이슈
제15과	영상 매체의 시대
제16과	컴퓨터와 인공 지능
제17과	일, 직업, 직장생활
제18과	빈곤, 경제, 부
제19과	의료 윤리의 여러 이슈
제20과	기독 신앙과 환경 문제
제21과	전쟁, 평화, 핵무기
제22과	타 종교와의 관계
제23과	세계를 품은 그리스도인
제24과	자비량 초문화 사역

(3) **훈련할 주제를 정할 때 각 영역/범주를 번갈아 하도록 한다.**
제자도의 영역/범주를 셋으로 나누고 영역마다 24과씩의 주
제를 할당했지만, 이런 순서를 그대로 지켜야 한다는 뜻은 아
니다. 물론 처음 몇 번은 첫째 영역에서 시작해야 하겠지만, 그
렇다고 24과 모두를 다룬 후에야 둘째 영역으로 넘어가야 한
다는 말은 아니다. 오히려 한 영역을 몇 과만 다룬 후 그다음
영역으로 넘어가고, 거기서 몇 과를 다룬 후 마지막 영역으로
옮아가도록 하라는 것이다.

　이 방식을 좀 더 구체적으로 설명하면 다음과 같다. 제자
훈련 프로그램을 처음 시작할 때는 먼저 제1영역[하나님과의 관
계]에서 제1과부터 제3과를 다루고, 그다음에 제2영역[그리스
도인끼리의 관계]으로 넘어가 제1과부터 제2과를 공부한 후, 끝
으로 제3영역[세상과의 관계]의 제1과부터 제2과를 살피는 식
으로 한다는 말이다. 그러고 난 뒤 다시금 제1영역, 제2영역,
제3영역을 돌면서 다음 몇 과씩을 다루면 될 것이다.

　이렇게 각 영역을 골고루 돌아가며 훈련을 하면 훈련자나
피훈련자 모두 지루하다는 느낌을 받지 않아서 좋고, 또 피훈
련자에게 세 영역 모두를 반복적으로 강조할 수 있는 장점이
있다. 그러나 처음 시작은 반드시 제1영역인 〈하나님과의 관
계〉에서 출발하는 것이 바람직하다.

　(4) **훈련받을 대상에 따라 커리큘럼의 내용과 훈련 수준을
조절할 수 있다.** 우리가 훈련해야 할 이들은 여러 면에서 다양

한 조건의 소유자들이다. 신앙적 수준이 서로 달라, 갓 믿은 그리스도인일 수도 있고 신앙의 연륜이 꽤 오랜 이일 수도 있으며, 심지어 교회의 직분자 후보일 수도 있다. 또 훈련 대상의 나이나 교육 정도, 이해력에서도 차이가 난다. 그리고 현재 사회에서의 활동 분야—학생, 전업주부, 회사원, 의사, 군인, 교사 등—가 상당히 다양하다.

신앙적 수준의 경우에는 두 가지 조치를 할 수 있다. ① 초신자의 경우에는 위에 열거한 과들을 그대로 거쳐야 하지만, 신앙의 경륜이 어느 정도 있고 그 내용을 제대로 숙지하고 실행하고 있는 사람이라면 어떤 과들은 뛰어넘어 가도 문제가 되지 않는다. ② 또 같은 과를 공부하고 훈련하더라도 그 수준을 조절할 수 있다. 예를 들어, 제1영역의 제8과 "기도와 응답"을 다룰 때 초신자의 경우와 직분자 후보의 경우 성경 본문이나 설명 수준을 서로 달리하는 것이 좋다. 훈련 대상의 나이나 교육 정도 및 이해력을 고려할 때도 비슷한 방침을 취하면 된다.

(5) **다루어야 할 주제에 따라 제자 훈련 방식이 다르다는 것을 염두에 두어야 한다.** 제자 훈련 커리큘럼의 주제들은 훈련 방식 면에서 세 가지 유형—① 개념의 점검, ② 반복적 실행, ③ 생활 속 체득—이 존재한다.

먼저 ① '개념의 점검'은 제자 훈련의 방식상 가장 간단한 유형에 속한다. 이것은 어떤 주제의 내용을 정확히 이해함으로써 개념 파악을 제대로 하면 학습 목표가 달성되는 그런 성격의 과이다. 대표적인 예로서 〈하나님과의 관계〉에서는 제21과 "구약 입문", 제22과 "신약 입문", 제23과 "기독교 교리 입문"이 있고, 〈그리스도인끼리의 관계〉에서는 제3과 "조직체로서의 교회"가 있으며, 〈세상과의 관계〉에서는 제1과 "세상과 세속"이 있다.

② '반복적 실행'은 개념 파악만으로는 충분하지 않고 반복되는 정기적·부정기적 훈련에 의해 신앙적 습관으로 자리 잡아야 할 그런 성격의 과에 대한 것이다. 전형적인 예로서 〈하나님과의 관계〉 가운데 제5과 "경건의 시간"이 있다. 처음 훈련을 받을 때는 경건의 시간이 무엇이고 왜 경건의 시간을 가져야 하고 어떻게 가져야 하는지에 대한 안내를 받는다. 그러나 그러한 개념의 파악만으로 이 과의 학습 목표가 달성되는 것은 아니다. 오히려 반복되는 노력과 실패, 다짐과 재다짐의 과정을 겪으면서 말씀과 기도를 통한 하나님과의 사귐이 깊어져야만 소기의 목적이 달성된다.

비슷한 설명이 〈세상과의 관계〉에 있는 제6과 "교우 전도"에도 해당이 된다. 교우 전도 역시 첫 출발은 이 전도 방식에 대한 개념 소개와 전달로 이루어지지만, 그것은 시작에 불과하고 반복된 실습과 훈련을 거쳐서만이 교우 전도에 익숙해질 수 있게 된다.

③ '생활 속 체득'은 제자 훈련의 방도에서 가장 어려운 유

제자 훈련, 무엇을 놓쳤는가?

형이다. 이 방도와 연관된 과들이 결코 훈련 프로그램에 의해 체득될 수 있는 그런 성격의 것들이 아니기 때문이다. 구체적 예로서 〈그리스도인끼리의 관계〉에 있는 제12과 "갈등과 해결책"을 생각해 보자. 이 주제를 훈련할 때, 처음에는 갈등에 대한 분석과 대처 방안을 이론적으로 살피고 설명을 듣는 것이 필요하다. 그러나 이러한 개념 이해만 가지고는 원래 이 과가 겨냥한 학습 목표를 이룰 수 없다. 또 이런 과는 무슨 실습을 통해 그 내용을 체득할 수도 없다.[17] 우리가 함께 공동체 생활을 하면서 기질·관점·이해의 차이 때문에 충돌이나 마찰을 겪다가 천신만고 끝에 하나님의 은혜로 관계가 회복되는 식의 체험을(아니면 아직 완전히 해결되지 않았더라도 회복을 향해 나아가든지) 하는 일이다.

그런데 이런 일은 결코 공식화된 제자 훈련 프로그램을 통해서는 이루어질 수 없다. 그렇다고 하여 우리가 이런 성격의 과들을 커리큘럼의 내용에서 제외하는 것 또한 바람직하지 않다. 만일 제자 훈련에서 이런 주제가 빠진다면 공동체 생활에서의 영적 성숙은 크게 감소될 것이다. 그러므로 이런 과의 제자 훈련은 실생활에서의 체득이 요구된다는 점을 명확히 하는 가운데 커리큘럼에 포함해야 할 것이다.

최근에는 제자 훈련에 대한 관심과 열의가 교회의 교육적 사역(청년부이든 장년부이든)에서 현저히 축소되었다. 그러나 예

수께서는 공생애 당시나 지금이나 자신이 의도한 제자 훈련의
세 가지 목표가 하나님의 백성들 사이에서 그대로 이루어지기
를 염원하신다. 그러므로 예수께서 제자들을 선발하고 훈련하
신 삼중 의도가 오늘날의 목회와 교육 현장에서 알차고 균형
잡힌 커리큘럼으로 현실화되고, 이를 통해 참된 주님의 제자들
이 교회와 세상 속에 굳건히 세워지기를 간절히 바랄 뿐이다.

6. 제자도 없는 제자 훈련이 가능한가?

제자도를 상실한 제자 훈련

·
·

'제자도 없는 제자 훈련이라니? 어떻게 이런 일이 가능하지? 제자도가 상실되었다면 무엇을 가리켜 제자 훈련이라고 하는 걸까?' 제자 훈련은 여기저기서 자주 언급하지만, 제자도에 대해서는 거의 듣기 힘든 시대를 살아가고 있다. 이 점을 제대로 이해하려면, 여기에 언급된 '제자도'와 '제자 훈련'이 각각 무엇을 의미하는지부터 명확히 해야 한다. 이 장에서는 한국 교회에서 종종 목도되는 현상—제자 훈련이 제자도의 정신과 기반을 떠나 하나의 기술과 프로그램으로서만 강조되는 일—을 노출함으로써 바람직하고 건전한 제자 훈련 사역의 모습을 함께 그려 보고자 한다.

제자도와 제자 훈련

'제자 훈련'이란 오늘날 교회에서 많이 볼 수 있는 대로 평신도를 목회 사역—특히 전도나 양육—에 기용하기 위해 마련된 목회적·교육적 훈련 프로그램을 말한다. 보통 예수께서 제자들을 훈련하시는 데 사용했다고 여겨지는 일련의 주제들을 일정 기간에 걸쳐 배우고 실습하고 반복함으로써 훈련받는 이들의 사역적 기능 향상에 중점을 둔다.

그러나 '제자도'는 다르다. 제자도는 제자됨을 드러내는 특질들이거나 제자를 제자가 아닌 이들과 구별 짓는 대표적 특징을 의미한다. 예를 들어, 엠마오 성경 대학의 학장이었던 맥도널드(William MacDonald, 1917-2007) 같은 지도자는 제자의 본질적 특질을 일곱 가지 항목으로 제시한다.[1]

- **예수 그리스도에 대한 최고의 사랑**: "무릇 내게 오는 자가 자기 부모와 처자와 형제와 자매와 더욱이 자기 목숨까지 미워하지 아니하면 능히 내 제자가 되지 못하고"눅 14:26.
- **자기를 부인함**: "… 누구든지 나를 따라오려거든 **자기를 부인하**고 자기 십자가를 지고 나를 따를 것이니라"마 16:24.
- **의도적으로 십자가를 선택함**: "… 누구든지 나를 따라오려거든 자기를 부인하고 **자기 십자가를 지고** 나를 따를 것이니라"마 16:24.

- **생애를 바쳐 그리스도를 따름**: "… 누구든지 나를 따라오려거든 자기를 부인하고 자기 십자가를 지고 **나를 따를 것이니라**"마 16:24.
- **그리스도를 따르는 모든 이에 대한 뜨거운 사랑**: "너희가 서로 사랑하면 이로써 모든 사람이 너희가 내 제자인 줄 알리라"요 13:35.
- **그리스도의 말씀 가운데 확고부동하게 거함**: "… 너희가 내 말에 거하면 참으로 내 제자가 되고"요 8:31.
- **그리스도를 따르기 위해 모든 것을 포기함**: "이와 같이 너희 중의 누구든지 **자기의 모든 소유를 버리지 아니하면 능히 내 제자가 되지 못하리라**"눅 14:33.

그에 따르면, 위의 일곱 가지 특질을 모두 갖추어야 예수 그리스도의 참 제자로 드러난다는 것이다.

그렇다면 '제자 훈련'과 '제자도'는 서로 간에 엄청난 차이가 있다고 볼 수 있다. 물론 둘 사이에 접합점이나 중첩 사항이 전혀 없다는 말은 아니다. 제자의 본질적 특질이 무엇인지를 정리하여 제자 훈련 프로그램의 한 주제로 꾸밀 수 있지만, 그런 특질이 무엇인지 정보를 획득하는 것과 제자로서의 특질을 살아 내는 것 사이에는 엄청난 차이가 존재한다!

그렇다면 이제 제자도와 제자 훈련의 차이를 좀 더 면밀하게 고찰해 보자. 예를 들어, 어떤 그리스도인이 있는데 그에게는 제자도의 특징이 점차적으로 구비되고, 또 다른 그리스도인은 그저 제자 훈련에만 익숙한 인물이 되었다고 하자. 시간이 지날수록 두 사람은 확연히 눈에 띄는 대조적 양상을 표출할 것이다. 그 대조점은 다음과 같은 다섯 가지 항목에 의해 더 또렷이 부각될 것이다.

항목 ＼ 대조적 사안	제자도	제자 훈련
지향하는 목표	인격의 함양/변화	기능의 발전/숙달
터득의 방도	삶의 우여곡절을 거침	정해진 교육 프로그램을 밟음
투입/소요 시간	비확정적이고 불가측적인 기간	일정표에 명시된 기간
삶과의 연관성	삶 가운데 체현됨	삶과 분리되기 쉬움
타인에 대한 효과	긍정적 반응(인정, 칭송)	부정적 응수(빈축, 비난)

그런데 지난 50년간 한국 교회의 목회적 경향은 주로 오른편 곧 '제자 훈련'에만 치중했고, '제자도' 함양에는 거의 신경을 쓰지 않았다. 그로 인해 교회 내에서 제자 훈련이라는 사역적 효과가 발견되기는 했으나 제자도는 점차 자취를 감추고 말았다. 이야말로 제자도를 상실한 제자 훈련이 아니고 무엇이겠는가?

제자 훈련이 형성되는 목회적 환경

▽ 제자 훈련에만 집착하는 한국 교회

그러면 왜 한국 교회는 제자도는 멀리하고 제자 훈련에만 착념하게 되었을까? 그 이유는 제자 훈련이 한국 교회에 수용되고 정착되는 과정과 목회적 환경에 그 원인이 있는 것으로 보인다.

제자 훈련이 1970년대를 거치며 한국 교회에 도입되도록 하는 데 가장 큰 역할을 한 인물은 누가 뭐라고 해도 옥한흠 목사이다. 그는 그 당시 누구도 엄두를 내지 못했던 과제—대학생 선교 단체(특히 '네비게이토 선교회')의 제자 양육 방법을 전통적 목회 사역에 접목하는 일—를 너끈히 이루어 내었다. "평신도를 깨운다!"라는 캐치프레이즈는 평신도를 일깨워 교회의 전도와 양육 활동에 참여시킨다는 뜻이었다. '사랑의교회'는 이러한 목회적 실험의 온상이었고 동시에 결실의 현장이었다.

이로부터 이제는 너도나도 교회마다 평신도를 깨우기 시작했다. 교회마다 평신도를 기용하여 전도와 양육 사역에 충당하는 것이 목회적 이상이 되었고, 이를 위한 교육적인 수단으로 '제자 훈련'이 등장했다. 여기에는 QT, 전도, 제자 삼기 등 기본 커리큘럼과 이에 따른 구체적인 교재 및 리더를 위한 훈련 프로그램이 포함되어 있었다.

그러면서 제자 훈련은 때마침 한국 교회를 휩쓸던 교회 성장의 꿈/비전과 결합되기 시작했다. 누구도 명시적으로 주장을 하지는 않았을지라도, "교회를 성장시키려면 제자 훈련을 해야 한다더라"라는 식의 입소문이 목회자들 사이에 파다하게 퍼져 갔다. 1990년대가 되자 대부분의 한국 교회에는 다음과 같은 목회적 패턴이 자리 잡게 되었다.

목회자는 누구나 자기 나름의 목회적 소신과 꿈(비전)이 있게 마련이다[목회 철학의 수립]. 그런데 과거 대부분의 목회자는 목회적 이상을 교회 성장에서 찾았다[성장주의적 방침]. 교회 성장을 최고의 가치로 삼은 목회자는 어떤 형태의 사역이 그 가치의 구현에 가장 적실한지 자나 깨나 고민한다[전략적 사역 방안]. 그런데 사랑의교회가 보여 주는 새로운 목회 방안만큼 효

과적인 것이 없는 것처럼 보였다[제자 훈련]. 이제 제자 훈련을 구체적으로 실행하기 위해서는 자신의 교회 내에 목회적·교육적 프로그램을 수립해야 한다[제자 훈련 프로그램]. 이처럼 제자 훈련의 논리는 강력한 설득력을 동반한 채 한국 교회를 휘감았다.

▽ 제자 훈련 프로그램이 갖는 문제점

이러한 목회 환경 가운데 실시되는 제자 훈련 프로그램인지라 여러 가지 문제가 발생한다. 이 문제점을 두 가지 방면으로 나누어 생각해 보자.

(1) 목회자의 목회 철학과 연관된 문제점

제자 훈련을 강조하는 다수의 목회자들은 목회 철학을 수립하는 데 한 가지 미묘한 우愚를 범하고 있다. 이것은 두 가지 서로 연접된 폐단을 초래하고 있다.

첫째, 목회 사역의 주인이 누구냐 하는 것이다. 물론 우리가 잘 알고 있는 공식적 답변은 "하나님이시다"이다. 그러나 여기서 주의를 기울이고자 하는 바는, 목회 사역을 출발하기 이전부터, 목회 사역을 수행해 나가면서, 목회 사역의 순간순간마다 얼마나 철저히 하나님의 주인되심을 고백하고 인정하고 심각히 되새기느냐 하는 것이다. 안타깝게도—그리고 두렵게도—우리 대부분은 이러한 근본 자세를 점검하는 데에 철두철미하지 못하다.

물론 이 문제가 꼭 제자 훈련에만 국한되어 있는 것은 아니다. 예배 갱신이든 주일학교 교육이든 직분자 임명이든, 어떤 종류의 목회 사역을 예로 들어도 이 문제에서 자유롭지 않기 때문에, 제자 훈련과 연관해서도 거론하지 않을 수 없다.

목회자가 마음과 뜻을 다해 목회 사역의 주인을 하나님으로 인정하지 않을 때, 우리는 여기에서 뜻하지 않은 아이러니를 만난다. 종종 목회자는 교우들을 대상으로 하여 청지기 정신이나 청지기 의식을 강조한다. 그 논조는 대개 다음과 같다. "우리의 목숨, 시간, 재물, 은사는 우리의 것이 아닙니다. 이 모든 것의 주인은 오직 하나님이시고 우리는 그저 청지기일 따름입니다. 우리의 목숨, 시간, 재물, 은사는 하나님께서 우리로 하여금 충성스러운 청지기가 되도록 하기 위해 그 활용을 맡기신 것입니다. 누구든지 이런 품목들을 자신의 것으로 생각한다면, 이는 청지기 정신에 어긋나는 일입니다."

이와 똑같은 논리가 목회자에게도 적용된다. 하나님께서는 목회자를 불러 목회 사역을 맡기셨다. 목회자가 책임을 맡은 것으로 되어 있는 특정 교회나 교회 사역은 결코 목회자 자신의 것이 아니다. 이 모든 것의 주인은 오직 하나님이시고 목회자는 그저 청지기일 따름이다. 만일 어떤 목회자가 목회 사역의 주인을 하나님으로 인정하지 않고(아니면 그저 입으로만 인정하고) 자기 것으로 생각한다면, 이는 청지기 정신에 크게 어긋나는 일이다. 그런데 일반 교우들에게는 청지기 정신을 강조하면서 정작 목회자 자신은 목회 철학의 수립과 관련하여 청지기 정신에 등을 돌리는 수가 있다. 이런 점에서 '아이러니'를 입에 올리지 않을 수 없다는 말이다.

둘째, 목회 방침의 근저에 성장주의적 욕구가 깔려 있다. 목회자들이 왜 앞다투어 제자 훈련을 목회 방침으로 채택하느냐는 질문을 받는다면, 솔직한 목회자일수록 "교회 성장에 도움이 되니까"라고 답할 것이다. 사실 대부분의 목회자들은 목회 사역에서 다른 대안적 모범을 목도하지 못했다. 1960년대 이후 한국 교회는 워낙 성장주의 일변도의 목회 비전에만 골몰해 있어서 그 외의 가능성을 생각조차 해 본 적이 없을 지경이다. 교회 성장은 목회자의 꿈이자 이상이요 지극히 표준적인 목회 방침의 내용으로 자리 잡았기 때문이다.

문제는 이런 사고방식이 하나님의 뜻에 맞지도 않고 성경의 가르침과도 충돌을 빚는다는 데 있다. 자기 교회의 수적 확장에만 착념하는 식의 성장주의적 발상은 탐심을 낳고 종국적으로 우상 숭배를 불러일으킨다.[2] 성경이 개교회의 수적 성장을 지지하지 않는다는 사실은, 사도들의 서신 가운데 수적 성장에 대한 직접적이거나 간접적인 힌트조차 담겨 있지 않다는 점에서 얼마든지 추정할 수 있다. 바울의 서신을 보더라도 교회에 대한 관심은 신학적·교리적·윤리적·상호 관계적 이슈 및 질적 성숙에 대한 것이지**참고. 롬 1:17; 고전 1:10-11; 갈 1:8; 엡 4:11-16; 빌 4:2-3; 골 2:1-5; 살전 4:1-18 등**, 결코 수적 성장에 대한 것이 아니다.

어떤 이는 위의 주장에 맞서 사도행전의 경우는 그렇지 않다고 반박할지도 모르겠다. 사도행전에는 수적 성장에 대한 보고가 반복적이고 점진적으로 나타나 있기 때문이다행 2:41, 4:4, 5:14, 6:7, 9:31, 11:21, 24, 16:5. 그러나 사도행전의 수적 언급은 복음이 예루살렘에서 시작하여 땅끝까지 퍼져 나가는 데 대한 전체적인 보고참고. 행 1:8를 목적으로 하고 있지, 개교회의 수적 확장에 주안점을 두고 있는 것이 아니다. 특히 사도행전 9장 31절이나 16장 5절은 교회 전체에 대한 수적 증가를 언급함으로써 이 점을 예시해 준다. 그러므로 사도행전의 수적 보고를 근거로 해서 교회 성장(개교회의 수적 확장)을 목회 방침의 표준적인 내용으로 정당화할 수는 없는 노릇이다.

이렇듯 제자 훈련을 교회 성장의 수단으로 여기는 것 또한 목회 철학적 문제점이라고 지적하지 않을 수 없다.

(2) 제자 훈련의 방법론과 연관된 문제점

제자 훈련이 갖는 방법론적 문제점은 앞에 서술한 목회 철학적 문제점과 연관이 깊다. 하나님을 목회 사역의 주인으로 인정하지 않은 채 성장주의 일변도의 목회 방침을 고수하는 목회 환경에서, 어떻게 바람직한 제자 훈련 방법론이 창출되겠는가? 방법론적 문제점 또한 두 가지 사항이 한데 얽혀 있는데, 하나씩 타래를 풀어내도록 하자.

첫째, 대부분의 제자 훈련은 기능적 그리스도인의 양성에 초점을 맞추고 있다. 한국 교회에 편만하게 된 제자 훈련이—

명시적 방책의 형태이거나 암묵적 수용의 결과이거나—교회 성장의 방편으로 자리매김한 만큼, 목회자들이 채택한 훈련 프로그램은 자연히 교우들을 그런 목적에 맞게끔 키우는 데 역점을 두었다. 더 구체적으로 말하자면, 교우들은 재생산의 과제를 맡거나 초신자의 양육에 투입될 것이었다. 비록 제자 훈련 프로그램에 여러 주제가 등장하지만 가장 궁극적인 목표는 재생산과 제자 삼기(교회에서는 초신자 양육으로, 선교 단체에서는 재생산의 사역자로)였고, 여타의 내용은 이 목표를 달성하는 데 도움이 되는 방편에 불과했다. 어쨌든 제자 훈련을 받은 이들은 재생산과 양육의 과제를 수행하는 데 매우 효율적이고 기능성이 높은 인적 자원임을 보여 주었다.

제자 훈련의 초점을 재생산과 양육에 맞추자 훈련을 받은 이들이 기능인으로서의 실효성을 나타내기는 했지만, 제자다움에는 턱없이 미달되었다. 그들은 여전히 자기중심적 신앙 양태를 고집했고, 희생적 이웃 사랑의 길을 마다했으며, 그리스도를 닮는 일에 무관심했다. 심지어는 제자 훈련을 받았다는 이유로 엘리트 의식을 갖고[3] 오히려 과거보다 더 교만해지기도 했다. 이것은 이 글의 초두에 맥도널드가 예시한 제자의 본질적 특질—그리스도에 대한 전적 헌신, 자기부인, 십자가, 그리스도인 동료에 대한 열정적 사랑 등—과 거리가 멀어도 한참 먼 모습이었다.

결국 제자 훈련의 열매인 기능적 인간형이 높은 효율성을 지녔음에도 불구하고 그들에게서 제자다운 모습은 나타나지 않았고, 어떤 경우에는 더 악화된 면모로의 퇴행까지도 유발했다. 이것은 제자 훈련이 통상 그리스도인의 인격과 삶에 별 영향을 주지 못한다는(아니면 심지어 부정적으로 작용한다는) 우려와 비판이 낭설만은 아님을 보여 주는 증거이다.

둘째, 제자 훈련의 방법론은 부지 중에 획일화를 획책하게 마련이다. 많은 제자 훈련 프로그램을 보면 그 안에 여러 가지 학습 내용과 훈련 과정이 단계별로 빼곡히 들어차 있다. 심지어는 그것이 얼마나 정교하고 촘촘한지 판정함으로써 프로그램의 우수성을 논하기도 한다. 이렇게 정해진 규정과 방식에 따라 훈련을 받고 과정을 마치면 누구나 제자가 되는 것이다!

제자 훈련이 한국 교회에 소개된 초창기에는 이렇듯 규격화된 단계적 훈련 과정이 인기를 끌고 탄성을 자아냈다. 그러나 시간이 지날수록 사람들은—심지어 제자 훈련의 책임을 맡은 당사자들까지도—이러한 기계적·요식적 방법론에 대해 회의를 품기 시작했다. 역시 사역적 효율성과 목회적 통일성에는 도움이 되었지만, 훈련받는 그리스도인 당사자들의 입장에서 볼 때 과연 이런 방법론이 궁극적으로 그들의 영적 성숙에 보탬이 될까 하는 의문이 생긴다.

이러한 부정적 반응의 핵심에는 제자 훈련의 방법론이 획일화를 불러온다는 데 있다. 획일화는 사람을 고착화된 틀에 맞추는 처사로서 개성 말살의 주범이다. 제자 훈련을 상기 방식으로 진행하는 것은 제품의 대량 생산을 위해 그 생산 공정을 단순화하고 획일화하는 것과 다름이 없다. 그러나 제품 생산과 제자 양성은 그 본질상 전혀 별개의 사안이라는 것을 누군들 인지하지 못하겠는가?!

신앙 공동체에 대한 성경의 이상은 **다양성 가운데의 통일성** unity in diversity이지, 결코 다양성이 배제된 통일성—곧 획일성 uniformity—이 아니다**참고. 롬 12:4-5; 고전 12:12; 롬 14:5-6; 갈 3:28 등**. 이것은 사도들의 경우만 보더라도 알 수 있다. 사도들은 모두 공통적으로 구원을 설파했지만, 구원을 설명하면서 채택한 설득의 틀, 어휘, 이미지, 논리 전개 방식은 서로 간에 무척 다양하다(바울의 로마서, 베드로의 베드로전서, 요한의 요한일서를 비교해 보라).

제자 훈련의 방법론이 기능적이고 획일화된 그리스도인의 양성에만 치우쳐 있는 한, 그들의 인격과 삶에서는 결코 제자다운 자태의 함양과 구현이 목도되지 않을 것이다.

제자도 회생의 길

한국 교회의 제자 사역(제자도 및 제자 훈련)에 미래는 있는가? 전망은 어둡지만 빛이 숨겨 있음도 감출 필요는 없겠다. 개선을 위한 노력의 방향을 세 가지 항목으로 정리해 보았다.

(1) 목회자가 목회 사역에서 하나님의 나라를 구해야 한다.
목회자가 목회 활동과 교회 사역에서 주인 행세를 하는 잘못
에 대해서는 이미 앞에서 밝힌 바와 같다. 이에 대한 해결책은
정면 돌파의 길밖에 없다. 무엇보다도 자신의 목회 철학을 수
립하는 일에서부터 하나님의 나라(하나님의 주권적 통치)를 구해
야 한다참고. 마 6:33. 목회자는 목회를 통해 자기 왕국을 건설하
고자 하는 야망과 탐심을 버려야 한다. 오직 왕이신 하나님의
충직한 종이요 청지기로 머물러 있어야 한다.

주께서 하나님의 나라를 외치시고마 4:17, 자신의 왕되심을
밝히시며참고. 마 27:11, 우리 모두 그의 나라와 그의 뜻이 땅에서
이루어지도록 기도하고마 6:10 살라고 명하시지 않았는가? 왜
목회 활동과 교회 사역만큼은 예외로 두어야 한단 말인가? 특
히 성장주의적 목회 방침은 일찌감치 포기해야 한다. 주님을
목회 사역의 왕으로 모시는 일과 교회 성장주의라는 우상을
섬기는 일은 결코 양립할 수 없기 때문이다.

(2) 목회자 자신부터 제자로서의 면모를 삶에서 구현해야 한다.
제자 사역을 주도하는 이에게서 제자도의 특징이 선명히 반영
되지 않는다면, 이것은 사역의 효율성을 논하기 이전에 시정
되고 보완되어야 할 문제이다. 역시 제자도의 본질적 특질에
관한 맥도널드의 일곱 가지 항목은 목회자의 자기 점검에 도
움이 된다. 그 특질 중 몇 가지를 질문의 형태로 바꾸어 보면
다음과 같다.

- 모든 것을 포기하는 한이 있더라도 과감히 주님을 좇을 것인가?
- 언제든지 자기자랑, 자기의, 자기만족을 버리기로 결심하고 또 실행하겠는가?
- 선한 목자처럼 교우들을 위해 기꺼이 자신의 목숨을 버리겠는가?
- 원수들과 방해꾼들, 적대적이거나 비협조적인 인물들조차도 마음에 품고 사랑하려는가?
- 설교와 상관없이 늘 하나님의 말씀을 즐겨 묵상하고 그 안에 거하는가?

이러한 특질이 목회자의 인격과 삶에서, 불쑥 튀어나오는 표현과 말투에서, 평소의 염원과 간구 제목에서, 생활 방식과 인간관계에서 녹아날 때, 그는 제자 훈련가로서의 자격을 갖춘 것이다.

(3) **제자 훈련 프로그램을 실시하고자 할 때 매우 조심스러워야 한다.** 제자 사역을 펼치고자 한다면 결국에 가서는 제자 훈련 프로그램을 편성하여 실시하지 않을 수 없다. 이것은 누구도 피할 수 없는 일이다. 다만 이때 매우 신중하고 만전을 기해야 한다는 말이다.

어떻게 해야 만전을 기할 수 있을까? 우선, 평소에—제자 훈련 프로그램을 도입하거나 실시하기 이전에—상기한 두 가지 사항(목회 사역에서 하나님의 나라 구하기, 목회자 자신부터 제자로서의 면모를 갖추기)에 힘을 써야 한다. 또, 제자 훈련 이외의 설교나 강의, 세미나를 통해 제자도의 특징—자기부인, 형제 사랑, 말씀의 생활화 등—을 끊임없이 강조해야 한다.[4] 그리고 현재 편성하여 실시하는 제자 훈련의 한계, 제한적 유익성, 달성하고자 하는 목표 등을 명확히 전달해야 한다. 이렇게 할 때야 비로소 제자 훈련의 기능 강조적·획일적 방법론이 초래하는 문제점을 극복할 수 있을 것이기 때문이다.

제자도와 제자 훈련, 이 두 가지가 지금처럼 괴리되지 않고 함께 갈 수 있다면, 그리하여 제자도에 입각한 제자 훈련이 시행될 수 있다면, 한국 교회의 제자 사역에는 어느 정도 미래가 있을 것이다. 오늘의 문제점을 심각히 인식하고 이에 대한 해결 방안에 총력을 기울여 나가야 할 것이다.

7. 교회는 성경을 제대로 가르치고 있는가?

'성경 교육' 유감

•

•

"성경이 제대로 가르쳐지고 있지 않다!" 누군가가 이렇게 외친다면, 사람들은 어리둥절한 가운데 엇갈린 반응을 보일 것이다. 그런 진단에 동의하기 힘들다는 사람도 있을 것이고, 정말 그렇다며 고개를 끄덕이는 사람도 있을 것이다. 그런데 한 걸음 더 나아가 성경 교육에 대한 이러한 부정적 진단이나 평가를 왜 반대하는지(아니면 왜 찬성하는지) 질문을 받으면, 조금 전과는 달리 답변은 궁색해지고 아리송해하는 표정만 짓지 않을까 싶다.

왜 이런 질문에 대한 답변은 묘연하게만 느껴지는 것일까? 나는 '성경을 가르침'이라는 표현이 무슨 활동을 가리키는지 불명확한 탓이라고 생각한다. 이 말의 실체를 제대로 파악하지 못하니, "성경이 제대로 가르쳐지고 있지 않다"라고 할 때 엉겁결에 찬성이나 반대를 표했지만 그 근거를 제시하기는 힘들었던 것이다.

'성경 교육'의 정체

따라서 우리는 먼저 '성경을 가르침', '성경 교육/교수Bible teaching' 등의 표현이 구체적으로 무엇을 일컫는지부터 살펴야 한다. 이 특정한 교육 활동에 대해서 한국 교회는 전문화된 용어를 가지고 있지 않다(실은 이것부터가 불안한 징조이다). '성경 강해', '설교', '교리 공부' 등의 용어들은 이미 자리를 잡았고, 또 그런 용어들이 무슨 뜻인지 그리스도인들 사이에 소통이 잘되고 있다. 그런데 영어의 'Bible teaching' 혹은 'Bible lessons'에 상응하는 한글 표현만큼은 확고히 정착되어 있지 않다. 그러므로 일단은 '성경 교육'이라는 용어를 채택해 사용하도록 하자.

그러면 '성경 교육'이란 무엇인가? 말 그대로 "성경을 가르치는 일"이다. 그런데 이것은 설교나 신앙 고백서 해설과 다르다.

▽ 설교와 성경 교육

우선 설교와 성경 교육을 비교해서 생각해 보자. 이 두 가지 사역은 세 방면에서 차이를 드러낸다.

항목 \ 활동	설교	성경 교육
활동의 핵심	당일의 성경 본문에 기초하여 하나님의 메시지를 증거함	강의안을 교육 자료로 사용하여 의도한 주제나 내용을 전달함
교육적 특징과 목적	비교적 학습량이 적고 영감을 고취하는 데inspiring 주력함	학습 내용이 많고 깨우치는 것 enlightening을 주목표로 삼음
프로그램 실행	주로 예배의 맥락에서 진행함	예배 이외의 성경 공부반이나 특강 시간에 실시함

▽ 신앙 고백서 해설과 성경 교육

그러면 신앙 고백서 해설과 성경 교육은 어떠한가? 물론 강의 방식의 전달법을 채택한다는 점에서, 또 다루는 내용이 주로 교리라는 점[1]에서 이 둘은 공통성을 띠기도 한다. 그러나 다음의 두 가지 면—학습 자료 및 신학적 색채—에서는 차이가 있다(133쪽 도표 참조).

정리하면, 성경 교육은 "성경의 내용을 강의 형식으로 전달하는 교육 활동"이라고 묘사할 수 있다.

활동 항목	신앙 고백서 해설	성경 교육
학습 자료	신앙 고백서 (및 해설서)	강의자가 준비한 강의안
신학적 색채	특정 신앙 전통이나 교단의 교의가 강조됨(예. 장로교/개혁파, 루터파 등)	일반적인 복음주의적 신앙 내용을 바탕으로 함

▽ 세 종류의 성경 교육

성경 교육은 다루는 내용에 따라 세 가지 종류로 크게 나눠 볼 수 있다.

(1) **책별 성경 교육**은 성경의 책들 66권 가운데 어느 하나를 택하여 가르치는 교육 활동을 말한다. 이때 한 권의 책 전체를 다룰 수도 있고(예. 이사야서, 로마서 등), 책의 일부나 몇 장에만 초점을 맞출 수도 있다(예. 창세기 1-11장, 산상수훈, 다락방 강화 등).

(2) **주제별 성경 교육**은 다양한 성경적 주제를 택하여 성경 교육을 실시하는 것이다. 성경적 주제는 무궁무진한데, '금식', '간구와 응답', '의심', '섬김', '제자의 특징' 등을 예로 들 수 있다.[2]

(3) **교리별 성경 교육**은 성경의 주제 중에서도 특히 교리적 성격이 강한 사안들을 다룰 때 쓰는 표현이다. 대체로 '성경', '하나님', '인간과 죄', '예수 그리스도', '성령', '구원', '교

회', '종말' 등의 8개 영역이 교리적 주제를 구성하는 것으로 볼 수 있다. 물론 교리별 성경 교육은 교리의 범위를 좁혀 '성령의 은사', '속죄의 성격', '죄의 종류', '성경의 무오성', '천년왕국' 등을 다룰 수도 있다. 그런데 주제별 교육과 교리별 교육은 어떤 경우 구분의 선이 명료하지 않고 또 다루는 주제가 중첩적으로 얽히기도 한다.

성경 교육이 빈약/희소한 이유

성경 교육의 의미를 이상과 같이 정의할 때, 한국 교회에서는 성경 교육이 기대만큼 활발하지 않음을 발견하게 된다. 이것은 최근에만 그런 것이 아니고 과거 1970-80년대에도 마찬가지였다. 그렇다면 왜 한국 교회의 실정에서는 성경을 가르치는 일이 활성화되지 않았을까? 세 가지 서로 맞물린 이유를 제시할 수 있겠다. 이 가운데 첫째 항목은 한국 교회의 목회적·교육적 풍토와 연관된 것이고, 나머지 두 가지는 목회자와 사역자들이 가진 문제점으로 분류할 수 있다.

(1) **한국 교회 사역 현장에는 성경 교육을 시행할 교육적 채널이나 루트가 결여되어 있다.** 나는 이것이야말로 성경 교육의 빈약/희소 현상을 초래한 가장 큰 요인이라고 생각한다. 이 점

을 이해하기 위해서 이미 한국 교회 내에 뿌리를 내린 여타 성경 관련 사역을 생각해 보자. 가장 대표적인 예가 설교라고 할 수 있다. 설교는 주로 예배의 맥락에서 전달되곤 하는데, 한국 교회는 워낙 '예배'라는 방식을 많이 채택하고 있던 까닭에 덩달아서 설교를 할 기회가 엄청나게 빈번했다.

'주일 대예배'나 주중의 예배는 말할 것도 없고 각종 헌신 예배, 심방 예배, 입당 예배, 구역 예배, 개회 예배, 폐회 예배 등이 있고, 그때마다 설교를 해야 한다. 또 예배 이외의 각종 기도회 때 역시 짧지만 빠지지 않고 설교 형식의 메시지를 전해야 했다. 새벽 기도회뿐 아니라 수요 기도회, 금요 철야 기도회 등 어떤 기도회든 설교로 시작하는 것이 관례였다. 그러니 어찌 설교 사역이 활성화되지 않을 수 있었겠는가?

또 시행 횟수가 훨씬 적기는 하지만 신앙 고백서 해설도 그 나름대로 자리를 잡아 왔다. 장로 교단(및 개혁교회)에서는 신앙 전통상 웨스트민스터 표준 문서나 개혁파 신앙 고백서를 중요시하고, 비록 일부이기는 하지만 이런 신앙 고백서를 정기적으로 가르쳐 왔다. 이를 위해 주일 오후나 저녁 시간, 혹은 수요일 저녁 시간을 따로 떼어놓기도 했다. 이러한 채널을 통해서 어쨌든 신앙 고백서 해설도 소규모로나마 시행될 수 있었다.

이에 비해 성경 교육은 그것이 책별이든 주제별이든 교리별이든 시행될 수 있는 교육적 채널이나 루트를 확보하지 못했다. 물론 예외가 없는 것은 아니다. 주중의 제자 훈련반이나 성경 공부반을 운영할 여건이 되는 중대형 교회의 경우에는, 책별 성경 교육(아모스서 공부, 요한계시록 집중 연구 등의 강의)이나 주제별 성경 교육(양육 프로그램에 들어 있는 '말씀의 중요성', '기도의 네 요소', '죄와 용서' 등의 주제를 살핌)을 시도했다. 또 주일학교 교사 훈련이라는 명목으로 교리별 성경 교육을 하는 교회들도 있었다. 그러나 이것은 어디까지나 예외에 속한다. 거의 대부분의 교회에서는—심지어 대형 교회도—성경 교육을 실행할 채널이 마련되어 있지 않다. 교육적 채널이나 루트가 없는데, 어떻게 성경 교육이 활성화될 수 있단 말인가?

이 시점에서 우리는 성경 교육과 연관된 한 가지 현상을 심층적으로 파헤칠 필요가 있다. 이것은 주일학교Sunday School 운영에 관한 사안으로서, 한국 교회와 미국 교회의 차이에 대한 것이다. 한국 교회에서는 '주일 학교' 하면 영아부에서 고등부까지를 생각한다. 고등학교를 졸업하면 주일 학교도 졸업하는 것이 된다. 그 이상의 연령대인 대학생들은 대학부나 청년부에 소속이 되어 그 체제 내에서 성경 공부를 한다. 문제는 청년 연령 이상의 교우들에 대한 성경 훈련이 전무하다는 것이다. 대개는 결혼과 더불어 집사(그리고 그 후에는 권사나 장로)의 직분을 부여받고 교회 봉사에 뛰어들지, 지속적으로 성경 훈련을 받는 일은 찾아보기 힘들다.

미국 교회는 이 점에서 다르다. **주일 학교는 어린이들뿐만**

아니라 나이가 많은 노인층까지도 포함한다. 그들은 '주일 학교'
에 성인들도 넣어서 생각한다. 그리하여 대체로는 주일 예배
전에 약 45분 정도 성인 주일 학교가 작동한다. 바로 이때 성
경 교육―책별이든 주제별이든 교리별이든― 을 실시하는 것
이다! 교단마다 성인 대상의 공과 공부 교재가 있어서 그것을
교육 자료로 삼든지 아니면 개교회 나름의 커리큘럼과 교육
계획에 따라 성인들도 성경 교육을 받는다!

이처럼 미국 교회는 한국 교회와 달리 성경 교육을 시행
할 교육적 채널이나 루트를 마련하고 있다. 즉 설교, 신앙 고백
서 해설과 동등하게 성경 교육도 중요한 교육 활동으로 인정
을 받고 있다는 말이다. 그러니 어찌 성경 교육이 활성화되지
않을 수 있었겠는가 말이다.

안타깝게도 한국 교회는 이러한 중요한 교육 수단을 놓치
고 말았다. 한국 교회의 교육 활동은 성경 교육을 배제하는 식
으로 토착화되었다. 이제는 이것을 당연시해 누구도 이 점을
아쉬워하지 않고, 심지어 이런 결여 현상을 인지조차 못 하고
있다. 이것이 성경 교육이 활발해지지 않는 근원적 요인이요
해묵은 문제점이다.

(2) **한국 교회의 지도자들은 성경을 개인적으로 공부하는 일
이 습관화되어 있지 않다.** 앞에서 말한 것처럼 첫 번째 이유는
한국 교회 내의 구조적 문제에서 비롯된 것이지만, 둘째·셋째
이유는 지도자들과 연관이 있다.

우선, '성경을 개인적으로 공부하는 일'이 무슨 말인지부터 규명하자. 이것은 평소에 성경을 가까이하면서 경건적·실천적 차원에서 성경을 읽고 공부하고 살피는 습관을 말한다. 이때 취하는 학습 방법으로는 개인 성경 공부, 묵상, 암송, 통독 등 다양하지만, 어떤 방법이든 성경을 중시하는 태도, 성경에 대한 친숙성, 성경의 주장 내용에 대한 궁금증을 바탕으로 한다. 그리고 이 모든 자세와 방법은 하나님을 경외하고 하나님과의 친밀한 관계를 발전시키기 위한 수단이기 때문에 중요하게 여겨진다.

이러한 개인적 습관은 성경에 대한 실용적 접근 방침과 대조가 된다. 후자는 자신이 필요로 하는 유익 때문에―예를 들어, 설교 준비를 위해서―성경을 찾는 것을 말한다. 이 방침에 의거할 경우, 만일 설교의 책임이 없다면 성경을 찾지 않을 수도 있다는 뜻이 된다. 그러나 성경을 개인적으로 공부하는 일을 습관으로 삼은 이의 경우에는 다르다. 그는 설교 준비를 하든 하지 않든 그와 상관없이 성경을 찾고 읽고 공부하고 살핀다. 이러한 개인적 습관의 결과로서 설교 내용에 대한 아이디어가 얻어질 수도 있겠지만, 이것은 어디까지나 성경을 찾고 살핀 활동의 부산물이지 처음부터 그런 목적을 염두에 두었던 것은 아니다.

그런데 한국 교회의 목회자들이나 사역자들의 경우에는 대체로 이러한 태도와 습관이 몸에 배어 있지 않다. 왜 이렇게 되었을까? 이런 현상은 다시금 두 가지 요인으로 설명할 수 있을 것이다.

첫째 요인: 성경을 개인적으로 공부하는 훈련을 받지 않았기 때문이다. 많은 이들은 이런 말에 대해 "아니, 목회자나 사역자들은 신학교에 다니면서 성경 훈련을 받은 사람들이 아닌가?" 하며 의아심을 나타낼 것이다. 이런 의문이 타당하기는 하지만 착각에서 비롯된 것이다. 대체로 우리나라의 신학교에서 지향하는 성경 훈련은 개인적 성경 공부의 습관에 대한 것이 아니고 이미 그런 것들을 전제로 하는 가운데 이루어지는 성경학 Biblical Studies 분야의 연구이다.[3] 그렇기 때문에 신학교를 다닌다고 해서 성경을 개인적으로 공부하는 습관이 길러지는 것은 아니다. 이러한 개인적·경건적 습관은 신학교의 신학 교육과 별도로 함양되게 마련이다.

나는 대학생 선교 단체에서의 훈련이 이러한 개인적·경건적 습관의 함양에 도움이 된다고 생각한다(그것만이 유일한 계기라고 말하는 것은 아니다). 대개 선교 단체에서는 귀납적 성경 공부 Inductive Bible Study 에 의한 개인 성경 연구 방법[4]을 가르치고, 또 성경 묵상에 초점을 맞추는 'Quiet Time'[5]을 훈련한다. 이 두 가지가 적절히 조화되면 성경에 대한 개인적·경건적 습관의 함양이 가능하다고 본다. 이것은 조금 전에도 이야기했듯 신학교 교육과 상관없이(또 가능하면 신학교 교육 이전에) 습득해야 할 영성 훈련의 방도이다. 그런데 상당수 지도자들은 목회적 지도력을 발휘할 때까지도 이런 훈련을 받지 않았기 때문에 성경과 연관한 개인적·경건적 습관을 체득하지 못하게 된 것이다.

둘째 요인: 신학교 커리큘럼을 밟는다고 해도 성경을 개인적으로 공부하는 일에 훈련되는 것은 아니기 때문이다. 이 말을 이해하려면 성경 과목의 커리큘럼에 있어서 성경 대학Bible College과 신학원Seminary 사이의 차이를 파악해야 한다. 북미 지역의 성경 대학 대부분은 독립 교회나 세대주의자들에 의해 4년제 학위 과정으로 세워졌다. 그들은 성경을 그저 있는 그대로—성경의 각 책을 연구하는 식으로— 접근한다. 그리스도인과 교회에 필요한 것은 성경 지식이므로, 대학의 일반 과목이나 학문적인 성격의 신학 과목들은 오히려 해롭다고 생각한다.

이에 반해 신학원의 석사 과정은 목회자 양성을 위해 4년제 학위를 마친 이들을 대상으로 전반적인 신학 분야를 교육한다. 신학원에서 취급하는 성경 과목들은 성경의 내용을 기본으로 하여 (이미 기본적 성경 지식이 있다는 전제하에) 수립된 성경학Biblical Studies이다. 오늘날 장로교를 비롯한 대부분의 교단들은 신학원을 설립하여 운영하고 있다. 그러므로 그런 신학원에서 성경의 기본 내용을 배우려는 것은 커리큘럼의 성격상 맞지 않는 일이다.

한국 교회의 경우에는 성경 대학이 아니라 신학원 제도가 도입되었다. 한국 교회의 다수를 이루고 있는 장로교도 마찬가지이다. 만일 어떤 사역자가 성경의 기본 내용조차 익숙하지 않다면 성경 대학에 진학하는 것이 낫겠지만, 이미 4년제 대학 출신으로서는 (상당히 많은 이들이 기본 성경 지식이 없음에도 불구하고) 교육 여건상 그럴 수가 없기 때문에 준비되지 않은 채 신학원으로 진학을 한다. 문제는 신학원에서 훈련을 받는다고 하여도 그에게 결여된 기본 성경 지식이 채워질 수 없다는 데 있다.

이러한 요인들의 복합적 작용으로 말미암아 다수의 한국 교회 지도자들에게는 성경을 개인적으로 공부하는 일이 습관화되지 못한 것이다. 그러니 어찌 이들로부터 활발한 성경 교육을 기대할 수 있겠는가?

(3) **한국 교회의 지도자들은 성경 실력을 제대로 구비하지 못하고 있다.** 이 문제점은 둘째 항목의 필연적인 귀결이다. 성경을 개인적으로 공부하는 일이 습관화되지 않은 이에게서 제대로 된 성경 실력을 기대한다는 것은, 콩밭에 가서 두부를 찾는 것처럼 얼토당토않기 때문이다.

여기서 의미하는 성경 실력은 다음과 같은 것이다. 우선 자신의 성경 실력부터 점검해 보자. 스스로에게 "창세기 1장부터 50장까지 각 장의 내용이 무엇인지 간략히 말해 보라"라고 지시한 뒤, 눈을 감고 첫 장부터 마지막 장까지 훑어가도록 하라. 만일 첫 장부터 시작하여 마지막까지 내용을 설명할 수 있다면 이는 성경 실력을 제대로 갖춘 것이요, 반대로 중간에 오류나 혼동, 머뭇거림으로 진척이 원만하지 않다면 성경 실력에 문제가 있다고 보아야 할 것이다. 비단 창세기뿐 아니라 출애굽기 … 말라기까지, 또 계속해서 마태복음을 거쳐 요한계시록에 이르도록 이런 방식으로 자신의 성경 실력을 테스트해 볼 수 있을 것이다.

그러나 이것만이 성경 실력의 전부는 아니다. 성경을 이렇게 책별로 아는 것이 필요하지만 동시에 주제별로 파악하는 것도 마찬가지로 중요하다. 일례로 '사탄'이라는 주제를 거론해 보자. 즉 "사탄이 등장하는 구절/내용들을 창세기부터 요한계시록까지 찾아내 보라"라는 지시가 떨어졌다고 하자. 이때 역시 눈을 감고 창세기부터 시작하여 요한계시록까지 사탄이 언급되거나 등장하는 성경 구절들을 찾아내면 된다. 예를 들어, 창세기 3장, 욥기 1, 2장, 이사야 14장, 에스겔 28장(이사야와 에스겔의 구절에 대해서는 이설도 있다), 스가랴 3장, … 마태복음 4장, 사도행전 5장, … 에베소서 6장, … 요한계시록 20장까지 훑어가는 것이다. 이때 막힘 없이 연관 구절을 찾아낼 수 있다면 그는 성경 실력을 제대로 갖추었다고 인정받을 것이요, 중간에 해당 구절들을 놓치거나 뛰어넘으면 성경 실력에 문제가 있다고 평가받을 것이다.

이처럼 우리의 성경 실력은 책별 성경 지식과 주제별 성경 지식에 의해 판정이 난다. 책별 성경 지식이 있어야 책별 성경 교육이 가능하고, 주제별 성경 지식을 갖추어야 주제별·교리별 성경 교육을 실행할 수 있다. 만일 지도자에게 성경 실력이 허락되어 있지 않다면, 다시 말해 책별 지식이나 주제별 지식이 함양되어 있지 않다면, 그로부터 효과적인 성경 교육을 기대할 수는 없는 일이다. 이것은 지도자 자신의 입장에서 생각해 보아도 알 수 있다. 지도자가 자신의 성경 실력에 대해 자신감이 없다면 자연히 성경 교육을 꺼리거나 피하게 마련이다. 이처럼 지도자의 자신감 결여 또한 성경 교육의 활성화에 찬물을 끼얹는 방해 요인이 되는 것이다.

성경 교육 회생 작전?

성경 교육이 빈약하거나 희소해지는 이유를 나름대로 세 가지로 정리해 보았다. 그러면 이제 어떻게 해야 할 것인가? 답변이 어렵지는 않다. 각각의 문제점을 해소할 수 있는 방책을 마련하면 된다. 즉 성경 교육을 실행할 수 있는 교육적 채널이나 루트를 창안하고, 개인적으로 성경을 공부하는 습관이 형성되도록 지도자들을 자극함으로써 성경 실력을 갖추게 하면 된다. 그런데 이런 방책이나 해결안이 말은 쉬워도 우리의 목회적·교육적 현장에서 구체적으로 실현되도록 하려면 엄청난 노력이 지속적으로 이루어져야 한다. 또 그렇게 한다고 해서 머지않은 장래에 사태가 개선되리라는 보장도 없다. 그러면 현실이 힘들다고 하여 그저 속수무책으로 손 놓고 주저앉아 있자는 말인가? 물론 그것은 아니다.

따라서 여기서는 매우 소박한 대응 전략에 호소하고자 한다. 이것은 지도자들 편에서 기울여야 할 개인적 노력이나 수고에 관한 몇 가지 방안이다. 그리고 이것들은 나의 경험과 맞닿아 있다.

(1) **개인적으로 성경과 친숙해질 수 있도록 다양한 방법들을 활용해 성경을 공부하라.** 가장 중요한 것은 하나님과의 교제를 위해 매일 경건의 시간Quiet Time을 확보하는 일이다. 귀납적 성경 공부 방법을 배웠든지 배울 기회가 있거든, 일주일에 한 번 정도 그것에 의거해 개인적으로 성경을 공부하도록 하라. 어차피 목회자로서 설교 사역을 감당해야 할 테니까 설교 준비를 위한 성경 살피기도 계속해 나가면 된다. 여건이 되면 성구 암송이나 통독 프로그램도 병행할 수 있다.

(2) **성경 공부에 관한 자기만의 자료를 집적하도록 하라.** 이것은 다양한 방법으로 성경을 공부하면서 얻어진 학습 내용을 정리해 두는 일이다. 이 역시 성경의 책별이나 주제별로 분류할 수 있다. 성경을 읽으면서 갖게 된 질문, 궁금한 사항, 난제 등에 유념하라(교우들 편에서 빈번히 제기하는 반론이나 질문들도 함께 다루면 좋다). 이와 관련하여 스터디 바이블(*NIV Study Bible*과

ESV Study Bible)을 지속적으로 활용하기를 권한다. 이 참고 자료를 평생 가까이 두고서 수시로 참조하는 것이 좋다.

(3) **교회 안팎에서 성경 교육과 관련한 부탁이 들어오면 과감히 책임을 떠맡으라.** 물론 부담이 되겠지만, 성경 교육자로서의 경험과 관록을 위해서는 기필코 겪어야 할 과정이다. 그리고 이왕 맡은 바에는 철저히 준비하도록 하라. 책별 성경 교육이면 해당 책에 대한 참고서와 성경학 관련서가 필요할 것이다. 주제별 성경 교육의 경우에는 반드시 성구 사전을 참조해야 한다. 교리별 성경 교육이라면 기독교 교리서나 조직신학 책에서 도움을 받아야 한다. 강의안은 기회가 될 때마다 수정·보완 등의 업그레이드가 필요하다. 그래야 성경 교육의 내용과 전달 방식의 양면에서 진보를 맛볼 것이다.

(4) **설교 시간 외의 교육적 채널을 만들어서 교회에서 가르쳐 보라.** 너무 조급히 시행하거나 무계획적으로 밀어붙이라는 말은 아니다. 교우들의 사정과 교회의 형편을 두루두루 고려해서 결정할 사안이다. 그렇지만 어쨌든 이런 기회를 만드는 것은 중요하다. 아마도 대부분의 교회에서는 주일 저녁이나 수요일 오전 혹은 오후 등 기존의 모임 시간대를 활용하는 것이 좋을 것이다. 물론 아예 파격적으로 주중의 다른 시간을 정할 수도 있다. 혹시 반응이 우호적이고 효과가 있다 싶으면, 시리즈로 3-4회에 걸쳐 시행하는 것도 바람직하다.

한국 교회가 무척 성경을 사랑하는 것으로 알려져 있으면서도, 제대로 된 성경 교육이 실시되지 않는 것은 상당한 아이러니이다. 현재로서 성경 교육은 전망이 그리 밝지 못하고 어두컴컴해 보인다. 그러나 하나님께서는 미래의 일꾼을 사용하셔서 새롭게 일하실 수도 있는 만큼, 목회자와 지도자들은 소망을 품고서 항시 준비된 태세를 갖추어야 할 것이다.

8. 초점이 흐린 양육, 이대로 좋은가?

맞춤 양육이 필요한 시대

•

•

물건 등을 손님의 요구에 따라 일정한 규격에 맞게 제작한다는 의미로서의 '맞춤' 개념은 과거부터 있어 왔다. 특히 옷의 경우에는 '맞춤복'이라는 형태로 대중화되어 있었고, 가구·책자·도시락 등 다양한 영역에서도 이미 '맞춤 서비스'가 활성화되어 왔다. 그런데 근자에 더욱 가속화된 상업주의적 판매 전략과 포스트모던적 개인 중심주의 성향이 서로 접하면서, 맞춤 방식은 급기야 우리의 삶 전반을 휩쓰는 유행으로 자리 잡았다.

그러므로 목회적·교육적 활동의 핵심인 양육에서도 '맞춤'이 거론되는 것은 그리 놀랄 만한 일이 아니다. 이 장에서는 '양육'이 무엇인지를 살피고, '맞춤 양육'의 핵심적 면모를 기술함과 더불어 그 필요성/타당성의 근거를 추적한 다음 보완 사항 몇 가지를 제시하겠다.

예비적 이해: 양육이란 무엇인가?

▽ 양육의 의미

맞춤 양육을 이해하려면 먼저 '양육'이 무엇인지부터 이해해야 한다. '양육養育, nurturing'은 어린아이가 제대로 자라나고 성숙하도록 그를 보호하고 돌보는 행위를 일컫는 말이지만, 한국 교회 내에서는 초신자의 신앙과 인격을 키우는 목회적·교육적 장치나 방안으로 이해되고 있다.[1] 양육에 관한 포괄적 전망을 갖기 위해서는 이 사안을 복음 전도와의 연계성 가운데 파악해야 한다(149쪽 도표 참조).

비신자나 비중생자에게 복음을 제시한 후고전 15:1-4 들은 이가 긍정적으로 반응하면, 그리스도를 영접한 것요일 1:12이 되고 그는 중생자가 된다요 3:3, 5; 약 1:18; 벧전 1:23. 바로 이때부터 양육 작업이 시작된다.

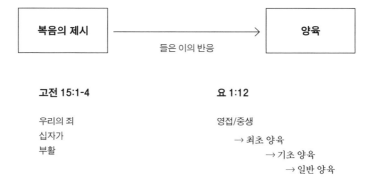

복음의 제시 ⟶ 양육

들은 이의 반응

고전 15:1-4

우리의 죄
십자가
부활

요 1:12

영접/중생
→ 최초 양육
  → 기초 양육
    → 일반 양육

▽ **양육의 세 가지 형태**

양육은 전반적으로 세 가지 형태로 나누어 볼 수 있다.

(1) **최초 양육**initial follow-up이 있다. 이는 그리스도를 영접한 직후에 이루어지는 조치이다.[2] 이때 양육자는 한 번 더 복음의 내용을 설명하고, 그리스도께서 영접자의 심령 안에 내주하심을 확신하게 해 주며, 이후로 말씀과 기도를 통해 그리스도와의 교제를 실행하도록 독려한다. 최초 양육은 복음을 전한 이가 맡는 것이 가장 적합하다.

(2) **기초 양육**basic follow-up이 있다. 기초 양육은 갓 그리스도인이 된 이들이나 신앙의 연조는 있으되 기독 신앙의 근본적인 내용을 체계적으로 습득하지 못한 이들을 대상으로 이루어진다. 이 경우 정해진 원칙은 없지만 대체로 새 생명, 구원의 확신, 말씀의 중요성, 기도의 요소, 그리스도인의 교제, 증거

활동 등의 주제를 다룬다.[3] 기초 양육의 시행자가 꼭 최초 양육의 경우처럼 복음을 전한 이일 필요는 없다(물론 한 인물이 양육의 책임을 지속해서 맡는 것에 장점이 있기는 하다).

(3) **일반 양육**general follow-up이 있다. 일반 양육은 꼭 초신자가 아니더라도 특정한 교육적 효과나 목적 때문에 실시한다. 예를 들어, 성경의 여러 주제를 알고자 하는 그리스도인들을 대상으로 한다든지, 교회 내 중직자 훈련의 일환으로 교회 직분에 관한 신학적·성경적 내용을 배운다든지 하는 것이 이에 해당한다.

대부분의 그리스도인들은 이 세 가지 형태의 양육 가운데 두 번째인 '기초 양육'을 '양육'과 동일시한다. 그러나 '일반 양육' 또한 양육의 중요한 형태이므로 양육 활동에서 배제할 수 없다. 따라서 이 글에서는 '기초 양육'과 '일반 양육'을 염두에 두고서 맞춤 양육을 이야기하고자 한다.

맞춤 양육의 이모저모

▽ 맞춤 양육의 정의

맞춤 양육이 활성화되거나 폭넓게 시행되지 않고 있는 처지에서 이 용어의 개념을 명확히 정리하기란 쉽지 않다. 주로 이 양육 방안에 거는 기대와 예상을 중심으로 하여 개념의 얼개를 잡는 수밖에 없다. 여기서는 "양육자가 양육 대상의 개인적이고 특수한 조건을 감안하여 그에게 적절한 내용과 방식으로 실시하는 양육 활동"을 맞춤 양육으로 정의 내리고자 한다.

▽ **맞춤 양육의 특징적 면모**

위의 정의에 비춰 볼 때, 맞춤 양육은 통상의 양육 활동과 몇 가지 점에서 차이가 난다. (1) 양육 활동에서 양육 대상의 주관적 상태가 최대의 관심사로 인식되고 있다. 종래의 양육은 아무래도 양육 대상보다는 양육 프로그램을 중요시하는 경향이 있었다. (2) 양육 내용과 방식을 양육 대상의 처지와 실정에 맞게 조정할 수 있다. 아직까지도 양육 활동은 확정된 내용과 방식을 따라 진행하기 때문에 양육 대상의 특수성이 고려되지 않고, 오히려 양육 대상을 양육 프로그램에 맞추는 식이 되곤 한다. (3) 양육자의 역량이 더욱 중요한 요건으로 부각된다. 현행의 전통적 양육에서도 양육자의 역할과 기량이 중요한 것은 사실이지만, 맞춤 양육에서만큼은 아니다. 맞춤 양육의 양육자는 공감성·창의력·순발력 등의 면에서 일반 양육 프로그램의 양육자보다 훨씬 더 뛰어나야 한다.

▽ **맞춤 양육에서의 대상자 파악**

맞춤 양육의 생명은 양육 대상의 개인적이고 특수한 상황을 고려하는 데 있다. 그러므로 양육 프로그램의 설정이나 활용 전에 양육자가 양육 대상을 정확히 파악하는 일이 절대적으로 중요하다. 그러면 무엇(혹은 어떤 사안)에 의거해 양육 대상을 파악할 것인가?

(1) **양육 대상의 영적/신앙적 여정을 고려하라.** 우선, 그가 어떻게 신앙을 갖게 되었는지 알아보아야 한다. 모태 신앙인지, 불신 가정에서 태어났다가 대학부 시절에 변화되었는지, 어릴 때 신앙생활을 했지만 그 후 10년 넘게 교회를 떠났다가 결혼하면서 다시 하나님을 찾게 되었는지 등이 여기에 해당된다. 또, 현재의 신앙 상태가 어떤지 파악하는 것도 상당히 중요하다. 지금 하나님을 더 알고 싶고 성장을 원하는 상태에 있는지, 신앙의 어떤 조항에 대해 의문이나 회의가 들지만 전반적으로는 긍정적인지, 궁금한 것이 많아 누군가에게서 배우기를 갈망하고 있는지, 교회 지도자에 대한 신뢰 상실로 인해 고민 중인지 등등이다. 그뿐만 아니라 양육 대상이 왜 맞춤 양육 프로그램에 등록했는지, 맞춤 양육 활동으로부터 기대하는 바가 무엇인지에 관해서도 알고 있으면 양육자에게 도움이 된다.

(2) **양육 대상이 거친 지금까지의 영적 형성spiritual formation 내용과 과정/단계를 감안하라.** 어떤 그리스도인이든 어떤 인물, 어떤 공동체, 어떤 신앙 전통으로부터 좋든지 나쁘든지 영향을 받게 마련이다. 그 인물은 목회자, 부모, 신앙 선배, 기타 지도자일 수 있다. 공동체라면 가정, 교회, 단체, 특수 모임일 수

있다. 만일 영향을 끼친 원천이 신앙 전통이라면 장로교인지, 오순절 교단인지, 메노나이트인지, 감리교인지, 성공회나 천주교인지 알아보라는 말이다. 이것은 양육 대상자와 자연스럽고 흉허물없는 대화를 통해서 파악하는 것이 좋다. 또, 지금까지의 신앙적 발전 과정에 이르기까지 그 대상자가 받은 영성/경건 훈련의 내용, 제자 훈련 프로그램, 이전의 일대일 양육이 무엇인지 밝혀내는 것도 중요하다. 이와 동시에 그가 어떤 분야/방면에서는 숙달이 되어 있고 어떤 면에서 아직 취약한지, 이야기를 들어 보는 것(혹은 파악하는 것)도 매우 필요하다. 예를 들어, QT와 전도에는 익숙하되 형제 사랑이나 교우 관계에서는 미숙할 수 있다.

(3) 양육 대상의 일반적 사항 또한 세밀히 파악하도록 힘쓰라. 여기에서 '일반적 사항'은 기독교 신앙과 직접 연관되지 않은 조건들을 의미한다. 예를 들어, 인격적 특성(지성적? 감정적? 의지적?), 성격과 기질, 교육 정도, 직업 등을 말한다. 이러한 일반적 사항이 언뜻 보기에는 개인 신앙과 무관하게 보이지만 실제로는 상당한 영향을 미친다. 인격적 특성 가운데 지성적 면모가 강하면 신앙적 색깔도 비슷해지고, 영성의 특징 또한 이와 유사하게 발전함을 종종 보게 된다. 성격과 기질이 개인 신앙의 내용과 형식에 미치는 범위 또한 만만치 않다. 교육 정도와 직업의 유형도 마찬가지이다. 이러한 일반적 사항이 파악되어야 양육자가 양육에 연관되는 여러 가지 교육적 장치

(설명의 수위, 교재 선택, 기독교 서적의 활용, 과제 부여 문제 등)를 구체적으로 결정할 수 있다.

ⅴ 맞춤 양육의 유형

내친김에 맞춤 양육의 두 가지 유형에 대해 알아보자.

(1) 첫째 유형은 '양육자 임의적 맞춤 양육'이다. 이것은 양육의 주제나 내용을 사전에 확정하지 않고 있다가 양육 대상이 정해짐에 따라 양육자가 구체적인 양육 프로그램을 자기 재량껏 고안·수립하는 창의적 형식의 맞춤 양육을 말한다. 이 유형은 양육 대상의 개인적 특수성을 훨씬 더 비중 있게 다룬다는 점이 특징이다. 동시에 양육자가 경험·지식·기량의 면에서 탁월성을 갖추고 있어야 시행이 가능하다.

(2) 둘째 유형은 '특화 주제별 맞춤 양육'이라 칭하고자 한다. 이 유형은 특정한 양육 대상—예를 들어, 젊은이, 교사, 회사원, 전업주부 등—과 그들의 문제를 염두에 두고 양육 주제와 내용을 꾸며서 맞춤 양육을 하는 것이다. 만일 오늘날의 청년들이 겪고 있는 문제점을 감안하여 특화 주제별 맞춤 양육을 계획한다면, 양육의 주제와 내용을 다음과 같이 구성해 볼 수 있겠다.

주제 1: 우리가 사는 세상

1. 게임

2. 용모

3. 성적 욕구

4. 이성 교제

5. 공부/전공

6. 돈 사용

7. 알바

주제 2: 나는 누구인가?

1. 자아상

2. 열등감

3. 상처

4. 자만심

5. 나르시시즘

6. 개인주의

7. 자아실현

특화 주제별 맞춤 양육은 임의적 맞춤 양육의 경우보다는 양육자에게 거는 기대가 덜하다고 할 수 있다. 그 대신 양육의 내용에 대해서는 잘 알고 있어야 한다.

맞춤 양육을 고려/시행해야 하는 이유

그렇다면 왜 맞춤 양육 도입이 필요할까? 세 가지 이유를 꼽아 볼 수 있겠다.

(1) **성경에 맞춤 양육을 추정하게 만드는 간접적 증거들이 발견된다.** 이 말에 오해를 할 이들을 위해 다시금 강조하면, 성경에는 맞춤 양육에 관한 구성 원리나 가르침이 들어 있지 않다. 단지 성경에 등장하는 어떤 사례나 설명 때문에 맞춤 양육의 개념이 우회적으로나마 지지를 받을 수 있을 뿐이다.

그중 가장 높은 개연성을 부여하는 사례는 아볼로의 경우이다. 아볼로는 알렉산드리아 출신으로 언변이 뛰어나고 구약에 능통했지만, 예수 그리스도에 대해서는 온전히 알지 못하고 있었다 행 18:24-25. 이에 브리스길라와 아굴라가 아볼로를 데려다가 하나님의 도를 정확히 풀어 주었다 26절. 이것은 브리스길라 부부가 아볼로의 신앙적 처지에 맞추어 실시한 양육 작업[4]으로서, 맞춤 양육의 개념에 매우 근사한 예라고 할 수 있다.

맞춤 양육을 추정하게 만드는 또 다른 사례로서 열두 제자 가운데 세 명—베드로·야고보·요한—의 경우를 거론할 수 있을 것이다. 예수께서는 이 세 명에 한해서만 회당장 야이로의 딸을 살리는 현장 눅 8:51에, 변화산상 막 9:2에, 그리고 겟세마네 동산에서 기도하실 때 마 26:37 데리고 가셨다. 이러한 참여로 말미암아 각자는 자기들에게 꼭 필요한 영적 경험을 하게 되었다. 또 이 세 명은 한 사람씩 교훈을 받기도 했는데, 베드로의 경우가 제일 두드러졌다 마 16:17-23; 눅 22:31-34, 54-62; 요 21:15-17. 요한의 경우에는 혼자서 막 9:38-40; 요 19:26-27, 또는 형인 야고보와 더불어 막 10:35-40; 눅 9:54-55 책망·교정·훈시를 받았다. 이 세 명의 제자들에게 허락된 경험과 가르침을, 각자의 영적 성장을 위한 맞춤 양육의 일환으로 여겨도 전혀 문제가 되지 않을 것이다.

맞춤 양육의 개념을 도출할 수 있는 또 다른 성경 자료로서 바울의 사역 방침을 원용하고자 한다. "우리가 그를 전파하여 **각 사람**을 권하고 모든 지혜로 **각 사람**을 가르침은 **각 사람**을 그리스도 안에서 완전한 자로 세우려 함이니"골 1:28. 바울은 자신의 사역 목표를 사람들의 성숙에 두었고, 이를 위해 권함과 가르침의 수단을 동원하고 있다고 말한다. 그런데 이런 사역의 전 과정에서 강조되고 있는 바는 "각 사람"이다. "각 사람"은 모든 사람을 가리키는 총체성의 성격을 나타내기도 하고, 동시에 각 개인에게 초점을 맞춘다는 개별성의 의미 또한 간직하고 있다. 한 사람 한 사람을 염두에 두고서 권하고 가르칠 때, 그 사람들이 성숙에 이른다는 말이다. 이렇게 '한 사람 한 사람을 염두에 두는 것'이 맞춤 양육의 개념과 상통한다.

(2) **맞춤 양육이 이루어 내는 교육적 효과를 고려하면 할수록 이런 식의 양육 활동을 채택하게 된다.** 맞춤 양육의 강점은

그것이 양육 대상의 개인적 상황과 처지를 충분히 감안한다는 데 있다. 그리스도인 한 사람 한 사람은 유일무이한 존재로서 각자가 처한 삶의 환경과 조건이 매우 개인적이고 특수하다.

그런데 만일 어떤 그리스도인이 자기만의 신앙적 어려움이나 의문점을 가지고 공예배에 참여한다고 하자. 십중팔구 그의 문제점은 예배 중의 설교에 의해 해결되지 않을 것이다. 심지어 그 교회에서 시행하고 있는 기존의 양육 프로그램으로도 속 시원한 결과를 맛보기는 힘들 것이다. 왜냐하면 그가 가진 의문점이나 궁금증은 그만의 독특한 상황과 조건에 의해 배태된 특유의 것이라서, 일반적이고 상투적인 답변만으로는 다룰 수가 없기 때문이다. 바로 이 시점에 그 그리스도인이 맞춤 양육의 활동에 투입된다고 하자. 또 그가 역량이 뛰어난 양육자를 만나 적합한 내용으로 양육을 받는다면 어떻게 될까? 그가 안고 있는 문제는 충분히 다루어지고 그는 훨씬 더 견실한 신앙의 자태를 갖추게 된다. 어떻게 이것이 가능하게 되었는가? 그것은 맞춤 양육을 통해 그가 개인적으로 영향을 받았기—진리가 그의 심령을 건드렸고 이로써 의문의 안개가 대폭 사라졌기—때문이다. 이것이 바로 맞춤 양육이 일으키는 교육적 효과이다.

맞춤 양육이 이처럼 개인에게 지대한 영향을 끼치는 것은 코칭이나 멘토링 사역과 비슷하다.[5] 코칭이나 멘토링 사역의 강점은 그것이 개인의 삶에 강력한 힘을 발휘한다는 데 있다.

상담가인 콜린스(Gary R. Collins, 1934-2021)는 예수 그리스도를 코치로 보면서 그의 제자 훈련을 다음과 같이 묘사한다.

> 그분[예수님]은 각 제자의 개성과 영향을 미칠 수 있는 잠재력, 그리고 실패하기 쉬운 취약점에 대하여 놀라울 정도로 잘 알고 계셨다. 그분은 팀의 장점을 극대화하고, 격려하며, 다양한 경험에 노출시키며 그들이 성숙해 감에 따라 지도 방법을 수정하면서 잘 이끄셨다. ⋯ 그분은 각 제자들의 독특성에 민감하셨기 때문에 제자들 하나하나를 약간씩 다르게 코치하셨다.[6]

콜린스가 코칭으로 말하는 것을 맞춤 양육으로 바꾸어도 별 문제될 것이 없다.

또 어떤 지도자는 자신이 도움받은 멘토링 경험을 이렇게 서술한다.

> 그분[신학교의 한 교수님]은 내가 사역하며 살아가는 데 준비되어야 할 일들이 있다는 것을 알게 하셨고, 장차 영적인 지도자로서 필요한 근본적인 능력을 기를 수 있도록 도움을 주셨다. 그렇게 우리는 거의 3년간을 매주 만났다. ⋯ 그분은 내가 성경의 진리와 문화에 더 세밀히 귀 기울일 때 내 삶 속에 울려 퍼지는 진리를 잘 듣는 법을 가르쳐 주셨다.[7]

이 간증을 보면 영적 멘토링 역시 그 진행 및 효과 면에서 맞춤 양육의 활동과 별반 차이가 없다는 인상을 준다.

그러므로 맞춤 양육을 제대로 실시하면 어떤 의미에서 코칭이나 멘토링 사역도 병행하는 것이 된다. 즉, 이 활동들이 개인에게 미치는 교육적 효과를 고려할 때 그렇다는 말이다. 이처럼 맞춤 양육의 교육적 효과를 염두에 둘 때 우리는 이 양육 활동을 결코 등한시할 수 없을 것이다.

(3) **맞춤 양육은 현 시대 사람들의 구매 행위나 소비 스타일에 공명하기 때문에 활용함직하다.**[8] 오늘날 우리의 문화생활은 거의 모든 방면에서 맞춤 형식으로 영위되고 있다. 특히 우리의 구매 행위와 소비 활동은 맞춤 일변도의 마케팅 전략에 익숙해져 버렸다. 우리 모두는 고객 맞춤, 손님 맞춤, 소비자 맞춤을 당연시한다. 그리하여 음식 주문이건 호텔·식당 예약이건 영화 관람이건 보험 선택이건 소비자가 왕이므로, 소비자 맞춤의 판매 전략이 모든 시장을 석권하게 된 것이다.

세상의 이러한 트렌드를 유념해 볼 때 맞춤 양육의 적실성이 더욱 드러난다. 과거의 양육 프로그램이 양육 대상 중심이 아니라 프로그램 운용 위주였다면, 맞춤 양육은 양육 대상을 우선시한다는 점에서 현 시대의 경향이나 트렌드와 잘 들어맞는다. 이러한 시대적 흐름을 고려해 볼 때 맞춤 양육은 상당히 현명한 선택인 것이다.

맞춤 양육: 세 가지 보완 사항

맞춤 양육은 우리의 목회적·교육적 현장에 갱신을 일으킬 수 있는 중요하고도 강력한 교육적 방편이다. 이러한 교육적 도구를 제대로 활용하려면 맞춤 양육과 관련하여 몇 가지 사항을 꼭 유의해야 한다.

(1) **양육자는 양육 대상자를 은근히 예속하려 들지 말아야 한다.** 비록 양육자가 양육 대상에 대해 막강한 영향력을 행사하는 것은 사실이지만, 그렇다고 하여 그 대상 위에 군림하든지 그를 좌지우지하는 식으로 대하는 것은 합당하지 않다. 양육받는 이 역시 양육자를 존경하고 순응해야 하지만, 그것은 어디까지 양육 활동에 국한해서만 그렇게 할 뿐이다. 또 양육을 받는 이는 어떤 특정 양육자 한 사람에게만 매이거나 고착화될 필요가 없다.

(2) **맞춤 양육의 내용 가운데 공동체를 포함시켜야 한다.** 맞춤 양육이 필요하지만 이것 때문에 양육 대상자의 자기중심성이 증대되지 않도록 조심해야 한다. '맞춤'이 편리한 서비스이기는 하지만, 실은 포스트모던 시대의 자아집착이나 자아몰입 경향의 부산물이기도 하다.[9] 따라서 과도한 자아주의를 예방하고 통제하기 위해서라도 공동체의 중요성을 가르쳐야 한다.

(3) **맞춤 양육의 대상자는 적절한 미래에 양육자 역할을 맡**

도록 도전과 자극을 받아야 한다. 맞춤 양육의 교육적 효과가 크기는 하지만 그 활동에 투입되는 인적 자원의 비용 또한 엄청나다. 어느 공동체이든지 양육자와 양육 대상 사이의 수적 불균형 때문에 고생을 하고 있다. 따라서 가능하면 많은 이들 (특히 양육의 대상)이 한시바삐 양육자로서의 기량을 갖추고 양육자 구실을 하도록 각성이 되어야 한다. 양육의 대상은 자신이 받는 양육의 은택에만 도취되어 있지 말고 자신이 수행해야 할 양육의 책임에도 눈을 떠야 한다.

맞춤 양육은 교육적 잠재력이 무한한 사역이자 활동이다. 그러나 효과적인 시행을 위해서는 경험이 풍부하고 기량이 뛰어난 양육자들이 대거 요구된다. 문제는 그런 사역을 감당할 사역자 몇 명도 구하기가 쉽지 않다는 데 있다. 오늘날 목회 사정은 이처럼 불투명하지만 그럼에도 불구하고 그런 인물들을 발굴하고 키워 냄으로써 교회의 양육 활동에 혁신을 일으키도록 하자!

III

목회 사역이 주는 도전

9. 편만한 개인주의, 공동체를 이어 갈 수 있을까?

개인주의 풍조와 신앙 공동체

•

•

 오늘날 '신앙 공동체' 운운하는 것은 허공에다 소리를 지르는 것 같아 거론하는 이로서 쑥스러움과 막중한 부담감이 있다. 우리가 살고 있는 시대가 불과 30-40년 전에 비해 훨씬 더 개인주의화했기 때문이다. 비록 '개인주의'와 '신앙 공동체'가 모순적인 개념은 아니지만, 전자의 맥락 가운데 후자를 실현하는 일이 결코 만만치 않다는 것을 잘 알기에 더욱 그런 마음이 든다. 이 문제를 제대로 다루기 위해서는 개인주의와 교회 공동체에 대한 이론적·성경적 탐구가 필수적이다. 또 목회자는 이 시대를 살아가는 개인들의 관점에서 목회 사역의 이슈들을 조망하는 지혜가 필요하다.

개인주의와 시대정신

▽   **개인주의의 정체**

도대체 '개인주의個人主義, individualism'란 무엇이고, 어떻게 하여 오늘날 우리 사회를 지배하는 정신이 되었는가? 한글 사전에서는 '개인주의'를 다음과 같이 정의하고 있다.

> ① 〈사회〉 국가나 사회보다는 그것을 구성하는 개인의 의의와 존재에 더 큰 가치를 부여하고, 개인의 권리와 자유를 존중하는 정치 철학 및 사회 철학. 르네상스와 종교개혁을 거치면서 개인의 가치를 자각하게 된 이후, 근대 민주주의의 발달에 따라 개인의 정치적 권리와 자유를 중시하면서 널리 정착되어 이제는 민주주의의 기본적인 전제가 되었다. ② 다른 사람이나 사회 전체의 이익을 무시하고 자기 자신만의 이익을 추구하는 이기주의적 방식이나 태도를 진정한 의미의 개인주의와 혼동하여 이르는 말.[1]

위의 정의를 살펴보노라면 '개인주의'라는 개념이 얼마나 서양 역사에 깊이 뿌리내리고 있는지, 또 얼마나 사회생활의 각 분야에 포괄적으로 영향을 미치고 있는지 생각하게 된다. 게다가 개인주의를 (항목 ②에 등장하는) 이기주의와 혼동하는 현상을 지적한 것 또한 매우 흥미롭게 여겨진다.

편안한 개인주의, 공동체를 이어 갈 수 있을까?

철학 사전에서도 개인주의를 비슷하게 규정짓고 있지만, 좀 더 체계적이고 전문적인 의미를 제시한다는 점에서 차이가 난다.

개개의 인간 존재에 대해 우위성을 할당하는 조망의 방식으로서, 그 우위성은 몇 가지 측면으로 나타난다. 1) 존재론에서 오직 개인들만이 실재하고, 사회 그룹·정치 협회 등과 같이 개인을 부분으로 삼는 전체 체제는 그 구성 멤버들과 이들 사이의 상호 관계 및 상호 작용을 넘어서는 그 어떤 독자적 실재independent reality도 갖지 않는다는 것, 2) 방법론에서 사회적 탐구와 이론은 마치 개인들만이 사실적 실존real existence을 가진 것처럼 진행해야 한다는 것 …, 3) 가치론에서 내재적 가치는 인간 개인의 본질 속에서 찾아져야 한다는 것. 개인은 여러 가지 서로 다른 이유로 인해 ― 자신의 업적 때문에, 자신의 유일무이한 성격 때문에, 자신의 자기 결정self-determination 때문에, 자신이 다른 이로부터 독립적이라는 점 때문에― 귀한 존재로 여겨질 수 있다…[2].

위의 정의에 의하면, 개인주의는 ① 존재론적 개인주의, ② 방법론적 개인주의, ③ 가치론적 개인주의로 대비된다.

사전의 정의가 개념을 파악하는 데는 도움을 주지만 삶의 실제적 양상과 생생한 정황을 밝히는 데는 역부족이다. 이런 의미에서 약 30년 전에 미국에서 실시한 어느 사회학적 연구는 오늘날 우리에게까지도 자못 신선한 도전을 준다. 로버트

벨라(Robert N. Bellah, 1927-2013)와 그의 동료 네 명은 1979 년부터 1984년에 걸쳐 미국의 중산층 백인 200명을 대상으로 각 개인들이 자신의 사적·공적 생활에서 어떻게 의미를 발견 하는지 탐구를 실시했다. 그들은 특히 사람들이 자유·성공·정 의에 대해 무슨 생각을 갖는지에 초점을 맞추었다. 그런데 그 러한 탐구 활동 가운데 몇 가지 서로 다른 형태의 개인주의가 정체를 드러내었다.

> 17세기 영국에서는 고전적이거나 성경적인 출처와 거의 상관이 없는, 개인의 권리에 대한 급진적인 철학적 변호 현상이 나타났 다. 이 변호 현상은 의식적으로 '자연 상태'의 생물학적 개인을 출발점으로 삼았고, 이런 개인들의 행동—처음에는 자연과의 연 관 관계에서 그리고는 상호 관계에서—으로부터 사회질서를 도 출했다. 존 로크가 핵심 인물이고, 미국에서 큰 영향력을 발휘했 다. 로크의 입장은 그 본질에서 거의 **존재론적 개인주의**라 할 수 있다. **개인은 사회보다 앞서고, 사회는 자기들의 이익을 극대화하려 는 개인들이 자발적으로 협약을 맺는 일을 통해서만 생겨난다.** 바로 이 입장으로부터 우리는 **공리주의적 개인주의**라는 전통을 도출한 것이다. 그러나 사람이 자기에게 무엇이 유용한지는 자신의 욕구 와 정감을 참조함으로써만 알 수 있기 때문에, 존재론적 개인주 의는 **표현적 개인주의**의 전통에 대해서도 궁극적 근원이 된다.[3]
> [강조는 인용자의 것]

벨라는 이 연구서를 통해 최소한 세 종류의 개인주의를 열거한다. 첫째는 '존재론적 개인주의ontological individualism'이다. 이것은 영국 철학자 존 로크(John Locke, 1632-1704)로부터 유래한 사상인데, 개인이 사회보다 존재론적으로 우선한다는 것이다. 이 이론에 의하면, 개인만이 근본적 실체이고 사회는 개인들이 자기 이익의 극대화를 위해 자발적으로 협약을 맺은 관습상의 명칭일 뿐이다.

둘째로 '공리주의적 개인주의utilitarian individualism'가 있다. 이 형태는 그 기원을 존재론적인 개인주의에 두고 있다. 인간에게 기본적인 욕구(다른 이 위에 군림하고자 함)와 두려움(다른 이에 의한 급작스러운 죽음)이 있음을 감안하여 개인의 이익을 극대화하려는 노력을 중시하는 입장인데,[4] 실제로는 경제적 부를 추구하는 것으로 나타난다. 가장 급진적인 형태는, 사회의 각 사람이 자기 자신의 이익만을 열렬히 추구한다면, 사회적 선은 저절로 현시되리라는 것이다.[5]

셋째로 '표현적 개인주의expressive individualism'가 언급되어 있다. 이것 역시 존재론적인 개인주의에서 출발하지만 공리주의적 개인주의에 반대하여 일어난 형태이다.[6] 각 개인은 유독 그만의 느낌과 직관이 있어서 이것을 표현할 때 개체성 individuality이 실현되므로,[7] 이런 이들에게 자유란 어떤 반대와 장애에도 불구하고 자기를 표현하는 일이다.[8]

▽ 오늘날의 개인주의

이렇게 다양하고 복잡한 현황을 참작하여 여기서는 개인 주의를 "인간의 자기 파악과 표현, 삶의 방식, 공동체에 대한 이해와 참여에 있어서 개인의 주체성, 곧 존재·인식·판단·결정 등을 강조하는 입장"으로 정의하고자 한다. 개인주의를 이렇게 정의할 때 이 입장에는 긍정적 면모와 부정적 면모가 함께 나타난다. 개인주의의 '장점'으로는 우선 개인의 주체성과 독립성이 강조된다는 데 있다. 이것은 어떤 일을 하겠다는 헌신의 약속commitment이나 책임성, 자기 주체적 판단력에서 그러하다. 또 모든 개인의 존엄성과 인간으로서의 가치를 존중하는 점도 기릴 만하다. 이것은 당사자의 신분, 인종, 종교, 학벌이 어떻든지 상관하지 않고 그 대상을 귀하게 여기는 일이다. 또 타인의 권리를 주저 없이 인정하는데, 이는 자기의 권리가 중요하듯 남의 권리도 중요하다고 생각하기 때문이다. 그뿐만 아니라 사회 공동체의 삶에서 각자의 문화, 종교, 전통을 무시하지 않고 다문화주의multi-culturalism를 현실로 받아들인다.

동시에 개인주의는 '약점' 또한 만만찮다. 가장 큰 문제점은 공동체, 전통, 민족 등 자신의 즉각적 관심사를 넘어서는 영역에 대해서는 거의 관심을 두지 않는다는 사실이다. 또 자기의 것으로 여겨지는 어떤 사안에 대해서는 최대의 자유를 추구하다 보니 방종으로 흐를 수 있다. 이것은 무엇보다도 개인 시간의 사용, 각종 쾌락의 추구, 편의주의적 이성/부부 관계

편안한 개인주의, 공동체를 이어 갈 수 있을까?

등으로 나타난다. 특히 개인주의가 이기주의와 손잡을 때 그
것은 종종 이웃의 삶에 대한 무관심·방관·도덕적 불감증 등으
로 탈바꿈한다.

이제 오늘날 한국 사회의 청장년 세대(20-40대) 사이에서
유행하는 개인주의적 풍조를 네 가지 항목으로 정리해 보자.

첫째, 자기 독특성에 대한 강조가 눈에 띈다. 자신은 다른
사람들과 다르고 독특한 존재이므로 남을 좇아갈 필요가 없고
다른 이들의 눈치를 볼 필요도 없다고 생각한다. 흔히 이런 태
도는 "나는 나다"라는 말로 대변된다. 그리하여 나의 나 됨―
곧 자신의 독특성―을 옷 입기, 머리 물들이기, 물건 구입, 음
식 먹기, 시간 사용 등 자신만의 독특한 방식으로 나타낸다.

둘째, 자신이 매력을 느끼는 일/사안에만 집중한다. 자신
의 흥미를 유발하고 자신이 끌리는 일에는 한없이 빠져드는
데 반해, 그렇지 않은 일이나 사안에 대해서는 극단적 무관심
을 표명한다. 그러므로 어떤 사안이 객관적으로 중요한지 아
닌지에 따라 반응 여부가 결정되는 것이 아니다. 현재 자신의
감정/기분/정서에 어필하지 않으면 그 사안이 아무리 중차대
해도 당사자에게는 호소력을 잃는다.

셋째, 자신의 욕망/욕구에 따른 선택권의 행사를 중시한
다. '내가 원하는 대로' 선택할 수 있고 또 선택하는 것이 자신
을 살아 있게 만든다고 생각한다. 무엇이든 자신이 원하는 대
로 할 수 있는 정도만큼 존재의 의의를 느낀다. 이것은 새로운

세대의 라이프스타일이며 그들의 삶의 환경이다. 그들은 음식(여러 종류·나라·방식의 음식)이든, 소유물(옷, 스마트폰, 차, 주거 공간 등)이든, 시간 사용(국내/외 여행, 어학연수, 취미생활, 헬스 프로그램, 관심사 탐구 등)이든 배스킨라빈스식의 다양성과 기회에 노출되어 왔다.

넷째, 선택과 결정에서 자기 결정 능력self-determination을 극대화한다. 어떤 일이나 행동의 결정권자는 자신이다. 자신의 선택에 영향을 주는 요인은 순전히 자신의 내부에 있다("내가 알아서 결정한다"). 그러므로 자신이 어떻게 결정을 하든지 그것은 자신의 판단과 욕구에 따른 결과이다. 과거에는 자신의 선택이나 결정에서 외적 요인(부모/지도자/선배/친구 등)이 큰 비중으로 작용했으나 오늘날에는 오직 자신의 판단과 욕구만이 그 역할을 감당한다.

이 시대를 사는 사람들, 특히 젊은 세대의 의식과 가치관은 이러한 개인주의적 풍조에 깊이 물들어 있다. 그리스도인들 또한 예외가 아니다. 이러한 시대정신 가운데서는 그리스도인들조차 자연히 교회의 모임이나 봉사를 등한시하고, 재정적 참여 또한 소홀히 여기게 된다.

교회: 공동체 내의 개인들

오늘날 교회 활동의 위축을 목도하는 그리스도인들과 지도자들은 개인주의라는 시대적 경향이 신앙 공동체를 잠식하고 있다고 걱정한다. 이들의 우려에 깔린 생각인즉 교회는 어디까지나 공동체라는 것이다. 교회가 공동체라는 신념은 매우 타당하지만, 그렇다고 하여 교회를 항시 공동체라는 시각에서만 파악하려는 것 또한 전적으로 합당한 견해라고는 할 수 없다. 왜냐하면 교회는 신앙 공동체이지만 그 공동체를 구성하는 구성원들은 엄연히 개체성을 지닌 개인들이기 때문이다. 그러므로 교회는 '공동체 내의 개인들' 혹은 '공동체를 이룬 개인들'로도 이해해야 한다.

▽ **교회의 공동체적 면모**

교회가 '공동체적'이라는 것은 세 가지 항목의 증거로 보아 두말할 나위도 없이 명백한 일이다.

(1) **'교회'라는 단어 자체가 교회의 공동체성을 나타낸다.** 교회의 구약적 용어는 '카할ק ָה ָל'과 '에다ע ֵד ָה'이다. 카할은 실제로 모인 모임레 4:13; 민 10:7; 신 5:22; 대상 13:2; 스 10:8; 느 8:2 등을 지칭하는 표현이었고, 에다는 소집의 여부와 무관하게 이스라엘 자손들로 구성된 사회출 12:3; 레 4:15; 민 1:16; 수 9:15; 삿 20:1; 왕상 8:5; 대하 5:6 등

를 지칭했다.[9] 신약으로 오면 '에클레시아ἐκκλησία'가 보편화된 용어로 등장하는데, 한 지역에 존재하는 신자들의 무리**지역 교회, 행 5:11, 11:26; 롬 16:4; 갈 1:2 등**로부터 시작하여 그리스도와 연합된 (또 연합될) 성도들 전체를 지칭하는 우주적 교회**엡 1:22; 골 1:18 등**에 이르기까지 다양한 대상을 가리킨다.[10] 그런데 카할이든 에다든 에클레시아든, 이 모든 명칭은 사람들의 연합체를 가리키는 것으로서 교회의 공동체성을 반영하고 있다.

(2) **성경에 나타나는 교회의 이미지들이 교회가 공동체임을 보여 준다.** 어떤 지도자는 교회의 정체를 밝히는 맥락에서 교회에 대한 이미지를 다음 여덟 가지로 정리했다.

- 하나님의 백성**고후 6:16; 벧전 2:9**
- 그리스도의 몸**롬 12:5; 엡 5:23**
- 그리스도의 신부**엡 5:27; 계 19:7**
- 하나님의 건물/성전**고전 3:16; 엡 2:22**
- 하나님의 나라**롬 14:17; 골 1:13**
- 하나님의 가족**롬 8:14-17; 엡 2:19**
- 하나님의 양 떼**행 20:28-29; 벧전 5:1-3**
- 하나님의 포도원**사 5:1 이하; 막 12:1-12**[11]

이 이미지 가운데 '신부'는 보통 단수로 쓰이기 때문에 교회의 공동체적 성격을 밝히는 데 부적합하다고 생각할지 모르겠다. 하지만 이 경우에는 '신부'가 일상적 용례와 달리 집합적 개념으로 사용되고 있다 사 54:5-8; 렘 2:2; 엡 5:27; 계 19:7. 나머지 일곱 가지 이미지는 모두 집합적 성격을 나타낸다. 이러한 교회의 이미지들로 미루어 보아 교회가 공동체적 실체임을 알 수 있다.

(3) 교회의 구성원들 사이에 이루어져야 할 바를 가르치며 '서로서로'라는 표현을 사용하는데, 이 또한 교회가 공동체적임을 드러내는 것이다. 신약 성경에는 그리스도인끼리의 관계가 어떻게 형성되어야 할지 교훈을 주는 맥락에서 "서로 ~하라"라는 어구가 곳곳에 사용되어 있다. 예수께서도 제자들에게 "서로 발을 씻어 주라"요 13:14라고 하셨고, 더욱 빈번히는 "서로 사랑하라"요 13:34, 35, 15:12, 17라고 하셨다. 바울은 그리스도인 사이에 이루어져야 할 "서로 ~함"과 관련하여 약 열여섯 가지 권면 사항을 제시했다.[12] 이렇듯 예수님의 교훈이건 바울의 권면이건 "서로 ~하라"는 어구가 사용되고 있다는 것은 교회가 공동체임을 확실히 드러내는 증거라고 하겠다.

▽ 그리스도인의 개별자적 성격

교회가 공동체라는 것은 확고한 사실이지만, 그렇다고 하여 그것을 집단주의적collectivistic으로나 전체주의적totalitarian으로만 파악하는 것은 빗나간 처사이다. 왜냐하면 성경에서는 교회를 구성하는 개인들의 개체성individuality 또한 인정하기 때문이다. 만일 교회를 집단주의나 전체주의 시각으로 몰아붙인다면, 그리스도인 개인으로서의 정체와 의미심장성은 집단에 매몰되어 존립의 흔적조차 묘연할 것이다. 그러나 성경은 교회라는 공동체적 맥락을 희석시키지 않으면서도 구성원들 각자의 개별자적 특성을 거리낌 없이 지지한다.

성경의 개체성 인정은 두 가지 항목으로써 입증이 된다.

(1) 성경은 종종 다른 이와 구별되는 실체로서의 '자신'을 언급한다.

> 마 22:39 둘째도 그와 같으니 네 이웃을 **네 자신**같이 사랑하라 하셨으니
>
> 엡 5:28 이와 같이 남편들도 자기 아내 사랑하기를 **자기 자신**과 같이 할지니 자기 아내를 사랑하는 자는 **자기**를 사랑하는 것이라.

(2) 성경은 각종 가시적·비가시적 품목을 소유한 주체로서의 개인을 말하고 있다. 여기에 언급된 가시적·비가시적 품목은 매우 다양해서, '목숨/생명', '신체 기관', '정신 기관', '은사', '활동', '소유물', '관계', '상급' 등이 총망라된다. 그런데 이런 품목들을 소유한 소유주를 하나의 개인으로 지칭하고 있다.

> 빌 2:30 그가 그리스도의 일을 위하여 죽기에 이르러도 **자기 목숨**을 돌보지 아니한 것은 나를 섬기는 너희의 일에 부족함을 채우려 함이니라.

약 1:26 누구든지 스스로 경건하다 생각하며 **자기 혀**를 재갈 물리지 아니하고 **자기 마음**을 속이면 이 사람의 경건은 헛것이라.

고전 7:7 나는 모든 사람이 나와 같기를 원하노라. 그러나 각각 하나님께 받은 **자기의 은사**가 있으니 이 사람은 이러하고 저 사람은 저러하니라.

고전 3:8 심는 이와 물 주는 이는 한가지이나 각각 자기가 일한 대로 **자기의 상**을 받으리라.

이처럼 성경은 그리스도인 개인의 '개별자적 특성(개체성)'을 확고한 사실로 인정한다. 그런데 바로 이 시점에서 우리는 개체성individuality과 개인주의individualism를 구별해야 한다. 전자는 개인으로서의 주체적·독자적 속성에 대한 것인 데 비해, 후자는 개인을 아예 인식과 판단의 중심으로 삼는 사고방식/관점이다. 그러므로 성경이 개체성은 인정하나 개인주의—이기주의는 말할 것도 없고—에 대해서는 상당히 유보적이라고 판정해 마땅하다. 왜냐하면 성경은 결코 자기중심적이거나 자기 본위적인 자아관을 지향하지도 않고 천거하지도 않기 때문이다.

고전 10:23-24 [23]모든 것이 가하나 모든 것이 유익한 것은 아니요 모든 것이 가하나 모든 것이 덕을 세우는 것은 아니니 [24]**누구든지 자기의 유익을 구하지 말고 남의 유익을 구하라.**

빌 2:3-4 [3]아무 일에든지 다툼이나 허영으로 하지 말고 오직 겸

손한 마음으로 **각각 자기보다 남을 낮게 여기고** [4]**각각 자기 일을 돌볼뿐더러 또한 각각 다른 사람들의 일을 돌보아** 나의 기쁨을 충만하게 하라.

▽ 개체성의 발전: 구약에서 신약으로

지금까지는 신앙 공동체로서의 교회가 공동체성과 개체성을 함께 견지하고 있음을 밝혔다. 그런데 이 두 가지 양상의 조합에서 구약과 신약 사이에 차이(혹은 변화)가 있음 또한 발견하게 된다. 즉 구약의 경우에는 이 두 특질들 가운데 공동체성이 훨씬 더 드러나고 신약의 경우에는 개체성이 좀 더 강조되는 쪽으로 변화가 찾아왔다는 것이다.

이러한 변화를 예시하는 구체적 사항으로서 두 가지를 언급하고자 한다.

(1) **개인을 묘사하는 방식이 현저히 다르다.** 구약 시절에는 한 인물을 소개할 때 지파·종족·가문을 따라 (때로는 출신지나 연고지를 표시하기도 함으로써) 그의 소속을 밝혔다. 다음은 구약식 인물 소개의 전형적인 예이다.

삼상 1:1 에브라임 산지 라마다임소빔에 **에브라임 사람 엘가나라** 하는 사람이 있었으니 그는 **여로함의 아들이요 엘리후의 손자요 도후의 증손이요 숩의 현손**이더라.

행 4:36 **구브로에서 난 레위족 사람이 있으니 이름은 요셉이라.** 사도

들이 일컬어 바나바라 (번역하면 위로의 아들이라) 하니[13]

어떤 경우에는 매우 길게(예를 들어, 엘가나) 또 어떤 경우에는 비교적 짧게(예를 들어, 바나바) 인물이 소개되어 있지만, 공통점은 개인의 정체를 밝힐 때 지파나 가문과의 연계성을 중심으로 삼는다는 사실이다.

그러나 신약의 경우에는 그 방식이 판이하게 다르다.

> **행 7:58** 성 밖으로 내치고 돌로 칠새 증인들이 옷을 벗어 사울이라 하는 **청년**의 발 앞에 두니라.
>
> **행 9:10** 그때에 **다메섹에 아나니아라 하는 제자**가 있더니 주께서 환상 중에 불러 이르시되, "아나니아야!" 하시거늘 대답하되, "주여! 내가 여기 있나이다!" 하니
>
> **행 18:24** **알렉산드리아에서 난 아볼로라 하는 유대인**이 에베소에 이르니 이 사람은 언변이 좋고 성경에 능통한 자라.

아볼로와 아나니아의 경우에는 그나마 고향(혹은 연고지)이라도 소개가 되어 있지만, 사울의 경우에는 그런 힌트조차 전혀 없이 그저 "청년"으로만 나타나 있다. 혹시 인물을 부연해서 설명할 경우에도 그 인물이 보유한 특질에 초점이 맞추어져 있지(예를 들어, 아볼로), 그들 모두가 유대인임에도 불구하고 지파나 가문에 대한 언급이 전혀 없다는 점 또한 구약과의

확연한 차이이다. 이것은 구약의 경우에는 개인의 정체를 좀 더 공동체적 맥락(즉 기원과 소속)에서 밝히려는 전통이 있었으나 신약으로 넘어오면서 개인 본유의 특질에 집중하려는 경향을 반영하는 것으로 판정이 된다.

(2) 개인의 과오에 대한 처벌의 성격/범위가 크게 달라졌다. 구약 시대에는 종종 개인의 잘못 때문에 이스라엘 민족 전체가 징벌을 당하곤 했다. 대표적 예로서 아간을 들 수 있다. 아간은 자기 혼자서 죄를 저질렀지만—"내가 노략한 물건 중에 시날 산의 아름다운 외투 한 벌과 은 이백 세겔과 그 무게가 오십 세겔 되는 금덩이 하나를 보고 탐내어 가졌나이다"수 7:21 —하나님께서는 그 한 사람의 범죄20절를 이스라엘이 죄를 범한 것1, 11절으로 여기셨다. 또 그런 잘못에 대한 처벌은 아간 당사자에게만 국한되지 않고 그의 식구 전체로 확장되었다24-26절.

어떤 학자는 이런 관습이나 현상을 가리켜 '집합 인격 corporate personality'이라고 부르면서 다음과 같이 설명한다.

우리는 현대의 개인주의가 일어나기 전에 히브리인 사이에 존재한 특수한 형태를 추적해야 한다. 우리로서는, 사회 내의 인간과 관련하여 개인적 권리를 상정하고 종교에 있어 하나님에 대한 개인적 가치를 상정하는 것이 본능처럼 되어 있다. 그러나 포로 이전의 히브리 사상은 그렇지 않았다. 인간에 대해서든 하나님에 대해서든 **개개의 인격체는 가족이나 가문이나 국가 등 더 큰 그룹에**

합병된 것으로 여겨지거나 취급되었다.

… 구약에서 집합 인격의 가장 교훈적인 사례 한 가지가 아간의 예이다수 7:24-26. 이것은 개인을 연결시키는 긴밀한 결속 관계를 예시하는데, 한편으로는 자기가 거하는 방대한 사회 그룹과, 다른 한편으로는 자기 가족이라는 좁은 그룹과 연결을 짓는다. 아간의 도적질은 금기를 어기는 심각한 일이기 때문에 온 이스라엘의 운명에 영향을 끼치고 자신과 가족 전체에 파멸을 가져온다.[14] [강조는 인용자의 것]

그러나 신약 시대로 오면 개인과 공동체 사이에 존재했던 이런 식의 깊은 유대 관계는 더 이상 작용하지 않는다. 신약의 교회도 구약의 이스라엘처럼 공동체이기는 하지만 공동체성과 개체성의 집합에서 훨씬 더 후자의 비중이 커진 것으로 이해할 수 있다. 예를 들어, 고린도 교회의 교우들 가운데 일부가 주의 몸을 제대로 분별하지 못하고 먹고 마시는 죄를 범했는데고전 11:27-29, 이 때문에 병이 들거나 죽음을 당한 이들이 있었다30절. 이것이 중죄重罪이기는 하지만 그렇다고 하여 이들 때문에 고린도 교회 전체가 무슨 징벌을 당한 것은 아니었다! 병들거나 죽거나 한 그리스도인들은 자신들의 죄 때문에 그런 징계를 받은 것이지, 그런 죄를 범하지 않았는데도 범한 이들과 똑같이 징벌을 겪은 것은 아니었다.

어떤 이는 고린도 교회의 경우 죄를 저지른 당사자만이

형벌을 받은 이유를, 고린도 공동체가 이방인 지역에 있었고 그 구성원의 상당수도 이방인이었기 때문이라고 생각할 수도 있겠다. 그러나 이것은 합당한 추론이 아니다. 범죄한 당사자만 죽음을 당한 사례는 예루살렘 교회의 경우에서도 뚜렷이 나타나기 때문이다. 아나니아와 삽비라 부부가 범죄를 저질렀지만 행 5:1-2 그들만이 형벌을 겪었고 5, 10절, 예루살렘 교회 전체가 형벌에 연루되지는 않았던 것이다. 이것은 신약 시대로 접어들면서 분명히 공동체 내에서 개인의 존재와 위상이 좀 더 강화되었음을 보여 주는 증거이다.

이처럼 개인을 묘사하는 방식에서나 개인의 공동체적 결속 정도에서나 구약과 신약 사이에는 현격한 차이가 존재한다. 이는 이스라엘 백성의 공동체성과 신약 시대 교회의 공동체성이 구성원 개개인의 개체성과 관련하여 어떻게 변화되었는지를 나타내는 지표인 것이다.

교우들의 관점에서

지금까지 교회의 공동체성과 개체성을 함께 주장했는데, 이를 정리하면 다음과 같은 세 가지 진술이 포함된다.

- 교회는 근본 성격상 공동체이다. 그러나 교회가 집단주의적/전체주의적 실체인 것은 아니다.
- 교회의 구성원들은 개체성을 인정받아야 할 개인들이다. 그러나 개체성의 인정이 개인주의를 지향한다는 말은 아니다.
- 신앙 공동체 내 개인들의 개체성은 구약 시대보다 신약 시대에 좀 더 뚜렷이 부각된다.

물론 이런 인식을 확고히 한다고 해서 오늘날 교회가 당면한 실제적 문제점들—모임 참석, 교회 봉사, 헌금 참여가 저조해지는 현상—이 저절로 해결되지는 않는다. 그러나 필요한 해결책을 모색하는 데 단초를 제공할 수는 있을 것이다.

▽ **교우들의 입장에서 생각하기**

오늘날과 같은 개인주의 시대에 어떻게 교회가 활성화될까(혹은 살아남을까)를 고민할 때 대두되는 가장 큰 장애 요인은, 이 사안/문제를 항시 목회자의 입장에서만 생각하려는 데 있다. 사실 목회자의 입장이나 시각도 중요하므로 그것을 포기하라고 할 수는 없다. 그러나 더욱 중요한 것은 교회를 구성하는 교우들의 입장에서 문제를 살피는 일이다. 왜 그런가? 적어도 두 가지 맞물린 이유가 있다.

(1) **매우 자명한 점이지만 오늘날 우리가 개인주의 시대를 살고 있기 때문이다.** 나는 오늘날 한국 교회가 직면한 신앙 생

태학적 처지를 한 보고서에서 다음과 같은 도표로 예시한 바있다.[15]

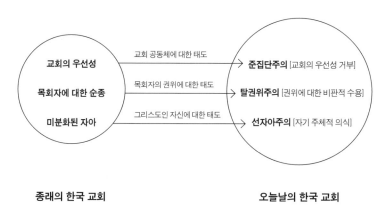

과거에 한국 사회는 유교의 영향을 받은 공동(체)주의 사회였다. 그러나 서구적 개인주의의 영향을 받으면서, 가족 집단·가부장·자신에 대한 견해는 상당한 변화를 겪었다. 그런데 한국 교회 역시 이러한 개인주의적 영향으로부터 자유롭지 못했으니, 이는 한국 교회가 한국 사회를 떠나 존재할 수 없기 때문이다. 그리하여 종래의 그리스도인들은 교회 공동체를 (가정이나 직장보다) 우선적으로 여겼으나 이제는 교회의 우선성을 거부하고 있다[준準집단주의]. 과거에는 그리스도인들이 목회

자에 대한 순종을 기본 덕목으로 알고 있었으나 오늘날에는 목회자의 권위를 선별적으로만 수용한다[탈脫 권위주의]. 또 그리스도인 개인들이 이전에는 자신을 그저 신앙 공동체에 묻어 두고 지냈으나 현금에는 자기 주체적 의식을 표현하는 데 주저하지 않는다[선先 자아주의].

오늘날 그리스도인들의 신앙적 생태가 이토록 크게 변한 만큼, 교회 공동체의 활성화를 꾀하려면 이들의 신앙과 삶을 포괄적으로 살피지 않을 수가 없다.

(2) 신앙 공동체를 활성화하거나 살아남기 위해서는 교우들의 역할이 매우 중요하기 때문이다. 목회자가 신앙 공동체와 관련하여 가장 크게 걱정하는 세 가지 사안—모임 참석, 교회 봉사, 헌금—은 결국 교우들의 이해와 협조 없이는 해결할 수 없는 것들이다. 예를 들어, 교우들이 교회의 여러 가지 모임에 참석해야겠다고 설득되지 않으면 모임은 유지될 수 없다. 또 교우들이 시간과 정력을 투자해 자신의 은사를 활용하고자 하지 않으면 진정한 교회 봉사는 이루어지지 않는다. 헌금 또한 매우 실제적인 사안으로서 교우들이 헌금의 의의에 필요를 절감하지 않으면 그 실적이 상당히 저조할 수밖에 없다. 이처럼 교우들의 은사·시간·재정을 필요로 하면서 그 공동체 구성원들의 입장과 처지를 고려하지 않는 것은 매우 불합리하고 거의 모순에 가까운 처사가 될 것이다.

바울의 서신 가운데 골로새서는 교우들이 관련되어 있는

삶의 영역을 정리하는 데 도움이 된다. 특히 골로새서 3장 12절에서 4장 1절에서는 교회 생활12-17절, 가정 생활18-21절, 직장 생활22절, 4:1의 세 가지 영역을 찾을 수 있다.

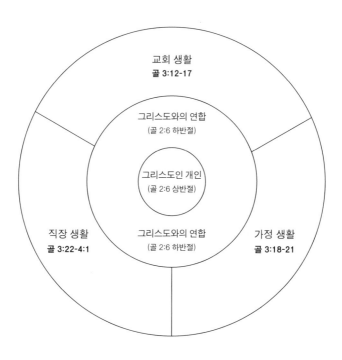

목회자들은 대부분 교회 생활이 자신의 전부이지만 교우들은 그렇지 않다. 그들에게 교회 생활은 세 가지 활동 영역 가운데 한 부분에 지나지 않는다. 교우들로 하여금 교회 활동에 은사·시간·재정을 투입하도록 독려하려면 먼저 그들의 입

장에서 삶의 정황을 이해하도록 힘써야 한다.

▽ 교우들을 설득하여 참여시키기

교우들을 설득하려면 우선 비난, 압박, 강요 등의 수단은 버려야 한다. 또 목회자가 모범을 보이면 교우들이 좇아오리라고 쉽게 생각하지 말아야 한다. 예를 들어, 목회자가 모임 참석, 교회 봉사, 헌금 등의 사항에서 실로 희생적인 모습을 보였다고 하자. 그렇다고 해서 교우들이 그런 사항에서 본을 받게 되지는 않는다는 말이다. 교우들은 오히려 "목회자라면 의당 그렇게 하는 것이 마땅하지. 그러나 우리는 목회자가 아니야. 우리에게는 전혀 다른 삶이 기다리고 있거든" 하면서 목회자의 헌신을 별도의 범주로 분류해 버린다.

결국 이 문제는 일반 교우들이 무엇 때문에 모임 참석, 교회 봉사, 헌금 등에 투신해야 하는지 그들 나름대로 확신을 갖도록 해 주어야 한다는 것으로 귀착된다. 즉 왜 교우들이 교회의 여러 모임에 참석하고, 각종 사역에 헌신하며, 또 헌금 프로젝트에 참여해야 하는지 그들이 설득되어야 한다는 말이다. 이때 목회자는 교우들에게 다음과 같은 인상을 줄 수 있는데, 이것은 설득을 망치는 그릇된 방도들이다.

- 모임 참석, 교회 봉사, 헌금은 교회가 지금까지 해 온 것이니 계속해 나가야 한다.

- 목회자는 모임 참석, 교회 봉사, 헌금의 강조를 통해 결국 교회 성장을 꾀하려는 것이다.
- 교우들이 모임 참석, 교회 봉사, 헌금을 잘하면 그로써 교회가 튼튼해지고 목회자의 이름이 알려지니까 그것 때문에 목회자는 이런 사항들을 강조하는 것이다.

그러면 목회자가 어떻게 할 때 교우들이 설득이 되어 마음으로부터 기꺼이 모임·헌금·교회 봉사에 참여하고자 하게 될까? 그것은 다음과 같은 3단계적 과정이 마련될 때이다.

- **제1단계**: 하나님은 뜻이 하늘에서 이루어진 것같이 땅에서도 이루어지기를 바라시는데마 6:10, 이것은 교회와 관련해서도 마찬가지이다.
- **제2단계**: 교회가 하나님의 뜻을 이루고자 할 때 필연적으로 교회의 공동체성 — 그리스도의 몸을 세움엡 4:12, 각자는 그리스도의 몸을 구성한 지체로서의 역할을 다함고전 12:12-27 — 에 착념해야 한다.
- **제3단계**: 그리스도의 몸을 이룬 지체들은 은사[교회 봉사], 시간[모임 참석], 재정[헌금의 면]에서 각자의 책임을 다해야 한다.

다시 말해서 목회를 통해 목회자 자신의 꿈을 실현하거나 교회 성장의 사례를 확보하기 위한 야심 때문이 아니라, 하나님의 뜻이 실현되기를 바라서, 하나님을 기쁘시게 하고 하나님의 나라를 구현하고자 하는 염원 때문에 교회 출석과 교회 봉사와 헌금의 책임을 부각하는 것임이 자연스럽게 드러나야 한다. 목회자 편에서 자신의 동기를 구차히 변명하지 않아도 교우들이 목회자를 신뢰할 수 있게 되어야 한다. 이것이 교우들을 설득할 수 있는 유일의 합당한 비결이요, 오늘날과 같은 개인주의 시대에도 교우들을 독려해 모임·교회 봉사·헌금에 참여하게끔 할 수 있는 유일의 바람직한 방안이다.

물론 교우들이 목회자를 신뢰하는 데는 짧지 않은 시간을 필요로 한다. 목회자는 상당히 긴 기간 동안 설교와 대화와 삶에서 의미 있는 자기 노출을 함으로써 자신이 누구이고 어떤 사람인지를 교우들에게 이해시킬 수 있기 때문이다. 해당 목회자가 자기 편의나 자기 유익을 위해 꼼수를 쓰는 사람이 아니라는 것, 그는 하나님의 뜻이 구현되는 것을 위해, 하나님의 진리가 드러나는 것을 위해 힘쓰는 사람이라는 것이 이해된다면, 교회 봉사와 모임 참석과 헌금에 대한 목회자의 강조는 넉넉히 교우들을 설득할 수 있고 그런 방면에서의 헌신에 기꺼이 참여하도록 자극할 수 있을 것이다.

그렇다! 오늘날은 분명코 개인주의의 시대이다. 사람들은 너나없이 자기 본위적이고 자기 편의적인 태도와 사고방식에 깊이 침잠되어 있다. 이런 상황에서 교회 활동에의 헌신을 말하기는 무척 힘들다. 그러나 하나님의 진리는 개인주의의 공동체 붕괴적인 성향을 충분히 이길 수 있다. 그런데 그것은 오직 목회자의 자기부인에 의해서만 가능하다. 목회자가 하나님의 뜻을 자기의 욕망과 꿈보다 앞세울 때만이 그는 모임 출석, 교회 봉사, 헌금과 관련해 참으로 교우들을 설득하고 참여하도록 종용할 수 있을 것이다.

10. 섬김의 목회를 왜 힘들어하는가?

섬김 목회에 대한 이론과 실제

•

•

코로나 사태가 잦아든 2023년 봄, 노회 주최의 목회 세미나는 예년과 달리 좀 더 목회의 본질 문제를 다루었다는 점에서 참석자들의 호응도 높았고 평가도 상당히 긍정적이었다. 특히 "섬김의 목회"라는 제목으로 전달된 마지막 강좌는 대부분의 목회자들에게 자극과 도전이 되었다. 강좌의 요지는 섬김에 관한 주님의 교훈과 모습 막 10:42-45에 의거하여 목회 활동에 전념하라는 것이었다.

그 구체적 내용은 다음의 세 가지 사항으로 압축이 되었다.

- 목회자는 선한 목자이신 예수 그리스도의 발자취를 좇는다.

- 목회자는 이 세상 풍조를 거슬러 섬김의 리더십을 실행한다.
- 목회자는 어떤 희생이 있어도 교우들을 사랑하고 섬기는 일을
  포기하지 않는다.

노회가 끝나고 나서도 참석자들은 삼삼오오 짝을 지어 '섬김의 목회'에 대해 느낀 점을 나누고 있었다. 대체로 나이가 젊고 목회 경력이 오래되지 않은 이들일수록 뜨거운 반응을 나타내었다. 그런데 일각에서는 '섬김의 목회'에 대한 응수가 마냥 긍정적이지만은 않았다. 우연찮게도 그들 대부분이 목회 사역에 투신한 지 꽤 연조가 있는 중견급 목회자들이었다. 그들의 주된 논지인즉 '섬김의 목회'가 성경적 교훈으로서는 타당하고 인상적이지만 목회 현장에서는 실현이 힘들다는 것이었다.

섬김의 목회: 실제적 어려움

왜 섬김의 목회는 실현 가능성이 그토록 적은 것인가? 그들의 의견을 가급적이면 그대로 옮겨 보았다.

목회자 A: "저 역시 예수님의 정신을 목회에 적용해 보고자 무척 애를 써 봤죠. 그런데 막상 실행에 옮기려니까 제대로

이루어지지가 않더라고요. 요즘 '섬김의 리더십'이란 말을 많이 쓰잖아요? 이게 또 '섬김의 목회'를 구성하는 핵심 아이디어이고요.

저도 그저 목회자로서 폼만 잡지 말고 섬김의 사람이 되어야겠다고 결심을 했죠. 우리 교회에서 그래도 가장 잘 섬긴다고 인정을 받은 이가 Y 집사예요. 그래서 저도 Y 집사처럼 했죠. 교회당의 어질러진 물건들을 치우고, 쓰레기통 주변을 청소했는가 하면, 새벽 기도회에 참석한 노인들 몇 분을 집까지 모셔야 드렸고, 집회 후 자리 정돈도 했습니다.

그런데 문제는 그렇게 하다 보니까 목사 일을 제대로 할 수 없는 거예요. 시간이 부족하고 몸이 피곤하니까 우선 설교 준비가 제대로 안 되더라고요. 또 여러 가지 행정 업무에서 다룰 안건 정리 또한 허술해졌죠. 결국 깨달았어요. '아, 섬기면서 목회적 리더십을 발휘한다는 것이 실제로는 거의 불가능하구나' 하고 말이에요. 적어도 저한테는 안 맞더라고요."

목회자 B: "처음에는 '섬김의 목회'식의 아이디어에 엄청 열광했습니다. 이게 정말 참된 목회의 길이다 싶었거든요. 그래서 제 의견을 주장하기보다는 될 수 있는 한 교우들의 의견을 들어 주었고 그것을 목회에 반영하고자 힘썼습니다. 직분자건 일반 교우건 누구든지 하나님께서 제게 허락하신 동역자라고 여겨 그들의 인격을 존중하고 그들의 발을 씻기는 심정으로 목회 활동을 수행했습니다.

그랬더니 웬걸! 교인들 중에 저를 쉽게 여기고 우습게 보는 이들이 생기더라고요. 심지어는 제가 그렇게 저자세로 나가는 것을 이용하는 교인들도 있었습니다. 그래도 저는 꾹 참고, 예수께서 누가 오른뺨을 때리면 왼뺨을 대라고 말씀하신 것을 떠올리며 사람들을 섬겼지요.

안타깝게도 저의 방침이 교인들을 성숙시키기보다는 버릇만 나쁘게 들이는 격이 되고 말았습니다. 그때 다음과 같은 생각이 번개같이 머리를 스쳤습니다. '섬김의 목회'가 목회의 이상으로서는 그럴듯하지만 실제로는 별 실효성이 없는 원리라고 말입니다."

목회자 C: "솔직히 말씀드릴게요. '섬김의 목회'는 목회 현실을 모르는 이들의 탁상공론이에요. 모든 교인을 종의 자세로 섬기자는 게 섬김의 목회잖아요? 그런데 목회를 하다 보면 도저히 그렇게 섬길 수 없는 직분자나 교인들이 나타나곤 합니다. 누가 그런 이들이냐고요? 제 경우에는 저를 반대하고 비난하고 비판하는 사람들이었습니다. 사사건건 목회자의 의견이나 계획에 반기를 드는 교인들이 있어요. 제대로 된 헌금은 고사하고 주일 예배에도 어쩌다 오면서, 공동의회에는 절대 빠지지 않는 이들 말입니다. 공동의회 때 손들고 의문을 표시하거나 반대 의견을 내세워 교회의 전체 분위기를 흐리는 사람들 … 반드시 있어요. 그런 이들을 어떻게 섬기라는 말입니까?

더욱 힘든 것은 그런 비난자/비판자가 직분자 중에도 있다는 사실입니다. 목회자가 이런 사람을 만나면 보통 골치 아픈 것이 아니에요. 이런 이들 때문에 제직회 때마다 당회 때마다 분란을 겪어야 하니까 말입니다. 저는 솔직한 걸 좋아하는 사람입니다. 섬김의 목회가 이런 이들을 모두 포용해야 하는 것이라면(아마도 그런 것 같은데), 저는 섬김의 목회에 반대합니다."

노회의 마무리는 얼마 전과 달리 다소 어수선해졌다. 젊은 목회자들은 어리둥절해 있었고, 경험이 많은 목회자일수록 목회자 A, B, C의 반론이나 반대 의견에 공감하는 것 같았다. 그렇다! 이것이 목회의 현실이다. 섬김의 목회가 이상적이기는 하지만 목회 현장과는 사뭇 거리가 먼 하나의 공담空談에 불과할 수 있다.

여기서는 목회자 A, B, C의 반론을 받아들여 과연 섬김의 목회가 이상적 공론으로 끝날 수밖에 없는지 검토하고자 한다.

섬김의 목회에 대한 반론

▽ **첫째 반대: '섬김의 리더십'이 모순적이라 섬김의 목회 또한 성립될 수 없다.**

목회자들 사이에 섬김의 목회가 생각만큼 보편화되지 않

는 첫 번째 이유는 섬김의 목회 중심에 자리 잡은 '섬김의 리더십servant-leadership/leadership by servanthood'이 개념상 모순을 지닌 것처럼 여겨지기 때문이다. 기독교계에서는 근 30년 전부터 섬김에 관한 예수님의 가르침막 10:42-45과 리더십 개념을 연결시켜 '섬김의 리더십'이라는 어구를 유행시켰다. 그리하여 기독교의 리더십은 세상의 리더십 개념과 달리 '섬김의 리더십'이라고 말하는 것이 정례화되었다. 그런데 이 어구를 잘 분석해 보면 무언가 모순 같은 점이 발견된다는 것이다.

예를 들어, 사람들을 부리지 않는 것은 말할 것도 없고, 사람들 앞에 나서든지 무슨 주도권을 잡든지 하지 않으며, 그저 다른 이가 시키는 대로 순종하고, 남들이 꺼리고 천하게 여기는 모든 일을 도맡아 하는 것으로 '섬김'을 이해한다. 반대로 리더십을 발휘한다는 것은—이는 목회 활동에서도 마찬가지인데—사람들에 대해 주도권을 잡고, 앞서서 이끌어 가며, 때로 그들에게 명령이나 지시를 내리고, 사람들에게 책임을 묻는 과정에서 경고나 꾸중을 발하는가 하면, 일반 사람들이 누리지 못하는 여러 가지 특권(권세, 재정, 직책 등)을 누리기도 하는 것으로 생각한다.

리더십 발휘에 대한 위의 묘사가 지나치지도 그릇되지도 않음은 예수 그리스도나 사도 바울의 경우를 살펴보아도 금세 알 수 있다.[1]

경우 / 사항	예수 그리스도	사도 바울
사람들에 대해 주도권을 행사함	마 15:32-36; 막 3:13-14; 눅 10:1; 요 15:16 등	행 15:36, 40; 롬 15:23-24; 고후 13:1-2; 딤전 3:14-15 등
사람들 앞에 나서서 그들을 이끎	마 4:18-22; 막 2:14; 눅 5:10-11; 요 8:12 등	행 19:9, 27:21-26, 31-36; 고전 11:1 등
사람들을 다스리고 부림	마 10:1, 5; 막 3:14-16; 눅 19:30-31 등	행 14:23, 20:1, 17; 고전 16:10-12; 고후 8:16-24; 엡 6:21-22; 골 4:7-10; 딛 3:12-14 등
사람들에게 명령이나 지시를 내림	마 5:44; 막 6:8-11; 눅 22:8-12; 요 2:7-8 등	행 27:31; 롬 16:17; 고전 14:37-38; 빌 1:27; 골 4:2-3; 살전 5:16-18 등
때로 사람들을 꾸중하거나 경책함	마 23:13-31; 막 7:6-13; 눅 9:55; 요 8:42-47 등	행 20:31; 롬 2:17-29; 고전 3:1-4; 갈 1:6-10, 2:11-14 등
어떤 경우, 사람들로 부터 섬김을 받음	마 8:15, 27:55; 막 15:41; 눅 8:1-3 등	행 19:22, 27:3; 고전 16:5-6; 빌 2:25, 30; 딤후 1:18; 몬 1:13, 22 등

위의 설명에 의거한다면, 분명코 '섬김'과 '리더십' 사이에는 모순이 존재한다. 섬김의 삶을 지향하면 리더십을 발휘할 수 없고, 리더십을 구현하게 되면 섬김의 모습은 자취를 감추고 만다. 이것이 바로 '섬김의 리더십'이 지닌 것으로 보이는 개념상의 모순이다.

우리는 이러한 이론적-개념적 난점을 어떻게 풀 수 있을까? 여기에서의 관건은 '섬김'이라는 단어가 두 가지 서로 다른 용례를 나타낸다는 사실을 간파하는 데 있다. 즉 '섬김'이 어떤 때는 '섬김의 행위'로, 또 어떤 때는 '섬김의 정신'으로 사용된다. 우선 '섬김의 행위'는 다른 이들의 핍절한 상태를 메우기 위해 구체적으로 도움을 주는 외적 활동으로서, 시중을 들거나 마 8:15, 재물을 제공하거나 눅 8:3; 고후 9:13, 개인적 필요를 채우는 것빌 2:25, 30 등이 구체적 예이다. 이와 달리 '섬김의 정신'은 필요하다면 누구에게든 기꺼이 종노릇을 하겠다는 각오, 공동체 내에서 누구든 핍절의 상태에 처한 이들을 돕겠다는 지속적 결단 막 10:45; 요 13:14; 요일 3:17 을 의미한다.

그러므로 '섬김의 리더십'에서 '섬김'을 섬김의 '행위'로 이해하면, 섬김의 리더십은 모순된 결과를 초래한다. 목회자로서의 리더십을 제대로 발휘하는 일과 동분서주하며 실제로 개개인의 필요를 채우는 섬김의 행위는 한 지도자에게서 지속적으로 실현될 수 없기 때문이다. 그러나 만일 '섬김'을 섬김의 '정신'으로 받아들인다면, 섬김의 리더십은 아무런 모순을 함의하지 않는 것으로 볼 수 있다. 리더십 발휘에 포함되는 각각의 사항들—① 사람들에 대해 주도권을 행사함, ② 사람들 앞에 나서서 그들을 이끎, ③ 사람들을 다스리고 부림, ④ 사람들에게 명령이나 지시를 내림, ⑤ 때로 사람들을 꾸중하거나 경책함, ⑥ 어떤 경우 사람들로부터 섬김을 받음—은 얼마든지 '섬김의 정신'에 입각해 이루어질 수 있기 때문이다.

이상에서 밝힌 바와 같이 '섬김의 리더십'은 결코 모순 개념이 아니므로, 목회자에게 자원하는 심령만 갖추어져 있다면 이런 사상을 핵심으로 하는 섬김의 목회 또한 얼마든지 펼칠 수 있을 것이다.

▽ **둘째 반대: 섬김의 목회를 시도하면 교인들이 방자해진다.**

목회자들이 섬김의 목회를 꺼리는 또 다른 이유는, 목회자가 그런 식으로 오냐오냐하면 결국 교인들이 그렇게 하는 목회자의 태도와 모습을 당연시하고 오히려 '기어오르게' 된다는 것이다. 그런데 교인들이 이렇게 방자해지고 버릇이 나빠지는 데는 목회자의 책임이 크다. 목회자가 '섬김의 목회'를 잘못 이해하고 이에 따라 바람직하지 않은 행동을 연출했기 때문에 교인들이 그런 식의 반응을 보이는 것이다.

상당수의 목회자들은 섬김의 목회를, 목회자로서 늘 자신을 종으로 여겨 낮아지는 동시에 교우들을 높이고 존중하는 태도로 목회 사역에 임하는 것으로 생각한다. 그러다 보니 목회자는 늘 교우들의 의견에 귀를 기울이고 그런 의견에 거의 무조건적으로 동조하는 식이 되고 말았다. 심지어 자신의 이러한 희생적 노력을 "누구든지 네 오른편 뺨을 치거든 왼편도 돌려 대라"마 5:39와 연관 짓는 목회자들도 있었다. 목회자 자신이 어떤 불이익을 겪는다 하더라도 교우들의 요구와 필요에 부응해야 한다는 거의 강박적인 생각까지 갖게 된 것이다.

문제는 목회자의 이러한 고상한 목회 방침이 교인들의 성숙과 변화를 유도하지 못한다는 데 있다. 꽤 많은 교우들은 시간이 지남에 따라 목회자는 으레 그렇게 하는 사람이려니 하고 당연시한다. 자기들의 목소리가 중요시되는 것을 감사히 여기기보다는 마땅한 권리로 인식하고, 교회 일의 여러 사항에서 당돌한 발언조차 주저하지 않는다. 이렇듯 목회자의 위상에 대한 편견과 빗나간 주인의식이 결합하면서 그야말로 '방자한' 교인들이 여기저기 나타났다. 물론 교인들이 하나같이 다 그렇게 변한 것은 아니지만, 어쨌든 공동체의 분위기가 그런 쪽으로 바뀐 것만은 확실하다.

그러면 '섬김의 목회'는 이렇듯 목회자 편에서의 저자세적 태도와 교인들의 안하무인격 방자함을 정당화하는가? 섬김의 목회를 하려면 예수께서 말씀하신 것처럼 '뺨 돌려 대기'를 서슴지 말아야 하는가? 또 섬김의 목회를 시도하면 교인들이 그토록 방자하게 변하는가? 정말 그럴까? 그렇지 않다는 사실을 두 가지 항목으로 밝히고자 한다.

(1) **섬김의 목회는 굴욕의 목회나 과도한 순응의 목회가 아니다.** '섬김의 목회'는 목회자가 자신의 목회적 리더십을 발휘할 때 이 세상의 풍조인 군림의 리더십을 거부하고 오직 예수님처럼 섬김과 겸비의 태도를 견지하려는 목회 정신이다. 그러므로 '섬김의 목회' 역시 '목회적 리더십'을 발휘한다는 점에서는 다를 것이 없다. '섬김의 목회'라고 해서 흡사 목회자가 리더십의

위치를 버려야 한다거나 자신은 이제 리더(지도자)가 아닌 것처럼 행동해야 한다는 뜻은 아니다. 이 점을 이해하기 위해 '군림의 리더십'과 '섬김의 리더십'을 대조해 보자.

	섬김의 리더십		군림의 리더십
주요소:	리더십의 발휘	… (공통점) …	리더십의 발휘
동기와 정신:	① 예수 그리스도의 교훈과 모범을 좇아 섬김을 중시함 ② 자신이 섬겨야 할 대상을 귀하게 여김	(차이점)	① 이 세상의 집권자들이나 고관들과 같이 행세함 ② 자신의 권세를 과시하고 사람들 위에 군림하는 데 역점을 둠

섬김의 리더십과 군림의 리더십의 차이점은 리더십을 발휘하느냐 하지 않느냐의 문제가 아니라, 리더십을 발휘하는 동기와 정신을 어디에 두느냐에 있다. 그러므로 섬김의 리더십도 본질상 리더십이므로 지도자로서의 역할과 기능을 마다하는 데 핵심이 있는 것처럼 잘못 생각해서는 안 된다. 위에서 언급한 목회자의 잘못은 섬김의 목회가 흡사 리더십 포기나 축소인 것으로 착각한 데 있다.

사태를 더욱 악화시킨 것은 이러한 착각이 예수 그리스도의 교훈—"누구든지 네 오른편 뺨을 치거든 왼편을 돌려 대라"—과 잘못 결합된 데 있다. 이 교훈에 대한 오해가 목회자의 그릇된 자기비하를 더욱 부추긴 것이다. 그러나 왼뺨을 돌려 대라는 권면/지시는 자구적으로 이해할 일이 아니다. 무엇보다도 주님 자신이 그렇게 하지 않으셨음은, 자신을 친 대제사장의 하수인에 대하여 반응하신 모습요 18:22-23을 보면 알 수 있다. 그렇다면(특히 상기 구절이 들어 있는 산상수훈은 세세한 법조문의 제시가 아니라 원리의 천명이 목적임을 생각할 때), 왼뺨을 돌려 대라는 권면/지시를 통해 가르치고자 하는 원리는 "그리스도의 제자는 해악을 당할 때 복수하거나 고발하고 싶은 본성의 욕구를 자신의 동기로부터 온전히 제거해야 한다는 것"[2]이다. 그는 왼뺨을 돌려 대는 것과 같은 각오 가운데 이런 원리를 내면화해야 한다. "그러므로 그 피해자는 (개인적 적대감 때문이 아니라) 영원한 법도law of the Eternal를 확언하고, 사회를 보호하고, 범행자를 교화하기 위하여, 그 범법자에 대해 이의를 제기하고 그를 기소하여 처벌할 의무 또한 가지고 있는 것이다."[3] 따라서 왼뺨을 대라는 권면/지시는 결코 가해자에 대한 무조건적 재가를 의미하지 않으며, 목회자의 경우 교우들의 요구에 대한 과도한 순응을 정당화하지 않는다.

(2) **섬김의 목회는 교인들의 빗나간 주인의식에 대한 교정을 포함한다.** 섬김의 목회가 목회적 리더십의 발휘를 무력화하거나 배제하는 것이 아님은 전술한 바와 같다. 그런데 목회적

리더십의 발휘에는 적어도 다섯 가지 책임 사항이 연관되어 있다.[4]

- 말씀을 가르침 갈 6:6; 딤전 3:2, 4:13; 히 13:7

- 감독하고 다스리며 지도함 행 20:28; 살전 5:12; 딤전 5:17

- 권면함 행 11:23; 살전 2:11; 딛 2:6

- 명령함 고전 7:10; 살전 5:27; 살후 3:6; 딤전 1:18, 5:21, 6:13-14; 딤후 4:1

- 훈계하고 벌함 행 20:31; 살후 3:14; 딤전 5:20; 딛 1:13-14

위의 다섯 가지 사항을 각각 별도로 제시했지만, 목회 현장에서 리더십을 발휘할 때는 서로 맞물려 작용한다. 즉, 목회자는 말씀을 가르치고 권면하고 하나님의 권위를 힘입어 명령을 발하기도 한다. 그러면서 교우들이 말씀대로 생활하는지 감독하고 지도해야 하며, 만일 정도에서 벗어날 경우 경책하고 심지어는 처벌까지 내려야 한다.

그런데 교우들이 목회자의 고상한 목회 방침과 섬기는 태도를 곡해하고 악용할 때, 이것은 하나님께서 원하시는 바가 아니므로 반드시 교정해야 한다. 이러한 교정의 과정에는 말씀을 가르치고 권면하고 경책하는 일이 필수적으로 개재되게 마련이다. 바로 이런 조치가 목회적 리더십의 일환이고, 섬김의 목회에서도 이러한 활동이 절대로 빠질 수 없다. 그러므로 어떤 목회자가 섬김의 목회를 제대로 펼치는 한 교인들이 방자하게 되거나 빗나간 주인의식에 휩싸이는 일은 생기지 않을 것이다.

▽ 셋째 반대: 비난/비판하는[5] 교인들이 존재하는 한 섬김의 목회를 수행할 수 없다.

목회의 현장에는 목회자를 반대하고 목회자의 주장이나 계획에 맞서는 교인들이 늘 있게 마련이다. 물론 대부분의 경우에는 반대자들이 드러내놓고 목회자를 비난하거나 싫은 감정을 노골적으로 밝히거나 하지는 않는다. 그렇지만 목회자가 참여하지 않은 자리에서나 모임에서는 사정이 다르다. 목회자는 이런 교인들을 힘들어하고 마음속으로 고통을 겪는다. 하물며 공식적 회의석상이나 공동체의 모임에서 공공연히 목회자를 폄하하고 비난하는 이들에 대해서겠는가?!

목회자는 이런 교인들 때문에 보통 괴로움을 당하는 것이 아니다. 그렇다고 해서 이들과 맞싸움을 붙을 수도 없고 이들을 찾아가 따지는 식으로 반응을 할 수도 없다. 원망과 섭섭함, 용서의 당위성과 인간 본성의 복수 심리 및 죄의식 등이 뒤범벅되어 그의 심령은 평안을 알지 못한다. 그런데 이런 교인들까지 섬기고 이들에 대해 종의 자세를 견지하는 것이 섬김의 목회라면, 그 순간 목회자는 마음의 문을 닫아 걸 것이다. '이것이 섬김의 목회라면 나는 섬김의 목회를 거부하겠다. 솔직히 말해서 나는, 나를 그렇게 비난하는 교인들을 절대로 받아

들이고 싶지 않으니까!!'

비난이 목회자에게 일으키는 심리적 괴로움과 고통을 익히 알고 이해하지만, 그렇다고 하여 이것 때문에 섬김의 목회를 포기한다는 것은 너무 지나친 처사이다. 그러므로 목회자로서 비난에 대한 올바른 시각을 견지한다면, 이로 인해 스스로 부과하는 비합리적 고뇌로부터 벗어날 수 있을 뿐 아니라 이런 고통에 연유한 섣부른 판정—예를 들어, "섬김의 목회는 나와 맞지 않는다"—또한 피할 수 있을 것이다.

비난에 대한 올바른 시각은 최소한 두 가지 사항, 즉 '비난의 원인 파악'과 '비난의 유익 고려'가 마련되어야 형성될 수 있을 것으로 보인다.

(1) **먼저, 교인들이 목회자를 비난하는 이유를 찾아내어 적절한 조치를 취해야 한다.** 교인들은 대체로 다음 세 가지 이유 때문에 목회자를 비난한다.

① 어떤 교우들의 경우에는 목회자가 자신을 충분히 알아주지 않거나 인정을 하지 않는 것 때문에 섭섭함을 느끼고 '삐져서' 그러는 수가 있다. 이때의 비난은 사실상 목회자의 시선이나 관심을 끌기 위한 수단에 지나지 않으므로 크게 괘념할 필요가 없다. 그 비난자에게 한두 마디 격려의 말을 하든지 다독거림으로써 문제가 해결될 수 있기 때문이다.

② 상당히 많은 경우의 비난은 비난 당사자와 목회자 사이의 경험적·관점적·기질적 차이 때문에 생겨난다. "목회자가

왜 저러는지 도통 납득이 가지 않는다"라든지 "나라면 저렇게 하지 않을 텐데…" 등의 표현은 이런 사정을 반영한다. 사람들은 서로 다른 가정적 배경과 사회·문화적 환경을 거치면서 자기 나름대로의 독특한 신념·견해·선호 경향·선입관을 형성하게 마련인데, 이것이 다른 사람에 대한 자신의 평가나 판정에 큰 영향을 미친다. 그리고 이런 차이로 말미암은 마찰이나 충돌은 어느 인간관계에서나 쉽사리 발견된다.

교우들의 비난이 이런 원인으로부터 발생한 것이라면, 목회자는 비난의 당사자와 더불어 합리적인 대화와 의견 교환의 기회를 마련해야 한다. 이때 목표는 상대방을 설득하여 자신에게 동의하도록 만들기 위함이 아니고, 무엇 때문에 두 사람에게 이런 차이가 생기게 되었는지 이해하고, 동시에 서로 간에 이런 차이로 인한 엇갈림과 부정적 평가나 판정이 있을 수 있음을 인정하는 것이다.

③ 드문 경우이긴 하지만, 교인들의 비난이 목회자의 실수나 잘못, 그의 비일관성과 부당한 처사를 겨냥한 것일 수도 있다. 이러한 실책·오류·허물이 명백한 사실인 경우에는 목회자는 가능한 한 신속히 자신의 잘못을 인정하고, 용납과 선처를 구해야 한다. 이러한 경우의 비난은 확실한 근거가 있는 것이므로, 그러한 판정 행위에 기꺼이 승복해 마땅하다.

이처럼 비난이라는 사태 자체에만 초점을 맞추지 말고 그 원인을 파악하여 대처함으로써 비난의 문제에 올바르고 적실하게 응수할 수 있다.

(2) **목회자는 비난을 듣는 것이 힘들고 괴로운 일이지만 그것이 주는 유익 또한 간과해서는 안 된다.** 우리가 어떤 원인 때문에 비난을 겪든지 간에 비난은 우리에게 최소 다음과 같은 네 가지 유익을 끼친다.[6]

- 비난을 들으면 자신을 객관적으로 평가하고 돌아보게 되며 자신을 샅샅이 살필 수 있는 계기가 된다참고. 삼하 16:5, 9-11.
- 비난을 통하여 우리 자신의 교묘한 자기의self-righteousness나 교만이 노출된다는 점에서, 비난은 징계히 12:8의 한 가지 방편이라고 할 수 있다.
- 비난을 당할 때 우리는 예수 그리스도의 고난에 참예하는 것이 되는데빌 3:10; 골 1:24, 그 이유는 예수께서도 공생애 당시 여러 부류의 사람들로부터 비난을 받으셨기 때문이다.
- 비난을 당함으로써 비난의 문제로 고민하는 사람을 도울 수 있는 경험의 토대가 마련된다참고. 고후 1:4.

이상에서 설명한 바와 같이 비난의 원인을 파악하여 적실히 대처하고, 비난이 주는 유익을 인식하는 것이 곧 비난에 대해 올바른 시각을 갖는 일이라고 할 수 있다. 이를 통해 비난에 대한 올바른 시각이 확보되면, 비난의 현실에도 불구하고 섬김의 목회를 수행하는 것이 가능해진다.

섬김의 목회를 한다는 것이 다음의 두 가지 사실을 함의하는 것이 아님을 꼭 염두에 두어야 한다.

- 섬김의 목회를 하면 비난 행위나 비판의 목소리가 다 없어진다?
  → 그렇지 않다. 아무리 섬김의 목회를 제대로 구현해 내어도 어느 정도의 비난/비판은 없어지지 않는다.
- 섬김의 목회를 하려면 비난하는 이들을 '좋아해야' 한다?
  → 아니다. 성경의 권면은, 비난하는 이들을 '사랑하라'는 것이지 그들을 '좋아하라'고 말하지 않는다. 그들이 보유한 인간으로서의 존엄성을 인정하고 늘 그들을 동료 인간으로 존중(이것이 사랑의 의미이다)해야 하지만, 그렇다고 하여 그들을 좋아하고 친화성을 느낄 수 있게 되어야 한다는 말은 아니다.

동시에 비난하는 교인들을 대상으로 섬김의 목회를 한다는 것에는 다음과 같은 내용이 포함된다.

- 교인들에게는 때로 목회자를 비난할 자유가 있음을 인정해야 하고, 그런 자유가 침해받지 않도록 공동체의 분위기를 조성해야 한다.
- 목회자는 자신을 비난한 교인이라 할지라도 그들을 공정히 대하도록(예를 들어, 자기를 비난한 교인이라고 해도 그에게 직분

자로서의 자질이 있다면 그런 자격을 인정해서 직분자로 세운다
든지 하는 것) 힘써야 한다.

- 목회자는 자신을 비난한 이들이라도 함께 하나님의 백성이라
는 사실을 하나님 앞에서 또 공동체 앞에서 고백해야 한다.

섬김의 목회는 그저 이상적 공론에 불과한가? 아니다. 그
렇지 않고 그럴 수도 없다. 왜냐하면 '섬김의 리더십'은 얼마
든지 실현 가능한 개념이고, 제대로 된 섬김의 목회는 결코 교
인들을 방자하게 만들지 않으며, 비난하는 교인들이 있더라도
얼마든지 섬김의 목회를 펼칠 수 있기 때문이다. 우리의 목회
현장 여기저기에 주님의 뒤를 좇는 섬김의 목회가 활짝 꽃피
게 되기를 마음 중심으로부터 열망한다.

11. 비난의 화살을 어떻게 감당해야 할까?

목회자가 비난을 받을 때

•
•

비난: 고통스러운 등장

▽ **어느 목회자의 경우**

　N 목사는 창밖에 내비쳐진 금요일 오후의 활기찬 거리 풍경이 온통 낯설기만 했다. 그의 망막은 심중에서 꾸역꾸역 솟구치는 쓰라린 감정의 앙금으로 흐려져 더 이상 바깥세상을 담아내지 못하고 있었다. 눈을 감으나 뜨나 그의 전 감각은 촉수로 변하여 며칠 전 S 집사를 통해 전달받은 일부 교인들의 항의 소동을 싸고도는 중이었다.

무엇이 N 목사를 그토록 심란하게 만든 것일까? 당회에서는 금년 초에 주차장 확장을 위한 대지 구입 및 공사를 결정했다. 그런데 집사회에서 그 프로젝트에 대해 정면으로 반발하고 나섰다. 이유인즉, 비록 주차장이 좁아 불편한 것은 사실이지만 그 문제는 다른 방도로도 해결이 가능하다는 것, 또 지금처럼 재정 형편이 힘들 때 그런 매입 프로젝트를 감행하면 교인들의 비협조가 불 보듯 뻔하다는 것이었다. 그리고 그 무엇보다도, 그런 중대한 결정을 전 교인의 의견 수렴도 없이 단행한다는 데 대해 불만을 느낀다는 것이었다. S 집사는 그런 움직임을 알려 온 집사회의 심부름꾼이었다.

이 날벼락 같은 소식을 접한 것이 바로 지난 월요일이었다. N 목사는 우선 기가 막혔고 기분이 상했으며, 자신이 목사만 아니라면 그저 "더러워서 못 해 먹겠다"라고 분통을 터뜨리고 싶을 지경이었다. N 목사가 이토록 흥분하는 데는 숨은 사연이 있었다. 집사회가 초기의 분위기와 달리 그런 부정적 입장으로 방향을 선회한 것이 아무런 까닭 없이 이루어지지는 않았을 터였다. 그러면서 N 목사의 뇌리에는 두 명의 나이 많은 집사 얼굴이 악몽처럼 떠올랐다. 한 명은 심방 스케줄의 착오로 인해 어쩌다 소외를 겪으면서 묘한 방도로 목회자를 불편하게 만들기 시작했고, 또 한 명은 장로 추천 대상에서 제외된 후부터 거론되는 교회 행사나 사역 프로젝트마다 시비를 걸곤 하는 인물이었다.

그 두 명의 집사들이 어떻게 해서 서로 죽이 맞았는지는 모르지만, 어쨌든 이들은 지난 2년간 눈엣가시처럼 N 목사를 괴롭혔다. 처음에는 교회의 사역 방침이나 예배 스타일에 대해서 딴죽을 걸더니, 급기야는 N 목사의 설교 내용이나 목회자로서의 자질에 대해서까지 서슴없이 비난을 쏟아 내는 것이었다. 그러나 N 목사로서는 그런대로 잘 참아 내었다. 아니 잘 참아 내었다고 생각하고 있었는데, 또다시 이런 사태가 돌발한 것이다. 이번 일도 그들의 뒷담화가 아니었으면 발생할 리가 없었다. 사실 S 집사나 반대파 집사들은 이 두 명의 집사가 내세운 피에로에 지나지 않았다.

이들의 작태를 몸소 겪은 N 목사인지라 S 집사가 집사회의 논의 결과를 전달한 이후, 그의 내면은 다시금 부글부글 끓기 시작했다. 분노, 원망, 굴욕감이 뒤범벅된 채로.

▽ 목회자와 비난

목회 활동에 어느 정도 몸담은 사역자치고 비난으로 인한 N 목사의 고뇌에 대해 공감을 표명하지 않는 이가 있을까? 지금 N 목사의 공과 여부를 따지자는 것이 아니다. 설사 N 목사가 흠 잡힐 데 없이 목회 사역을 감당했다고 해도, 교우들로부터의 비난은 피할 수 없었을 것이라는 말이다. 이 때문에 목회자는 속으로 쪼그라든 채 밤잠을 설치고 보복 심리와 자책감의 경계선을 넘나들며 괴로움에 괴로움을 더한다. 이야말로

목회 사역에서 다른 어떤 사안보다도 더 큰 고통을 끼치는 요
인으로 생각이 된다.

　'비난非難'은 사전에 "남의 허물을 드러내거나 꼬집어 나
쁘게 말함"[1]으로 되어 있어 상당히 부정적 색채가 강하다. 비
슷한 단어로 '비판批判'이 있는데, 이것은 비난보다 어의가 넓
어 "① 잘못된 점을 지적하여 부정적으로 말함. ② 옳고 그름
을 가려 평가하고 판정함. ③ 〈철학〉 인간의 지식과 사상, 행위
에 대한 기원, 타당성, 한계 등을 명백히 하여 평가함"[2]이라는
설명이 들어 있다. 이 가운데 첫 번째 의미는 '비난'과 비슷하
지만, 둘째·셋째 의미는 그것을 뛰어넘어 상식 수준이나 철학
적 성격의 판정 행위를 가리킨다고 할 수 있다.

　'비난'에 해당하는 영어 단어 'criticism'은 근원적으로 보
아 그리스어 재판관을 뜻하는 '크리테스κριτής'를 어간으로 하
고 있는데, 우리말의 '비난'보다는 '비판'에 좀 더 가깝다.《옥
스퍼드 사전》에는 "1.판단을 내리는 행위,특히 비난이나 나무
람. 2.문서 자료의 본문, 성격, 구성 및 기원을 탐구하는 일. 3.
문학 작품이나 예술 작품의 질과 성격을 평가하는 작업. 4. 칸
트의 비판 철학"[3]이라고 의미가 소개되어 있는데, 이 가운데
첫째 사항이 여기서 다루려는 내용과 일치한다.

　그러나 비판criticism을 좀 더 전문적으로 다루는 책자들은
'비난'보다는 '비판적 기능'을 중심 개념으로 잡는다. 어떤 저
술가는 훌륭한 비판good criticism이 무엇인지를 설명하는 가운

데, "이는 사람·행위·관념이나 제도의 결점뿐이 아니라 장점까지도, 그런 것들의 강점과 더불어 약점 또한 지적함으로써 판정을 도울 수 있어야 한다"[4]라고 주장한다. 또 알렉산더John W. Alexander는 '비판'과 관련하여 다음과 같은 분류 체계를 제공한다.[5]

'긍정적 비판'은 비판 대상의 강점과 공적을 찾아내는 것이고, '부정적 비판'은 이와 반대로 약점과 실수를 밝히는 것이다. 그런데 '부정적 비판'은 다시금 두 가지 종류로 나뉜다. '건설적인 부정적 비판'은 "타당한 증거에 기초하고, 참된 분석에 입각하며, 또 합당한 수용자에 대해 사랑의 매너 가운데 표현될 때, 자신의 결점을 인정하도록 하고 또 개선을 위한 해결 방안을 시작하도록 하는 데 도움이 될 수 있다."[6] 반면 '파괴적인 부정적 비판'은 "소문에 근거하거나 객관적이 아닌 주관적 증

거에 근거할 때, 제대로 분석이 안 되었을 때, 사랑이 결여된 방도로, 동기가 잘못된 채 틀린 대상에게 전달될 때, 비판 대상에 대해서뿐만 아니라 그들이 속한 그룹에 대해서도 커다란 피해를 입힌다."[7]

위의 내용을 배경으로 하여 여기서는 '목회자에 대한 비난'을 **"목회자의 전반적 면모—그의 됨됨이에서부터 사역 방침에 이르기까지—를 트집거리로 삼아 불평이나 불만을 토로함으로써 목회자에 대해 부정적이고 적대적인 분위기를 형성할 뿐만 아니라 그 결과 직간접적으로 어려움과 피해를 끼치는 다양한 형태의 언사 및 태도"**로 정의하고자 한다.

▽ 비난 이후: 네 단계적 반응

대체로 비난을 들으면 목회자는 네 단계의 반응을 하게 된다. 첫 단계인 **충격기**shock stage는 대개 짧은 시간만 지속되는데, 이때 목회자는 어안이 벙벙해한다든지 뭔가 좀 이상하다든지 혹시 잘못 알아들은 것은 아닌지 하는 식으로 반응한다.

그러나 충격기는 곧장 **불쾌기**displeasure stage로 연결된다. 이 단계는 오랜 시간 동안 계속될 뿐 아니라 비주기적으로 반복된다. 목회자는 비난을 들은 사실과 그 비난의 내용 때문에 분노, 원망, 억울함, 섭섭함, 괘씸함, 보복감, 공격 욕구 등으로 뒤범벅이 되고야 만다. 속된 표현을 쓰자면, "아니 이것들이 정말 이럴 수가 있단 말인가?" "원, 더러워서 … 내가 뭐 여기 아니면 목회할 데가 없는 줄 아는 모양인데 말이야", "이 자식을 당장 불러내서 따져 봐?" 등등의 꿍꿍이가 목회자의 입을 맴돌게 되는 것이다. 정말 비난자가 앞에 있다면 귀싸대기라도 올려붙여야 속이 시원할 것 같은 심정이다.

그러나 목회자는 그럴 수 없고 그래서도 안 된다. 또 실상 이토록 파괴적이고 분출적인 결과를 낳는 경우는 드물다. 이렇게 분노의 시간이 흐르면서 목회자는 **합리기**reasoning stage로 접어든다. 이 단계에서는 왜 비난자가 그러한 비난을 했는지 곰곰이 되새겨 본다. 그리고 비난의 내용과 관련하여 여러 가지 생각을 정리해 보게 된다. 그런 비난을 받게 된 문제점은 무엇이었는지, 오해일 경우 어떻게 해서 그런 오해를 받게 했는지, 비난의 근거가 희박할 경우에는 비난자가 왜 그러한 내용으로 비난을 했는지 심층적 원인을 생각해 보기도 한다.

또 이 단계에서 목회자는 속으로나마—공적으로 노출하든지 비난자에게 사과하든지 하지는 않지만—자신의 약점과 문제점을 인정한다. 그런 면에서 합리기는 목회자를 더욱 성숙의 도상으로 인도할 수 있는 은혜의 훈련장이다. 만일 이 과정이나 단계가 없으면 목회자는 심리적 퇴행증에 휩싸여 영적 지도자로서의 권위와 자격을 상실하게 된다.

드디어 목회자는 비난을 들은 후 종착점인 **모색기**strategy stage에 이른다. 이때 목회자는 비난자와 비난받은 내용에 대해서 어떻게 반응할지 전략을 짠다. 그 대상과 사적으로 만나야 할지, 아니면 그냥 공적인 석상에서 자신의 견해를 밝힐지 결정해야 한다. 비난받은 내용을 인정할 것인지 오해에 기초한 것이라고 해명할 것인지 정해야 한다. 앞으로 이런 문제와 관련해 어떤 조치를 취할 것인지 밝혀야 한다. 이런 모든 것에 대한 마음의 준비가 이 단계에서 이루어진다.

물론 목회자의 심리 상태가 한 방향을 향하여 맺고 끊듯이 일직선으로 네 단계를 거치는 것은 아니다. 3단계인 합리기에 들어섰다고 생각했는데, 다시금 마음속이 분노와 원망으로 뒤끓고 모든 것이 처음의 불쾌한 상태로 되돌아가는 듯한 느낌도 받을 것이다. 몇 날씩 밤잠을 설치면서 2단계와 3단계 사이를 왔다 갔다 할지도 모른다. 모색기에 다다랐나 싶었는데, 다시금 2단계로 치닫는 마음의 상태도 목격할 것이다. 그러나 어쨌든 전체적으로 보아 이상의 네 단계를 겪는다고 볼 수 있다.

비난이 발생하는 까닭

▽ **비난의 동기**

교우들은 왜 목회자를 비난하는 것일까? 이 질문에 대해서는 두 가지 방면으로 답변을 찾을 수 있다. 하나는 비난의 주관적 동기|motive를 생각해 볼 수 있다. 이것은 비난을 하는

교우들의 심리 상태 혹은 심리적 과정을 규명하려는 방도이다. 예를 들어, 교우들은 목회자로부터 섭섭한 일을 당했기 때문에 비난할 수 있다. 목회자로부터 자신이 원한 만큼의 인정과 주목을 받지 못했을 때 초래된 섭섭한 마음이 원망과 불평으로 발전하다가 비난으로 나타날 수 있다는 말이다.

또 어떤 경우에는 다른 교우들과의 경쟁의식이나 질투심이 원인 제공을 하는 수도 있다. 자신과 은근히 경쟁 관계인 동료 집사가 먼저 장로로 피택을 받았을 때, 그런 기회가 자신에게 주어지지 않은 것을 목회자 탓으로 여기는 순간부터 그는 목회자에 대해 왜곡된 심사를 품게 마련이다.

심지어는 목회자에 대한 오해나 편견이 자라나 비난이라는 열매가 맺히기도 한다. 목회자가 어떤 특정 신분의 교우들이나 자신과 연고가 있는 이들만을 가까이하기 때문에 자신이 따돌림을 받는 것이라고 확고히 믿는 교우가 있다면, 그는 조만간 목회자에 대한 비난이나 심지어 비방조차 마다하지 않을 것이다.

이처럼 교우들의 심리적 상태—섭섭한 마음, 경쟁의식, 오해나 편견 등—를 추적함으로써, 그들이 왜 목회자를 비난하는지 살필 수 있다. (그러나 여기서는 비난의 동기에 대해서는 더 이상의 지면을 할애하지 않고 이 정도에 그치고자 한다.)

Ⅴ 비난의 이유

이 장에서 더욱 비중을 두려는 것은 비난의 '이유reason'를 찾는 일이다. 즉 교우들은 어떤 객관적 상황/현상 때문에 목회자를 비난하는지 알아보려는 것이다. 여기에는 세 가지 항목의 이유가 있는 것으로 보인다.

(1) **목회자의 스타일이 교우들과 달라서 비난을 한다.** 인간은 이성과 합리의 존재이기 이전에 취향과 선호성에 좌우되는 존재이다. 이것은 특히 한국인의 경우에 더 그렇지 않은가 싶다. 우리는 첫인상과 기분을 중시하고 그것에 의한 이끌림을 쉽사리 떨쳐 내지 못한다. 우리의 많은 선택과 결정이 선호도, 취향, 기호를 좇는 것임은 음식, 의복, 차종, 벽지의 바탕색, 노래, 휴대용 전화기의 디자인 등을 보아 단박에 알 수 있다.

그런데 이것은 우리와 관계를 맺는 상대방에 대해서도 마찬가지이다. 배우자나 친구는 말할 것도 없고 목회자 역시 선호와 취향의 대상으로 삼는다는 뜻이다. 우리는 목회자의 여러 가지 면모에 대해 호불호를 나타내고, 표현은 하지 않아도 속으로 끊임없이 점수를 매긴다. 여기에는 목회자의 외모와 인상, 말투와 언어 습관, 웃는 모습이나 특유의 제스처 등 외견상 특색부터 시작하여 성격이나 기질적 특이점, 정감의 표현 방식, 인간관계의 자연스러운 정도, 지도자로서의 과단성, 책임의식과 성실성 등 인격적 특성들 또한 빠지지 않는다. 하물며 설교와 연관한 개인의 독특성, 경건 훈련(혹은 영성)에서의 강조점, 각종 사역의 수행에 따르는 고유의 처리 방식 등은 어떻겠는가?!

교우들은 이러한 목회자의 총체적 스타일에 대해 때로는 부지중에, 때로는 의식적으로 자신의 선호 정도를 표명하곤 한다. 그런데 해당 목회자의 인격적 특성이나 사역에서의 특정적 면모가 교우 자신의 성향이나 호감도와 크게 동떨어지면, 아무래도 목회자에 대해 꺼리는 태도를 갖게 되기가 쉽고 여차할 경우 부정적으로 반응하게 된다. 목회자가 조금이라도 눈 밖에 날 경우, 이런 이들이 제일 먼저 비난의 화살을 날리리라는 것은 누구나 예상할 수 있다.

(2) **각종 사안에 대한 견해차 때문에 비난을 한다.** 이 경우의 비난은 첫째 항목의 것보다 객관적 근거가 좀 더 강하다고 할 수 있다. 왜냐하면 비난의 근원을 목회자와 교우들 사이 서로 견해가 다른 데서 찾을 수 있기 때문이다.

견해차의 문제를 목회 현장에서 찾아보면, 주로 행정적 사안에서 의견 차이가 도드라진다. 교회당 건축의 시기와 장소, 교회 예산 집행의 원칙들, 청년부 전담 사역자의 기용, 단기 선교 프로젝트의 지속 여부 등이 몇 가지 예이다. 즉 이러한 행정적 사안의 처리와 결정 과정에서 목회자의 의견과 교우들의 의견이 맞부딪힐 때, 교우들로부터의 비난이 시작된다. 특히 이 과정에 교우들의 의견이 묵살되거나 상급 기관(예를 들어, 당회)의 결정이라며 원하지 않는 내용이 교우들에게 반강제적으로 부과될 때, 비난의 정도는 훨씬 더 거세지게 마련이다.

목회자와 교우들 사이의 의견 차이는 우선 가장 근본적으로 관점이나 시각의 차이에 연유한다. 사안을 논의하는 이들은 현재 처한 입장이 저마다 다르고 자라난 배경에 차이가 있으며 심지어는 문화적·사회적 경험까지도 상이할 수 있다. 그리하여 어떤 이는 이런 점에 중요성을 두는가 하면, 반대 입장의 사람은 전혀 다른 포인트에 역점을 둔다. 의견의 차이는 또 집단적 주체의 작동 원리에 대한 견해(카리스마적 실행? 합리성 위주? 공동체적 합의?), 의사 결정 시 차지하는 요소들의 비중 문제(확실한 증거? 직관? 결단력?), 리더십 발휘를 특징짓는 스타일(주도적? 민주적? 방임적?) 등에 의해서도 심화된다. 그뿐만 아니라 신앙적 전통이나 성경 해석/신학적 성향의 차이 또한 공동체의 결정 사항(교회 음악의 형태, 합심 기도의 방식, 주일의 시간 활용 등)에 대한 의견의 형성에 영향을 끼친다.

견해차로 인한 교우들의 비난은 앞에서 기록한 스타일 차이로 인한 비난의 경우보다 훨씬 드세지기 쉽다. 그 이유는 견해차에 근거한 비난의 경우 비난자의 심령이 대개 자기 확신으로 잔뜩 강화되어 있기 때문이다. 다시 말해서, 관점의 차이나 집단적 의사 결정에서의 차이, 또 신앙적 전통에서의 차이는 교우들로 하여금 자신의 맹점은 간과하고 상대편의 문제점은 침소봉대하도록 책동하기 때문이다.

(3) **목회자 편에서의 잘못/실책 때문에 비난을 한다.** 이 경우

목회자에 대한 교우들의 비난은 확실한 근거를 지니고 있다. 그것은 다름 아니라 목회자의 잘못과 실책이고, 바로 이렇게 목회자가 잘못/실책을 저지른 까닭에 교우들이 목회자를 비난하는 것이다.

여기에서 목회자의 잘못/실책이란 무엇인가? 다소 중첩되기는 하겠지만 네 가지 항목을 언급할 수 있을 것이다. ① 모든 비윤리적 작태와 비행이 잘못/실책에 속한다. 가장 많이 거론되는 예로서 성적 추문과 재정 유용이 있다. ② (전술한 항목과 연관이 되지만) 부정직이나 부정행위 또한 빠질 수 없다. 이것은 이미 저지른 잘못을 은폐·축소하기 위해 거짓을 동원하고 위증이나 속임수를 채택할 때 이차적으로 발생한다. ③ 목회자에게서 목도되는 불일치discrepancy 역시 잘못/실책의 한 갈래이다. 목회자가 약속을 하고서 지키지 않는다든지, 경건한 외양으로 치장한 채 위선을 부린다든지, 마땅히 기대한 것과 달리 책임 사항을 수행하는 데 불성실하다든지 하는 것이 구체적 예이다. ④ 신학적·사상적 오류 또한 그냥 지나칠 수 없다. 앞의 세 가지가 윤리적인 사안이라면 마지막 것은 교리적인 성격의 문제점이다. 만일 목회자가 (사도신경의 역사적 신앙고백 내용에 있는) 기독 신앙의 기본적 가르침을 왜곡하든지 부인한다면 비난을 받아 마땅하다. 이것은 자신이 소속한 교단의 신학적·교리적 표준 문서에 어긋난 교훈을 퍼뜨리거나 가르쳤을 경우에도 마찬가지이다.

이렇게 목회자가 명백히 윤리적·교리적 잘못/실책을 저질렀을 경우에는 교우들 편에서 그런 잘못/실책과 관련하여 비난을 할 수 있고 또 해야 마땅하다. 이때 목회자는 다른 핑계나 변명의 기회를 찾지 말고 그저 자신의 잘못/실책을 솔직히 인정해야 한다.

비난이 주는 유익

다소 생뚱스럽게 여겨질지 모르지만 이 시점에서 우리는 비난이 우리에게 유익을 끼치기도 한다는 점을 생각해 보자. 물론 비난의 유익은 칭찬의 유익이나 격려의 유익처럼 직접적이고 즉각적인 것은 아니다. 그렇지만 우리가 비난의 사태를 좀 더 크고 넓은 맥락에서 조망할 수만 있다면, 비난은 분명코 '위장된 은택'으로서의 역할을 할 것이다. 이런 관점에서 고난의 유익을 네 가지로 기술해 볼 수 있겠다.

(1) **우리 자신을 뒤돌아보게 하고 객관적으로 평가하며 내면의 모습을 샅샅이 살필 수 있는 계기를 만들어 준다.** 우리는 대부분의 경우 자신의 모습을 내면적 차원에서 심층적으로 살피지 않고 지낸다. 그러다가 비난이 닥치면—그것이 정당한 것이든 아니든 간에—그때에야 비로소 우리는 정신을 차리고서

자신을 새로운 눈으로 바라보게 된다. 다윗이 자기 아들 압살롬의 반역을 피해 도망할 때 사울 가문의 시므이를 만나 엄청난 비난을 듣는다. "피를 흘린 자여! 사악한 자여! 가거라. 가거라. 사울의 족속의 모든 피를 여호와께서 네게로 돌리셨도다. 그를 이어서 네가 왕이 되었으나 여호와께서 나라를 네 아들 압살롬의 손에 넘기셨도다. 보라! 너는 피를 흘린 자이므로 화를 자초하였느니라"삼하 16:7-8. 이때 함께 있던 신복 아비새는 시므이를 단칼에 베고자 하였으나, 다윗은 "내 몸에서 난 아들도 내 생명을 해하려 하거든 하물며 이 베냐민 사람이랴?! **여호와께서 그에게 명령하신 것이니 그가 저주하게 버려두라**"삼하 16:11고 말한다. 이것은 시므이의 비난을 하나님의 주권적 역사라는 더 큰 시각에서 파악함으로써 오히려 철저한 자기 성찰의 계기와 수단으로 삼으려 한 다윗의 의지를 반영한다.

다윗의 이러한 태도는 비난을 듣는 오늘날의 목회자들에게도 시사하는 바가 크다. 비난을 겪으며 우리는 자신의 내면에 자기의self-righteousness와 교만이 감추어져 있다는 사실을 뼈아프게 발견한다. 평소에 우리는 우리의 교만이 얼마나 두터운지, 또 내가 수립한 의의 왕국이 얼마나 견고한지 잘 알지 못한다. 그러다가 비난이 닥치면 비로소 마음의 눈에서 비늘이 벗겨지면서 자신의 왜곡된 진면목을 남김없이 목도하는 것이다! 사실 이 같은 내면의 병폐는 고침을 받는 것은 고사하고 모습조차 제대로 드러내지 않는 수가 많기 때문에, 하나님은 비난이라는 뼈아픈 방도를 사용하면서까지 우리를 수술하시는 것이다. 이런 점에서 비난은 참 자녀인 우리를 징계하시는 아버지 하나님의 필수적 방편이라고 할 수 있다 히 12:7-13.

이렇듯 비난은 우리에게 자기 성찰의 계기와 기회를 마련해 준다는 점에서 큰 유익이 된다.

(2) **예수 그리스도의 고난에 참여하도록 돕는다.** 만일 영생이 그리스도를 아는 것요 17:3이고 그리스도인은 마땅히 그리스도를 아는 지식에서 자라야벤후 3:18 한다면, 그리스도인들은 어찌해서든 그리스도를 알고자 힘써야 할 것이다. 그런데 그리스도를 알고자 할 때 거기에는 그리스도의 부활의 권능을 아는 것과 그리스도의 고난에 참여하는 것을 아는 것이 포함된다빌 3:10. 이제 후자에 집중해 보자.

그리스도인은 어떻게 함으로써 그리스도의 고난에 참여할 수 있을까? 한 가지 방안은 우리가 이 땅을 사는 동안 하나님의 나라를 실현하는 가운데 다양한 신체적·심리적·영적 고통을 겪음으로이다. 이러한 고통 중 대표적인 예가 사람들로부터 비난을 듣는 일이다. 우리가 비난을 들으면서 고난받는 주님과의 동일시를 경험하는 것은, 바로 그의 생애가 비난의 연속으로 점철되었던 까닭이다. 그는 가족으로부터, 바리새인으로부터, 사두개인으로부터, 로마인으로부터, 그리고 심지어 십자가상의 강도로부터도 비난을 들었다. 가룟 유다의 배반이나 베드로의 부인 역시 행동화된 비난이었음을 감안할 때, 예수 그리스도의 생애는 실로 비난으로 범벅이 된 생애였다고 할 수 있을 것이다. 이렇게 우리가 하나님의 나라를 실현하고자 힘쓰면서 여러 사람으로부터 비난을 들을 때, 우리는 주님의 고난에 참여하는 것이 된다. 바로 여기에 고난의 엄청난 유익이 존재하는 것이다.

(3) **비난이 리더십의 대가임을 깨닫게 하는 유익이 있다.** 지도자가 된다는 것은 비난을 듣겠다는 것과 같다. 1950-60년대 해외선교회OMF의 총재를 지낸 오스왈드 샌더스(J. Oswald Sanders, 1902-1992)는 리더십을 위한 대가로 비난을 꼽고 있다.[8] 그러면서 비난이 지도자에게 끼치는 막대한 영향력을 설명하기 위해 어떤 인물의 글을 인용한다.

> 파괴적 비난만큼 지도자의 효율성, 능력 및 주도성을 파괴하는 것도 없다. … 이것의 파괴적 영향력은 아무리 해도 과소평가가 되지 않는다. 비난은 지도자의 자존심을 갉아먹고 결국 책임을 감당하는 자신의 능력을 신뢰하지 못하게 만들어 버린다.[9]

사실 비난과 지도자의 긴밀한 연관성은 성경으로부터 충분히 예시될 수 있다. 예를 들어, 모세의 경우를 생각해 보라. 모세는 이스라엘에 제사장-왕-선지자의 공식 직분이 분화되기 전부터 세 가지 역할을 함께 감당한 위대한 지도자였다. 그가 그토록 강력하고 포괄적인 리더십을 발휘해야 했기 때문에, 그를 향한 비난 또한 전대미문의 것이었다. 사실 이스라엘의 광야 생활 40년은 이러한 비난투성이의 역사라고 해도 결코 지나치지 않다출 15:24, 16:2, 17:3; 민 14:2-3, 16:41, 20:3-5, 21:5 등. 신약에서는 사도 바울을 대표적 인물로 예시할 수 있다. 그는 유대주의적 사고와 생활 방식에 익숙해 있다가 급작스러운 회심과 부르심을 통해서 이방인의 사도로 변신한, 당시로서는 매우 특이한 지도자였다. 그리하여 바울은 복음 때문에 유대인과 유대주의자들과 거짓 사도들로부터 끊임없이 비난을 받았다행 13:45, 18:6, 19:9, 21:27-28, 24:1-8, 25:7; 고전 4:13, 9:3; 고후 10:10, 12:16; 딤후 4:15.

마찬가지로 오늘날 목회자가 비난을 받을 때, 자신이 (비록 부족함에도 불구하고) 하나님의 부르심을 받은 지도자임을 깨닫게 해 준다.

(4) **비난의 문제로 고민하는 이들을 도울 수 있는 경험적 토대가 마련된다.** 바울은 환난 가운데 있는 이들을 위로하면서, 그가 그처럼 위로를 할 수 있는 것은 바로 자신이 환난 중 하나님의 위로를 경험했기 때문이라고 밝힌다고후 1:4-6. 이와 똑같은 원리가 비난의 경우에도 해당이 된다. 어떤 이가 비난을 겪으면서 힘들고 어려운 중에도 그로부터 유익을 얻었다면, 그는 비슷한 문제로 고통을 겪는 다른 그리스도인들에게 자신의 경험과 통찰력을 나눌 수 있을 것이다. 그가 그렇게 할 수 있는 이유는 그 자신이 비난을 겪으며 고뇌와 아픔뿐 아니라 유익을 얻었기 때문이다. 따라서 비난을 겪지 않는 이는 다른 이들에게

결코 이런 식의 도움을 줄 수가 없다. 이처럼 비난의 경험은 다른 이들을 돕고 세울 수 있다는 점에서 유익하다고 할 수 있다.

비난에 대한 대처 방안

마지막으로, 비난을 받았을 때 어떻게 대처해야 하는지를 함께 살펴보자.

▽ 옳지 않은 방도들

비난을 겪으면서 목회자들은 까딱 잘못하면 미성숙한 심리적 반응을 연출하거나 바람직하지 않은 목회적 수단을 채택하게 될 수가 있다. 다음과 같은 행위들이다.

(1) **목회자로서 보이면 안 되는 미성숙한 반응 패턴들을 연출한다.** 미성숙한 반응 패턴의 예를 구체적으로 들자면 다음과 같다. 비난을 받을 때, 자신의 위신이나 체면을 중시하는 목회자일수록 겉으로는 허허 웃으면서 군자연한 태도를 취할 것이다. 그러나 그것은 불쾌하고 괘씸한 감정을 감추기 위한 외면적 봉합 조치일 뿐, 속으로는 원망과 분노가 혼합된 가운데 관용의 당위성과 본성적 공격 욕구 사이에서 끊임없이 방황한다. 그러나 이러한 **위선적 억제**가 주효하지 않는 것은, 조만간

억압된 감정이 비난의 대상에 대해 걷잡을 수 없는 분노로 폭발하기 십상이기 때문이다.

또 어떤 목회자들은 비난에 접하면서 그 비난받은 바와 관련한 사역이나 책임 사항으로부터 뒷걸음친다. 물론 그들은 그런 회피의 이유에 대해 전혀 다른 핑계를 대면서, 주요인이 비난 때문인 것을 철저히 은폐한다. 이것은 비난을 들으면서 촉발된 자기연민이 소극적 복수심으로 둔갑한 경우인데, 이러한 **도피적 탈퇴** 역시 수시로 분출되는 감정의 소용돌이나 습관적 험담의 사태를 예방하기에는 턱없이 부족하다.

물론 가장 투박한 반응은 **즉각적 공격**이다. 목회자이면서도 소위 '아직 정신 수양이 덜 된' 경우, 비난을 듣는 즉시 응징의 칼을 갈며 정면 공격 일변도로 나가는 수가 있다. 이때 자신이 비난받은 부분에 대한 두서없는 변명과 더불어 상대방의 약점이나 부족한 점을 신랄하게 두들기는 식으로 반응한다. 이렇게 하면 공격 당시와 직후에는 마음이 시원하지만 시간이 지날수록 그토록 졸렬한 반응을 보인 데 대한 부끄러운 마음, 수치심, 자책감 등이 되살아나 마음을 어지럽힌다.

(2) **목회자의 권세를 이용해 부당한 조처를 취하는 수가 있다.** 어떤 목회자들은 자신을 비난하거나 반대하는 이들에 대해 매우 교묘하고 그럴싸한 '보복'의 방편을 채택하기도 한다. 한두 가지 예를 들어 보자. 우선, 설교 시간에 하나님의 말씀을 전한다고 하면서 은연중 그런 대상을(물론 그들이 누구인지 밝혀지는

않지만) 고발하고 나무라는 수가 있다. 이런 조치는 당사자들을 더욱 격노케 하는 등 문제 해결에 도움은커녕 사태를 더욱 악화시킨다. 또 하나님의 말씀을 자신의 사사로운 목적에 충당함으로써 목회자 스스로가 말씀의 권위를 격하시키는 셈이 된다.

또, 목회자가 '자기 사람들'을 모아 목회자를 비난한 이들을 고립시키고 교회 내 그들의 입지를 허물어뜨리는 경우도 있다. 목회자가 이런 방책을 전개하는 것은 명백히 하나님의 뜻에 어긋난다. 교우들끼리 파당이 생겨도 목회자가 마땅히 '화평케 하는 자peacemaker'가 되어야 하겠거든, 하물며 이처럼 목회자가 주도하여 당을 짓는다니 이 얼마나 한심스럽고 안타까운 일인가?!

따라서 비난의 고통이 아무리 심해도 목회자는 이상과 같은 바람직하지 않는 방도들에 마음을 뺏겨서는 안 된다.

▽ 기도의 중요성

목회자가 비난의 문제로 괴울 때에는 가장 먼저 하나님께 나아가야 한다.[10] 하나님 앞에 나아가 자신의 마음을 열고서 그 마음에 담긴 온갖 고뇌와 아픔의 덩어리를 토해 내야 한다. 비난자에 대한 미움, 비난으로 인한 분노·배신감·원망·억울함 등을 남김없이 토로하는 것이 필요하다. 지금 별로 기도하고 싶지 않다면, 심지어 기도하고 싶지 않다는 현재의 상태까지도 솔직히 아뢰어야 한다.

이때의 기도는 우리가 흔히 공예배의 대표 기도에서 듣는 것과 같이 신학적이고 조리 있고 격에 맞는 내용이 아니어도 괜찮다. 우리는 이 경우 목회자로서 하나님께 나아가는 것이 아니다. 그저 상처받고 고통 중인 하나님의 자녀로서, 심령이 가난한 자로서, 하나님의 도우심이 없이는 한순간도 살아갈 수 없는 죄인으로서 나아가는 것이다.

또 한 가지 잊지 말아야 할 것은 비난과 연관한 기도를 드릴 때 자기 자신에 대한 간원과 탄식으로만 그치지 말고, 아무리 어렵더라도 목회자를 비난한 교우(들)에 대해서도 기도해야 한다는 사실이다. 이것이 "원수를 위해 기도하라"마 5:44; 눅 6:27-28는 말씀을 실행하는 것이 아니겠는가? 아직 마음에 내키지는 않지만, 그래도 목회자인 자신을 비난한 교우(들)에게도 은혜를 베푸십사, 그들 역시 좀 더 하나님의 뜻에 합당한 삶을 살게 해 주십사 기도해야 한다.

기도가 모든 것을 한꺼번에 다 해결해 주지는 않지만, 비난자와 비난의 사태에 대해 조금이라도 새로운 시각과 마음 자세를 갖도록 도움을 주는 것은 확실하다.

▽ 비난의 이유에 따른 조치

앞에서 나는 비난의 이유를 세 가지—스타일의 문제, 견해 차, 목회자의 잘못/실책—로 설명하였다. 그런데 그 이유가 무

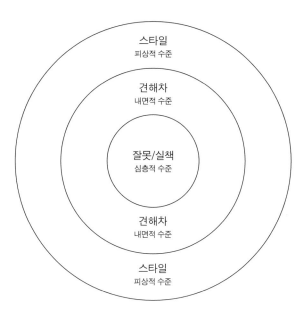

비난의 이유

스타일
피상적 수준

견해차
내면적 수준

잘못/실책
심층적 수준

견해차
내면적 수준

스타일
피상적 수준

엇이냐에 따라 필요한 조치 또한 달라진다. 이 점을 알아보기 위해 먼저 세 개의 동심원으로 된 위의 도표부터 살펴보자.

첫째, 목회자의 스타일과 연관된 비난은 그야말로 '피상적 수준'의 비난이다. 목회자는 이런 유형의 비난에 대해서는 크게 신경을 쓸 필요가 없다. 물론 이런 비난을 하는 교우들을 받아 주기는 하되, 그 비난의 내용에 대해서는 한쪽 귀로 듣고 다른 쪽 귀로 흘려버려도 된다.

둘째, '내면적 수준'에 해당하는 비난은 비난의 타당성 면에서 스타일에 대한 비난의 경우와 다르다. 교우들이 이렇게 견해차에 근거한 비난을 시도할 때 그들은 그들 나름대로의 관점에 입각하여 그렇게 하고 있다는 사실을 유념해야 한다. 물론 관점이라는 것이 절대적으로 옳고 그름의 문제는 아니므로, 항시 교우들의 비난에 백의종군할 필요는 없다. 그러나 동시에 관점의 차이를 설명하는 수고만큼은 아끼려 들지 말아야 할 것이다. 또 어떤 사안에 대해서는 목회자가 자신의 의견을 굽히는 것이 바람직할 때도 있다.

이때 가장 중요한 것은 목회자 편에서 자신을 비난하는 이들과의 만남을 주선하는 일이다. 사실 이것이 말은 쉬워도 실제로는 얼마나 불편하고 꾸리기 힘든지 모르는 바가 아니다. 그러나 이렇게 하지 않고서는, 옷 입기에 견주자면 첫 단추조차 끼지 않는 형국이므로, 사태 해결에 전혀 도움이 되지 않는다. 따라서 일단 다른 견해를 가진 이들과 만나는 것이 중요하다.

이 만남은 비난의 진원震源에 따라 대상이 개인이거나 소수의 몇 명일 수도 있고, 아니면 아예 제직회나 당회와 같은 공식적 기구의 구성원들일 수도 있다. 단지 이 모임은 의사 결정을 그 목적으로 하지 않는다는 점이 다르다.

목회자는 이 만남을 통해 논란(혹은 비난의 소지)이 된 이슈의 핵심이 무엇인지, 목회자 편에서건 비난자 편에서건 오해는 없었는지, 만일 오해가 있었다면 그 원인은 무엇인지, 목회자와 비난자 사이의 차이는 무엇인지를 명확히 해야 한다. 이 과정 가운데 목회자는 자신이 비난자들을 설득할 가능성은 물론 자신이 의견을 바꾸게 될 가능성에 대해서도 마음을 활짝 열고 있어야 한다. 그러고 나서 혹시 가능하면, 이 논의가 어떤 방향으로 흘러가고 어떤 과정을 지나며 마무리될지 알리는 것이 좋다.

모임 이후 목회자는 사안의 크기를 가늠해야 한다. 즉, 목회자와 비난자 둘 사이에서 해결이 가능한 경우, 목회자와 연관자 몇 사람과의 절충이나 양보로 타결을 볼 수 있는 경우, 제직회나 당회 혹은 공동의회와 같은 공식 기구에서의 논의를 거쳐야 하는 경우 등을 가늠해 보아야 한다. 또 원래의 결안과 관련하여서도 어떤 쪽으로 방향을 잡을지, 즉 원래의 결정을 그대로 추진하되 세부 사항에서의 조정만 시도할지, 원안대로의 추진 여부를 향후의 논의 과정에 맡길지, 아니면 원래 결정한 바를 철회하고 대안을 찾는 식으로 할 것인지 등을 생각해야 한다.

적절한 때가 되면 목회자는 논란이 된 사안과 관련해 어떤 결의에 이르렀는지 관련자들에게 알리는 일이 필요하다. 여기에는 연관 당사자들 개개인에 대한 통보와 더불어 공동체 단위의 공지도 포함된다. 이렇게 함으로써 견해차의 문제로 불거진 사안이나 이슈가 어떻게 처리되었는지 비난자들 편에서 확실히 알 수 있도록 해 주어야 한다.

목회자는 이 전체 과정에서 자신의 주장이나 발상이 먹혀들어 가는 것보다 하나님의 뜻이 이루어지는 것을 더 귀하게 여겨야 하고, 비난자들이 느끼기에 목회자가 그들을 충분히 중요한 인물로 받아들이고 있다는 인상을 받을 수 있어야 한다.

셋째, '심층적 수준'의 문제 때문에 발생하는 교우들의 비난에 대해서는 목회자가 무조건 승복해야 한다. 이 경우에는 목회자 편에서의 잘못/실책이 모든 사태 발생의 근원이기 때문이다. 목회자는 자신의 잘못/실책 때문에 피해를 입힌 개개인에 대해 사과를 하고 용서를 구해야 하며, 교회의 모임을 통해 공적으로 자신의 잘못을 인정해야 한다. 또 그런 잘못/실책에 대한 책임—그로 인해 아무리 힘들고 곤혹스러운 사태가 닥친다고 해도—을 용기 있게 떠맡아야 한다.

비난이라는 문제는 이렇게 하든 저렇게 하든 목회 사역 내내 그림자처럼 목회자를 따라올 것이다. 목회자는 될 수 있는 대로 비난을 받지 않도록 최선의 노력을 기울이는 것이 마땅한 일이지만, 더욱 중요한 것은 비난의 사태가 발생했을 때 어떻게 대처하느냐 하는 것이다. 만일 목회자가 지금까지 언급한 내용을 숙지해 놓는다면, 교우들로부터 비난을 받았을 때 목회자로서의 품위를 유지하면서 지혜롭게 대처할 수 있을 것이다.

12. 목회자 안의 괴물, 무엇으로 다스릴까?

목회자와 성적 비행

•

•

목회자의 성적 일탈이 어제오늘의 일은 아니지만, 최근에는 여성 해방의 관점이나 미투 운동의 영향으로 새롭게 부각되고 있다. 그러나 아직까지도 기독교 지도자들의 성폭력 사건은 그저 일시적 가십거리로 떠돌다가 쉬쉬하는 가운데 유야무야되곤 한다. 가해자에 대한 징계와 회복의 과정도 부실하기 짝이 없고 피해자를 위한 사후 대책 같은 것은 요원하기만 하다.

이 장에서는 한 교회의 목양적 책임을 맡은 신앙적 지도자, 곧 목회자의 성적 탈선에 대해 논의를 전개하려고 한다. 이 지도자는 '남성'을 염두에 두고 있다. 한국 교회 내에 여성 목회자도 있지만, 그들이 남성 신도와 더불어 성적 문제를 일으

키는 경우는 크게 알려진 적도 보고된 적도 없기 때문이다.[1]
여기서 성적 비행의 핵심은 남성 목회자가 자기 배우자 이외
의 여성과 성적으로 부적절한 행태를 벌이는 데 있다.

그렇다면 이제 성적 비행의 의미와 범위를 좀 더 구체적
으로 밝혀 보자. 성적 '비행非行, misconduct'은 목회자에게 합당
하지 않은 각양의 성적 행동거지를 총괄하는 표현이다. 성적
비행은 통상 성추행sexual harassment과 성폭행sexual abuse의 두
가지 범주로 나뉜다. 어떤 전문가는 이 두 가지 형태를 다음과
같이 설명한다.

> 아마도 성추행은 성폭행보다 명확히 이해되지 않고 있는 것 같
> 다. 둘 다 피해자와 가해자를 상정한다. 성추행이란 노골적으로
> 행동화된 것은 아니로되 부적절한 성적 활동에 담긴 의도나 위협
> 으로서, 조바심을 일으키고 공격적이거나 적대적인 분위기를 조
> 장한다. 성폭행은 성적으로 부적절한 성격의 행위를 표면화하는
> 것으로서, 신분·지위·나이 혹은 체력이 우월한 이가 그렇지 않은
> 이에 대해 자행하는 바이다.[2]

실제로 성추행은 순응할 경우 상대방이 누릴 유익이나 혜
택을 빌미로 하여 던져지는 성적 제의나 요청, 성적 성격의 언
어적·신체적 제스처를 구사하는 일로 이해할 수 있고, 성폭행
은 한 걸음 더 나아가 하급자에 대해 자행하는 노골적인 성적

치욕 행위(신체 및 성기관의 강제적 접촉이나 교섭 등)를 가리킨다
고 하겠다.[3]

이제 이러한 내용을 배경으로 하여 성적 비행이 발생하는
이유와 과정, 또 이에 대한 대책을 제시하고자 한다.

성적 비행의 관련자

성적 비행은 그것이 성추행이든 성폭력이든 가해자와 피
해자를 대동한다. 그런데 가해자는 이미 앞에서 언급했듯 목
회자이고, 피해자는 목회자가 사역하는 공동체의 구성원이다.

▽ 가해자에 대한 탐구

그런데 가해자인 목회자의 경우 성적 비행과 관련하여 두
가지 유형을 찾아볼 수 있다. 첫째 유형의 가해자를 '강탈자
predator'라 한다면, 둘째 유형은 '방황자wanderer'라 칭할 수 있
을 것이다.[4]

(1) 강탈자 유형의 목회자

강탈자는 표현 그대로 자신의 성적·심리적 만족을 위해
다른 이(여성 신도)의 인격과 권리를 마구잡이로 희생시킨다.
그는 어쩌다 우발적으로 성적 비행을 저지르는 것이 아니고

자신의 치밀한 계획과 의도하에 강탈 프로그램을 펼쳐 나간
다. 자신에게 주어진 모든 여건을 최대로 활용하여 성적 농락
과 포식의 기회로 삼는 것이다. 다음은 그렌츠와 벨Stanley J.
Grenz and Roy D. Bell이 묘사하는 강탈자의 모습이다.

> 강탈자가 사려 깊은 목회자로 위장을 하지만, 실은 자신의 의향
> 을 목회적 지위로 숨긴 채 강요나 조종을 할 요량으로 권세와 신
> 분을 이용한다. 그는 의도적으로 합당성의 한계를 넘어서는 가운
> 데 자신의 피해자를 포획한다. 그 피해자를 목표로 삼으면서 필
> 요하다면 강압의 사용까지도 불사한다.
> 다수의 강탈자들은 반복적 범행자들인데, 그들은 긴 시기에 걸
> 쳐 일련의 여성 편력을 수행하거나 심지어는 동일한 시간대에
> 여러 여성들과 관계를 맺는다. 강탈자의 행동은 충족되지 않은
> 성적·권세적 필요나 자신이 한 번도 합당하게 직면하지 않은 내
> 적 문제점에 의해 유발되었을 수 있다.[5]

이처럼 강탈자는 성적 비행에 관한 한 도덕의식이나 양심
적 판단이 마모된 위험인물이라고 할 수 있다.

(2) 방황자 유형의 목회자

목회자는 종종 자신들이 갖는 직업의 특수성 때문에 일종
의 고립적 상황에 처하곤 한다. 이때 심지가 굳지 못한 목회자
일수록 그들의 성적·심리적 필요를 공동체의 구성원에게서 찾

고자 하는 유혹에 빠지기 쉽다. 방황자는 이런 면에서 강탈자와 다르다. 무엇보다도 그의 성적 비행은 치밀하고 의도적인 사전 계획의 결과가 아니다. 어쩌면 그는 지금껏 성적 비행이란 생각조차 하지 않은 일일 수도 있다. 그러다가 예기치 않은 인생의 위기를 겪으며 일종의 성적 시험에 빠지게 된 것이다. 예를 들어, "배우자가 질병에서 회복되는 데 걸리는 긴 기간 도중이나 첫아이를 잃어버리고 나서나 중년의 위기를 겪으면서 이런 일이 발생한다."[6]

방황자의 방황은 대체로 일회성 사태로 끝나지만, 꼭 그렇지 않을 수도 있다. 오히려 이것을 필두로 하여 성적 비행을 반복하다가 머지않아 강탈자 유형으로 탈바꿈하기도 한다.

▽ 피해자에 대한 이해

성적 비행의 일차적 피해자는 목회자가 사역하는 공동체의 소속원이다.[7] 즉 장년층의 여성 신도가 대표적인 피해자로 등장한다는 말이다.

그러나 이러한 식의 가해자-피해자 인식에 반기를 드는 이도 있을 것이다. 성적 비행의 사건에서 왜 꼭 목회자는 항시 가해자이고 여성 신도는 항시 피해자로 인식되어야 하느냐고 말이다. 오히려 여성 신도 편에서 목회자를 유혹하는 사례가 있음을 고려할 때, 어떤 경우에는 여성 신도가 가해자이고 시험에 빠진 목회자를 피해자로 보아야 마땅하지 않겠느냐는 반론이다.

사실 이런 의문이나 도전도 일리가 있긴 하다. 드문 예이
기는 하겠지만 어떤 여성들은 매우 도발적인 태도로 개인 상
담이나 교육 프로그램에 참여하는 수도 있기 때문이다. 그러
나 가해자-피해자의 인식 구도를 이와 같은 단편적 자료에만
의존하여 구성하는 것[8]은 별로 바람직하지 못하다. 비록 여성
가운데 그런 경우가 있다 할지라도 그들이 목회자의 성적 비
행이라는 사태에서 가해자의 위치를 점유하는 것은 아니다.
최소 두 가지 이유 때문에 그렇다.

첫째, 현재의 목회 실정을 볼 때 목회자는 여성 신도에 비
해 많은 권세를 보유하고 있다.[9] 그는 영적 조언자이고 목회
사역의 운영자이며 공동체의 최고 권위자이다. 반면 그 여성
신도는 사사건건이 목회자의 지도와 감독을 받아야 하는 '하
급자'의 위치에 있다. 이처럼 애초부터 불균형적인 권위 구조
가운데 출발하는 관계이기 때문에 그 여성 신도는 결코 가해
자의 위치에 설 수가 없는 것이다.

둘째, 이러한 여성의 도발적 태도는 목회자의 권세에 대한
도전이 아니라 오히려 성(및 남성)에 대한 자신의 취약성을 드
러내는 것이다. 그녀가 지금과 같은 행동을 하는 것은, 십중팔
구 어린 시절부터 성적 비행의 희생자가 된 내력 탓이요 이로
써 남성과의 관계를 건전하게 수립하지 못해 왔기 때문일 것
이다.[10] 만일 목회자가 이런 여성과의 관계에서 성적 비행을

저질렀다고 하자. 이 경우에도 가해자는 목회자라는 것이다. 물론 그렇다고 하여 이 여성에게는 아무런 잘못이나 책임이 없다는 것은 아니지만, 그럼에도 불구하고 가해자-피해자의 구도는 바뀌지 않는다.

성적 비행의 주된 원인들

성적 비행은 다양한 원인과 조건에 의해 발생한다. 가해자는 가해자대로 다층적이고 복잡한 성적·심리적 형성 요인을 가지고 있고, 피해자 역시 단순하지 않은 가족 관계적 전력을 드러낸다. 이 모든 관련 사항들을 빠짐없이 기술하기는 힘들지만, 그래도 성적 비행자들의 공통적 문제점만큼은 어느 정도 정확히 밝힐 수 있을 것이다.

▽ **가해자의 문제점**

목회자가 성적 비행을 일으키는 주된 원인으로서 세 가지 항목을 언급하고자 한다. 물론 이 항목들은 내용상 서로 중첩되기도 한다.

(1) **어린 시절의 경험**

성적 비행을 저지르는 목회자들은 대부분 어린 시절부터

부모와의 관계가 원만하지 않았다. 그들은 부모로부터 제대로 된 보호와 사랑을 받아 누리지 못했을 뿐 아니라 지나치게 엄격하거나 매도적인 가정 분위기로 인해 건전한 성격 발달의 기회를 빼앗긴 채 자라났다. 이들의 공통점은 자기 가치self-worth 의식의 결여, 즉 자신을 긍정적으로 보는 능력이 부재한 경우가 많다. 자존감 결핍은 혹시 다른 이로부터 배척받을까 봐(또는 수치를 당할까 봐) 예상하는 두려움 때문에 타인을 신뢰할 수 없게 된다. 이 때문에 목회자는 고립감에 시달리고 우울증에 빠지게 된다. 성에 대한 강박적 생각이나 혼외정사에 대한 공상 등은 이러한 고립감이나 우울증을 가리려는 대응책일 수 있다.[11]

어린 시절의 문제점이 성장 이후에도 영향을 미치는 것은 중독 성향에서도 마찬가지이다.

중독의 내력이 있는 가족은 유혹에 대한 반응에서도 선택의 폭이 거의 없는 역기능적 현상을 초래한다. 이런 목회자들은 삶에 대한 소아적 정향infantile orientation —인정과 위로를 받아야 한다는, 절대 충족될 수 없는 핍절 의식—과 더불어 자라난다. 중독의 가족력은 목회자로 하여금 정서적 황홀 상태[곧 이성에 반할 때infatuation 경험하는 것과 같은 상태]에 중독이 되도록 만든다.[12]

이처럼 자존감의 결핍이든 중독적 성향이든 어린 시절로

부터의 경험이 성적 비행을 초래한다.

(2) 결혼 생활의 위기

성적 비행을 일으키는 목회자들의 또 다른 큰 문제점은 그들의 결혼 생활이 별로 바람직하지 않다는 데 있다. 핵심은 소원한 부부 관계로서, 그들 사이에 친밀성이 결여되어 있다는 사실이다. 친밀성의 결여가 성적 비행을 초래하는 현상을 밝히는 데는 여성 심리학자인 슈발츠Myrna F. Schwartz의 설명 —친밀성 공포 사이클fear-of-intimacy cycle—이 큰 도움을 준다.

목회자가 하나의 인간으로서 자아에 손상을 입을 때, 그는 위로나 달램을 얻고자 하여 어떤 친밀감 있는 접촉을 원하게 마련이다. 그러나 위로의 원천이 그가 보기에는 동시에 상처의 원천일 수도 있다. 만일 목회자가 친밀감의 원천들과 가까워지기를 두려워하면, 그는 음란물, 매춘부, 혹은 불륜 관계와 같이 거짓 친밀성을 부여하는 인물이나 사물을 의지하게 된다. 자아에 위험을 초래하는 것[음란물, 매춘부, 불륜 관계를 말함]이 의미심장한 타자에 대해 약점을 드러내는 것보다 낫다고 여긴다. 그러나 위로와 안도는 지극히 일시적이요 목회자는 다시금 공허하고 외롭고 부끄럽고 죄스럽다는 느낌을 갖게 된다. 이런 느낌들이 이 사이클을 반복하도록 추진력을 공급한다.[13]

이처럼 부부 생활의 위기—특히 친밀성의 희소—는 성

적 비행을 초래하고 성적 비행은 다시금 친밀성의 파괴를 가
져오는 식으로 악순환이 재현된다.

(3) **목회 사역의 성격**

목회자의 성적 비행이 촉발되는 또 다른 이유는 목회 사
역이 갖는 특수성에 기인하는 것이기도 하다. 이와 관련하여
세 가지 사항을 언급하고자 한다.

우선, 목회자는 상담, 리더 훈련, 사무적 논의 등 여성 신
도들을 개인적으로 접촉해야 할 때가 많다. 이런 여러 경우 목
회자(남성)와 신도(여성)는 서로 간 마음을 열고 공동의 목표를
향해 함께 일해야 한다. 그런데 이렇게 마음을 쏟아 공동의 사
안에 참여하면서 목회자와 여성 신도는 상호 간에 성적 매력
을 느끼는 수가 생긴다.

또, 여성 신도 편에서의 감정적 전이emotional transference[14]
도 크게 한몫한다. 목회자는 목회 사역을 통해 예배 인도자와
신앙적 스승의 역할을 감당하는데, 이것이 종종 여성의 감정
을 목회자에게 향하도록 만든다. 원래 예배는 하나님을 향한
종교 감흥적 경험이고 영적 가르침은 하나님에 대한 동경심을
일깨우기 위한 것이지만, 때로 신도들은 하나님께 향해야 할
신성한 감정을 전이시켜 인간 지도자에게 쏟곤 한다. 이것은
여성 신도들에게서 훨씬 더 많이 발견되곤 한다. 특히 그 당사
자가 미혼이거나 이혼을 했거나 남편과의 정서적 소통이 막힌
여성의 경우에는 더더욱 그러하다.

마지막으로, 여기에 가세하는 것이 목회자의 정서적·영적 소진 상태이다. 목회자들은 가끔씩 균형을 잃을 정도로 목회 사역과 교우들 뒷바라지에 헌신하게 된다. 이런 일이 누적되면 어김없이 정서적이거나 영적인 소진 상태가 찾아온다. 바로 이때 일부 목회자들은 판단력이 흐려지고 자기 절제의 의지가 약해지게 마련이다. 그 결과, 목회자는 여성 신도들 편에서의 감정적 전이를 성적 관심으로 오해하고, 이를 통한 성적 만남이 자신이 필요로 하는 정서적·자기 본위적 만족감을 가져다주리라고 착각한다.

이처럼 목회 사역이 조성하는 성적·심리적 환경이 목회자를 성적 비행으로 이끈다.

▽ 피해자의 문제점

성적 비행은 가해자가 표출하는 문제점만으로 그 모습을 충분히 드러내지 않는다. 동시에 피해자 편에서의 문제점 또한 성적 비행의 출현에 기여한다. 어떤 부류의 여성들이 목회자의 성적 행태에 희생되기 쉬운가? 목회 상담가인 스티븐 뮤즈J. Steven Muse는 네 가지 타입의 여성이 희생물이 되기 쉽다고 말한다.[15]

첫째 타입: '대체로 건강한' 여성이다. 그녀는 현재 자신이 겪고 있는 개인적 위기로 인해 목회자를 만나게 되었다. 그런데 그가 자신의 고통에 귀 기울여 주고 인격적 존재로서 대우

하는 것 때문에 그 목회자에게서 마음에 동경하는 남성상을 발견한다. 이런 여성이 처음부터 목회자와 성적으로 연루되기를 의도한 것은 아니지만 자칫 잘못하면 그렇게 될 수도 있다.

둘째 타입: 근친상간과 성적 폭력의 희생자였다가 극복한 타입의 여성이 해당된다. 이런 타입의 여성은 사랑과 성의 차원에서 개인적 경계선을 명확히 그을 능력이 현저히 감하되어 있다. 따라서 이들이 성적 비행을 자행하는 목회자와 만나게 될 경우 그 결과는 불을 보듯 뻔하다.

셋째 타입: '경계역境界域 인격 형성borderline personality organization'이라 불리는 증상을 가진 여성의 경우이다. 이들은 상대방에 대한 관계 형성이 매우 불안정한 상태이어서 어떨 때는 상대방에게 매혹되어 거의 굴종적으로 헌신하는가 하면, 그와 달리 배척받았다는 느낌이 들 경우에는 정반대로 태도를 바꾸어 복수 심리에 휩싸이기도 한다. 영화 〈치명적 매력Fatal Attraction〉의 여주인공을 떠올리면 금세 수긍이 갈 것이다.

넷째 타입: 마지막 범주에 속하는 이들은 중독 성향이 있거나 아니면 "지나치게 사랑을 많이 하는 여성들"이다. 이들은 건전한 자아상이 결여되어 있어서, 아무리 사랑을 많이 받아도 여전히 자기긍정이 이루어지지 않은 어린아이들과 비슷하다. 그 결과, 이 여성들은 자신과 다른 이들로부터 권세자로 인정을 받는 남성들(목회자)에게 끌리곤 한다. 그런데 이들은 이런 남성들로부터 끊임없이 인정을 받고자 하기 때문에 어떤

남성도 이들의 기대를 온전히 충족시켜 줄 수 없다.

　이렇듯 다양한 타입의 여성들이 알게 모르게 성적 비행의 희생자가 되는 것이다.

성적 비행의 과정

▽　네 가지 계기

　성적 비행은 복잡한 상황 속에서 다양한 형태로 이루어지지만, 하나의 과정으로 설명할 수 있는 패턴이 감지되기도 한다. 다음은 그 과정을 묘사한 것이다.

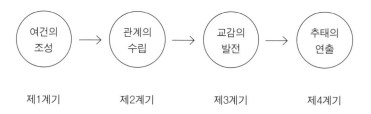

　이상의 네 가지 계기가 명확히 맺고 끊어지는 단계의 성격을 가진 것은 아니지만, 분명히 목도되는 현상임에는 틀림

이 없다. 즉 앞의 계기가 없이 그다음의 계기가 나타나지는 않는다는 뜻이다.

▽ 어느 일탈의 사례

상담 전문가인 K 목사는 자신이 설립한 연구소를 통해 벌써 십수 년째 '평신도 지도자 상담 코스'를 운영하고 있다. 그의 명쾌한 강의 스타일과 현장 경험에서 쌓은 통찰력 때문에 상담에 관심 있는 사람들 사이에서 그의 코스는 언제나 인기 있는 아이템으로 주목을 받아 왔다. 한 가지 불리한 점은 K 목사의 성적 스캔들이었다. 2-3년 전 어느 코스 수강생과 불미스러운 관계를 맺었다는 것이었다. 심지어 그런 일이 그 이전에도 있었다는 소문도 떠돌았다. 한동안 이 문제로 시끌벅적했었는데, 어쨌든 그는 자신의 결백함을 공적으로 표명했고, 비록 미심쩍은 구석이 없는 것은 아니지만 그의 상담 코스는 역경(?)을 딛고 일어나 다시금 호황을 누리게 되었다.

K 목사는 이번 제14기 상담 코스에 등록한 12명의 수강생 가운데 어느 한 인물에게서 눈길을 떼지 못하고 있었다. 자신을 S 집사로 소개한 이 여성은 성적인 매력뿐만 아니라 수강하는 첫 시간부터 기대감 넘치는 열성적 태도로써 K 목사의 마음을 사로잡았다. 강의 이후의 질의응답 시간이든 그룹 토의 결과를 발표하는 순서이든, 그녀는 일관성 있게 적극적이고 탐구적이었다. 심지어는 강의 이후에도 혼자 남아 K 목사에게

개인적으로 질문을 할 정도였다.

K 목사가 그녀와 본격적 의미에서 사적인 이야기를 나눈 것은 16주 코스의 상반기가 끝날 때쯤이었다. 코스 중간에 어느 한 주가 친교 시간으로 할당되어 있었는데, 이는 공식적 강의 대신에 강사와 수강생끼리 또 수강생 서로 간에 대화의 기회를 주기 위함이었다. 그런데 친교 모임이 있던 날 날씨가 궂어서인지 평소보다 참석자가 반이나 준 데다가 나머지 인원들도 사정이 있다면서 일찌감치 떠나는 바람에, K 목사는 혼자 남은 S 집사와 더불어 그들만의 시간을 가질 수 있었다.

S 집사는 아주 어릴 적에 친척 남성에게 성추행을 당했었다. 기억에 떠올리고 싶은 일은 아니었지만, 그렇다고 해서 이것이 무슨 성심리적 상처로 발전한 것은 아니었다(그렇게 믿고 있었다). 결혼 생활 가운데 현저히 드러나는 문제점은 없었지만, 남편과의 관계에서 소통이나 대화가 친밀하게 이루어지지도 않았다. 어느 날 그녀는 어린 시절의 성 경험과 후일의 성격 발달 사이에 자신이 인식하는 것 이상으로 밀접한 관계가 있다는 전문가의 이야기를 들으며 자신을 돌아보지 않을 수 없었고, 급기야 상담에 관심을 갖게 되었다. 남편 또한 모태 신앙인이기는 했지만 아내인 자신의 말을 경청하거나 수긍과 인정을 표하는 성격은 아니었기 때문에, 결국 S 집사는 밖으로 겉돌다가 이렇게 상담 코스에 등록을 한 것이었다.

그날 K 목사는 자신의 마음에 꽁꽁 묻어 두었던 S 집사의 이야기를 하나도 빠뜨리지 않고 들어 주었고, 상담 훈련에 대한 S 집사의 열의와 적극적 자세를 높이 치하했다. K 목사 역시 자신의 아내가 상담에 대한 자기의 열정을 충분히 이해해 주지 못하기 때문에 외로울 때가 있다고 밝혔다. 그러고 나서 K 목사는 그녀에게 상담 코스의 도우미 역할을 맡아 달라고 부탁을 했다. 매 코스마다 도우미가 한 명씩 필요한데 기존의 도우미가 개인 사정상 도중하차를 했기 때문에 자리가 비어 있다는 설명이었다. S 집사는 아주 내키지는 않았지만 K 목사의 설득과 권유에 못 이겨 승낙을 했다.

이후 S 집사는 뻔질나게 K 목사를 만났다. 도우미의 책임 때문에 K 목사의 근무 시간 이후에 연구소 사무실에서 함께 시간을 보내는 기회도 늘어났다. 서로 의논하고 의견을 교환하고 개인의 처지를 나누는 일도 빈번해졌다. 어떤 때는 함께 손을 잡고 기도를 했다. 그러다가 상담 코스가 끝난 직후 두 사람 사이에는 돌이킬 수 없는 사태가 발생하고 말았다. 둘 사이에 형성된 감정적이고 심리적인 유대감이 더 이상 견디기 힘든 성적 유혹의 기회로 작용한 것이다!

K 목사와 S 집사의 성적 비행에서 우리는 앞에서 언급한 네 가지 계기를 찾아볼 수 있다.

제1계기[여건의 조성]: K 목사와 S 집사 사이에는 성적 비행이 이루어질 만한 여건이 여러 가지로 조성되고 있었다. 우선 개인의 성심리적 여건이 마련되었다. K 목사는 성적 비행의 전력이 있고(그는 강탈형 가해자 유형에 좀 더 가깝다), S 집사는 어릴 적의 성적 불행에다 친밀하지 않은 부부 관계로 문제를 안고 있었다. 그러다가 '평신도 지도자 상담 코스'라는 물리적 환경이 두 사람을 만나게 하는 결정적 조건을 제공한 것이다.

제2계기[관계의 수립]: K 목사와 S 집사는 강사와 수강생의 신분으로 공식적인 관계가 시작되었다. 그런데 S 집사가 상담에 대해 보이는 열의와 적극성 때문에 그녀에 대한 K 목사의 관심은 급속히 개인적인 관계로 발전해 나갔다. 비록 따로 만나지는 않았지만 이미 두 사람의 마음속에는 둘만의 배타적인 관계가 형성된 것이나 마찬가지였다.

제3계기[교감의 발전]: 성적 비행으로의 과정에 중요한 계기가 된 것은 친교 모임에서 나눈 대화와 교류였다. 비록 그 이전에 두 사람이 상대방에 대해 공감 의식을 보유하고는 있었지만, 그것은 어디까지나 각자의 내면에 국한된 것이었다. 그런데 일단 서로가 대면한 가운데 상대방의 장점을 인정하고 그것이 자신에게 주는 의미를 나누었을 때, 급기야 둘 사이에는 진한 교감交感의 상태가 마련된 것이다. 이러한 교감은 여차하면 부적절한 성적 합일을 촉발할 정도로 강력히 작용하는 법이다.

제4계기[추태의 연출]: 상대방에 대한 심리적·정서적 교감이 깊어진 두 남녀 사이에서 머지않아 성적 일탈의 사태를 목도하리라는 것은 지극히 자연스러운 추론이요 예측이다. 바로 그런 일이 상담 훈련 코스 직후에 발생한 것이었다. 두 사람이 이 일을 아무리 미화하고 합리화한다 할지라도 결국 이것은 성적 비행이요 도덕적 문란 행위이다.

성적 비행자에 대한 대책

성적 비행의 문제를 어떻게 다루어야 할지 본격적 대응책을 논하고자 한다면, 연관 당사자들로부터 시작하여 직간접적 피해자들 및 교회 기관들까지 거론하지 않을 수 없을 것이다.[16] 그러나 이 짧은 글에서 응분의 대책을 포괄적으로 기술한다는 것은 거의 불가능한 일이다. 따라서 여기서는 성적 비행의 가해자인 목회자에게만 초점을 맞추어—그것도 선별적으로[17]—대책을 이야기할 것이다. 네 가지 항목을 언급할 터인데 이 조치는 주로 예방적 성격을 띤 대책들이다.

(1) **교단이나 상위 기관은 목사 후보생을 최종적으로 인준하기 전에 성적 비행과 연관한 사전 교육을 실시해야 한다.** 현재 대부분의 교단에서는 목회자 훈련생들이 안수를 받기 전에 그들을 대상으로 교육과 훈련을 시행하고 있다. 교단에 따라 차이가 있겠지만 주로 소명과 교회 정치 및 신학적 소양을 되짚어 보는 것으로 최종 검토가 이루어진다. 바로 이러한 점검 항

목에 '성적 비행'에 대한 지침까지도 포함시켜야 한다는 것이다. 즉 목회자들이 올바로 인식해야 할 성적 비행의 내용과 문제점이 무엇인지, 성적 비행이 발생하는 상황과 요인은 무엇인지, 성적 비행을 예방하는 데 필수적 조치는 무엇인지 알리고 전달하고 목회적으로 준비시키는 것을 의미한다.

물론 한국 교회는 성적 비행의 문제를 아직껏 심각히 받아들이지 않기 때문에 이에 대한 공식 문건이나 지침서 작성의 필요성 또한 절감하지 못하고 있다.[18] 그러나 이 문제는 앞으로 커지면 커졌지 수그러들지 않을 것이므로 교단의 준비는 불가피할 것이다. 교단과 상위 기관은 이런 노력을 통해 문제가 있다고 판정되는 이들의 안수를 유보하든지, 아니면 심지어 거부해야 한다.

(2) **목회자 자신이 하나님 앞에서 부지런히 자신을 살피고 점검하되 성적 유혹과 싸우는 면에서 그리해야 한다.** 목회자는 무엇보다도 하나님의 소명을 받은 존재이다. 그는 양 떼로 상징되는 교우들의 유익과 안녕을 위해 목숨을 버리도록 부르심을 받았다. 교우들을 사랑하고 돌보는 이는 결코 그들에게 해악을 끼치고 불행과 고통을 씌우지 않을 것이다. 이것은 성적인 면에서도 마찬가지이다. 교우들을 희생적으로 돌보려는 목회자는 특히 여성 교우들을 인격적 존재로 대우하고 언제 어디서나 결코 성적 만족의 수단으로 격하시키지 않을 것이다.

물론 목회자 역시 남성이므로 특정한 여성 교우에 대해

성적 매력을 느끼고 유혹을 받는 수도 있을 것이다. 목회자는 이때 자신의 연약함과 부족함을 하나님께 아뢰고 도움을 구해야 하며, 죄에 빠지지 않도록 지켜 주십사 간절히 하나님께 매달려야 한다. 만일 이러한 내적 경건의 끊임없는 노력이 등한시되면, 마음은 점증하는 성적 공상과 욕구의 온상으로 둔갑할 것이고, 조만간 그 누구도 예측할 수 없는 불행의 사태를 초래할지도 모른다.

(3) 목회자는 배우자와 더불어 친밀한 부부 관계를 유지해야 한다. 부부 관계의 근본적 특징은 '한 몸 됨'^{창 2:24; 엡 5:31}에 있다. 남편과 아내가 한 몸을 이룬다는 것은 둘 사이에 최소한 신체적·성적·심리적 친밀성이 확보되어야 한다는 뜻으로 이해할 수 있다. 부부가 서로 간에 신체적으로 성적으로 심리적으로 친밀하지 않으면 참된 의미로서의 부부는 아닐 것이다.

부부 사이의 이러한 총체적 친밀성[19]은 빈번한 의사소통과 솔직한 대화를 통해서 유지된다. 남편과 아내는 여러 가지 사안에 대해 대화하고 의견을 나누어야 하지만, 특히 부부 사이의 성적 경험과 깨달음 면에서도 원활한 소통과 교류가 있어야 한다. 심지어는 각자가 겪는 성적 시험이나 어려움까지도 함께 나눌 수 있을 때 '한 몸'으로서의 친밀성과 일체감이 크게 고양될 것이다. 부부 간의 이러한 친밀성이 증대하면 할수록 목회자 편에서 성적 비행을 저지를 가능성은 상대적으로 줄어들 것이다.

(4) **목회자는 성적 유혹과 관련하여 자기 나름대로의 철칙을 고수하는 것이 필요하다.** 인간은 아무리 위대해도 범죄를 저지르기 쉬우며, 특히 성적인 방면에서는 더욱 그렇다. 따라서 성적 유혹과 싸우기 위해서는 때로 다소 경직되거나 율법주의적으로 여겨진다 할지라도 자기 나름대로의 원칙을 수립하고 지켜 나가는 것이 바람직하다.

다음의 다섯 가지 항목은 어떤 목회자가 수립한 도덕적 울타리moral fence이다.[20]

- 나는 어떤 상황에서도 나의 아내나 직계가족이 아닌 여성과 더불어 차에 동승하지 않을 것이다.
- 나는 문을 닫고서든지 혹은 1회 이상으로 여성을 상담하지 않을 것이다.
- 나는 호텔에 혼자서는 투숙하지 않을 것이다.
- 나는 내 아내가 있을 때에나 그렇지 않을 때에나 내 아내에 대한 나의 애정을 빈번히 그리고 공적으로 표명할 것이다.
- 목회자로서 여성 교우에게 찬사를 표할 내용은 머리 모양이나 옷에 대해서가 아니라 성품이나 품행에 대해서이다.

물론 모든 사람이 이상의 규칙을 채택해야 하는 것은 아니고 꼭 다섯 가지에 국한시키라는 것도 아니다. 그러나 모든 목회자는 이와 비슷한 자기 나름대로의 규칙을 설정하고 지키는 것이 필요하다. 이렇게 상황에 잘 맞는 규칙을 설정하여 자발적으로 지켜 나갈 때 목회자들은 성적 유혹과의 싸움에서 승리할 수 있을 것이다.

성적 비행의 문제는 결코 다른 이들만의 이야기가 아니다. 우리 모두는 잠재적인 성적 비행자이다. 이런 점에서 "그런즉 선 줄로 생각하는 자는 넘어질까 조심하라"고전 10:12라는 성경의 경고와 권면은 목회자인, 바로 당신과 나를 향한 것이다.

IV

목회 사역의 여러 이슈들

13. 그들은 왜 교회를 떠났을까?

가나안 성도 현상

·

·

    사람들이 교회를 떠나고 있다. 안타깝고 괴로운 일이다. 복음에 대해 전혀 무관심하고 반응을 하지 않는 이들도 있지만, 한때 교회를 다니다가 **안 나가**(거꾸로 하면 **가나안**)는 '가나안 성도' 수가 급증하고 있다. 과거 1970-80년대에는 교회가 수적 성장에 겨워 값싼 승리주의에 도취되곤 하더니, 21세기에 들어서 사반세기를 내다보는 오늘날에는 만연한 패배주의 때문에 엄청 주눅이 들어 있다. 교회 목회자들, 청년부 사역자들, 선교 단체 지도자들의 어조와 어투는 힘없이 밑으로 잦아들고, 불안과 염려의 짙은 음영이 그들의 시선과 눈매에 배어들어 있다.

'가나안' 성도라는 명칭은 이구동성으로 1971년 8월 〈씨 올의 소리〉에 등장한 함석헌의 언급에서 그 기원을 찾는다.[1] 그런데 '가나안 성도'라는 명칭도 두 가지로 풀이될 수 있는데, 우선 가나안 땅을 향해 떠나 이스라엘 백성처럼 새로운 교회, 이상적인 교회를 찾아다니는 사람들을 일컫는다. 또, 의도적으로 기성 교회를 거부하며 교회를 떠난 사람들을 가리키기도 한다.[2] 어쨌든 이 두 그룹의 공통점은 과거의 교회를 이탈해 그런 공동체에의 소속 및 출석을 중단하고 있다는 사실이다.

　가나안 성도의 수가 얼마에 달하는지는 정확히 알 수가 없다. 다만 2005년에 실시한 "인구주택 총조사"에서 개신교 인구가 860여만 명으로 밝혀졌고, 2013년 '한국기독교목회자협의회(한목협)' 조사에 나온 대로 10.5퍼센트의 기독교인이 교회에 출석하지 않는다는 사실[3]을 감안할 때, 가나안 성도는 아마도 86만 명에서 100만 명 정도가 되지 않을까 싶다.[4] '한목협'은 2017년 9-10월에도 같은 조사를 실시했는데, 가나안 성도의 비율이 무려 23.3퍼센트인 것으로 밝혀졌다.[5] 이것을 2015년 인구 센서스에서 파악한 개신교 인구 967만 6,000명에 대입하면 가나안 성도는 약 226만 명에 이른다.

　그런데 이러한 상승 추세는 불행하게도 멈출 줄을 모른다. 역시 '한목협'이 2022년 2-11월 사이에 조사한 통계에 의하면, 가나안 성도의 비율은 29.3퍼센트로 늘어났다. 2023년 1월 현재 우리나라 총 인구를 5,143만 명(행자부 주민 등록 인구

통계)으로 보고, 이 중 개신교인이 15퍼센트인 점(한국 갤럽 2022년 종교 분포 조사)을 감안하면, 개신교인은 약 771만 명이 된다. 그 가운데 가나안 성도의 비율이 29.3퍼센트이니까 숫자로는 226만 명이 된다.[6] 현재 가나안 성도는 약 226만 명으로, 수효로만 따지면 2015년이나 2023년이나 차이가 없다. 그러나 개신교 인구가 967만 명(2015년)에서 771만 명(2023년)으로 줄어든 사실을 고려할 때, 가나안 성도의 비율은 엄청나게 늘어난 셈이다.

가나안 성도 현상의 원인

그리스도인들이 가나안 성도의 길을 걷는 이유는 어느 정도 소상히 밝혀져 있다. 어떤 이는 '숨 막힘' → '위선' → '분쟁', 이 세 가지가 교회 이탈을 초래하는 단계적 요인이라고 말한다.[7] 또 다른 이는 여러 가지 이유들 중에서도 '강요받는 신앙', '소통의 단절', '신앙과 삶의 불일치'를 주된 요인으로 소개한다.[8]

여기서는 가나안 성도 현상의 원인을 좀 더 넓은 맥락에서 파악하고자 한다. 즉 이 현상을 촉발시킨 근본 원인을 세 가지 항목의 마음 상태, 즉 '개인주의', '세속화', '교회 염증'에

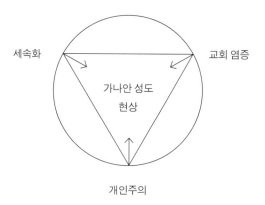

서 찾아보려고 한다. 위의 도표는 이 내용을 도식화한 것이다.

'개인주의'는 개인과 공동체에 대한 관점을 뜻하고, '세속화'는 세상의 환경이 끼친 가치관을 말하며, '교회 염증'은 제도적 교회에 의해 야기된 심적 상태를 의미한다. 이 항목들은 서로 간에 영향을 주고받는데, 특히 개인주의와 세속화 사이에는 긴밀한 연접 관계가 존재한다. 이제 각각의 원인을 하나씩 살펴보자.

▽ **개인주의**

'개인주의'는 역사적 뿌리가 깊고 다양한 의미를 가진 포괄적 용어umbrella term이다. (이 용어에 대해서는 이 책 9장을 참고하라.) 여기에서는 편의상 "인간의 자기 파악과 표현, 삶의 방식, 공동체에 대한 이해와 참여에서 개인의 주체성, 곧 존재·인식·

판단·결정 등을 강조하는 입장"[9]으로 '개인주의'를 정의하고
자 한다.

어떻게 하여 개인주의가 사람들의 심령 속에 뿌리를 내리
게 되었는가? 원래 한국은 유교적 가족주의familism 형태의 공
동체주의communitarianism를 지향하지 않았던가? 그렇다. 그러
나 한국인의 공동체주의적 태도는 1970-80년대를 거치며 크
게 변모되었으니 이른바 개인주의적 경향의 가속화 때문이었
다. 이러한 사회적 변동은 한국 교회의 생태에도 지대한 영향
을 미쳐서 이제 그리스도인들은 교회에 대한 태도, 목회자에
대한 태도, 그리스도인 자신에 대한 태도 면에서 전과는 다른
모습을 띠고 있다.

이미 앞에서도 지적한 바 있지만, 그리스도인들은 우선 가
정이나 직장을 중요시하여 교회를 과거처럼 최우선적 공동체
로 여기지 않게 되었고[준準집단주의], 목회자에 대해서도 무조
건적/전면적 순종이나 권위 수용이 아니라 실질적으로 권위를
인정할 만한 근거에 입각해 비판적 선별 방식을 취하고 있으
며[탈脫권위주의], 자신을 더 이상 공동체적 맥락이나 공동체
구성원들과의 관계에서 파악하지 않고 오히려 자아를 논리적
으로나 심리적으로나 우선으로 하여 모든 신앙생활을 꾸려 나
간다[선先자아주의].[10]

오늘날에는 개인주의적 경향이 더욱 심화되어 교회에 대
한 태도가 준집단주의에서 '무無집단주의'로, 목회자에 대한 태

도 또한 탈권위주의에서 '반反권위주의'로, 그리고 자신에 대한 태도 역시 선자아주의에서 '과過자아주의'로 전이하고 있다. 이 때문에 교회로부터의 이탈과 탈교를 당연시하게 된 것이다.

▽ 세속화

일반적으로 '세속화世俗化, secularization'란 종교적 가치와 제도에 밀착된 하나의 사회가 비종교적인 가치와 제도로 변모하는 현상을 뜻하지만, 세부적으로 들어가 보면 이 역시 복잡하기 짝이 없고 여러 이론들에 따라 의미가 크게 달라지는 다면적 용어이다.[11] 여기서는 세속화의 여러 용례[12] 가운데 개개인의 정신 상태를 묘사하는 경우에 초점을 맞추어 설명을 이어 가겠다. 이 경우, 세속화란 어떤 개인의 "관심이 궁극적(종교적) 사안으로부터 준궁극적 사안으로 크게 바뀌는 '관심사적 전환shift of attention'"[13]을 의미한다. 구체적으로 예를 든다면, 사후의 운명에 대한 관심은 미미해지고 현실적 삶에서 누리는 실질적 가치에 훨씬 더 마음이 쏠리는 식의 세속적 정신 상태가 이에 해당한다.

이런 의미의 세속화 경향은 서구에서뿐만이 아니고 한국 사회와 개개 구성원들 사이에서도 뚜렷이 목도되곤 한다. 1970-80년대 한국 교회의 흥왕과 발전은 여성들의 대거 참여에 힘입은 바 크다. 그러나 오늘날은 과거에 비해 교회 봉사에 투신하는 여성들이 현저히 줄어들었다. 혹자는 그 이유를 여성들의 사회 진출에서 찾는다. 이제는 여성들도 전문직 종사자들이 되었기 때문에 시간을 내기가 힘들어 전처럼 왕성한 교회 봉사를 할 수 없다는 것이다. 일리가 있는 설명이다.

그러나 오늘날 정식으로 직장을 다니거나 사회에 진출하지 않은 여성들 역시 교회 봉사에 힘을 쏟고 있지 않는 현황에 대해서는 무슨 말을 할 것인가? 이들 중 상당수는 자신의 남은 시간을 크고 작은 경제 활동에 투입한다. 아이들의 사교육비든 집안 살림을 돕는 것이든 경제적 여유를 염두에 두고 이모저모로 일을 하는 것이다. 심지어는 그런 일을 하지 않는 여성들의 경우에도 교회 봉사보다는 각종 자기 계발 프로그램이나 피트니스 클럽, 여러 가지 교양 강좌와 취미 활동에 시간을 쏟는다. 이것은 개인의 삶에서 종교가 차지하는 비중이 현저히 약화되었음을 보여 주는 증거로서, 분명코 세속화의 증상이다.

세속화와 개인주의는 이웃사촌이라 할 정도로 관계가 긴밀하다. 개인주의적 경향이 심화될수록 세속화의 추세는 가속화된다. 세속화의 여파가 점점 힘을 얻으면 교회 봉사 기피는 말할 것도 없고 교회 생활의 중단이나 이탈로 이어지기도 한다.

Ⅴ 교회 염증

교회 염증ecclesial aversion은 누구나 짐작하다시피 제도적 교회에서 발생하고 공론화되는 비난거리와 빈축 사항들로 인해 교회에 대해서 갖게 되는 비호감이나 혐오심을 뜻한다. 교회에 대한 염증이나 비호감은 어제오늘의 일이 아닌 오랜 적체 사안이며, 신자·비신자를 막론하고 공통적으로 표출하는 부정적 반응이다. 2013년 '한목협'은 20명의 크리스천 오피니언 리더들에게 심층 면접을 실시했다.[14] 거기에서 한국 교회 내부의 문제점으로 지적된 바는 '목회자 자질 및 리더십 문제'(9명), '세속화(물질주의와 성장주의)'(7명), '개교회주의'(6명) 등이었다.

세부적으로 들어가서, 목회자와 연관해서는 '그릇된 목회 태도'(권위주의와 교권주의로 인한 비상식적이고 비민주적인 교회 운영), '부족한 자질'(신학적 깊이와 리더십 부족, 언행 불일치, 소통 및 공감 능력 부족), '잘못된 목회 목적 및 교회 구조 문제'(영성을 잃어버린 상태에서 경영자, 연예인, 개그맨을 닮아 가고자 함)가 거론되었고, 성도들의 경우에는 '정체성 상실로 인한 이원론적인 삶', '기복 신앙과 물질주의', '자기 편의적 신앙생활 추구', '듣기 좋은 설교를 맹목적으로 추종하는 일' 등이 문제점으로 부각되었다. 이 모두 교회 염증을 촉발하기에 충분한 면모들이다.

교회 염증의 증상은 개신교 이외의 종교인들 및 비신자들에게서도 명백히 감지된다. 2020년 '(사)기독교윤리실천운동'은 한국 교회에 대한 신뢰도를 조사했다. 1,000명의 표본 가운데 193명(19.3%)이 기독교인이었고, 나머지는 83명의 가톨릭교도(8.3%), 178명의 불교도(17.8%), 540명의 무종교인(54.0%), 그리고 6명의 기타 종교인(0.6%)이었다. 전반적 신뢰도는 31.8퍼센트밖에 되지 않는 낮은 비율로 나타났다(목회자 신뢰도는 30.0%, 기독교인 신뢰도는 32.9%였다).[15] 신뢰도가 이처럼 낮다는 것은 그만큼 교회 염증이 크다는 뜻이다.

한국 교회의 개선점으로 제기된 사안은 '불투명한 재정 사용'(25.9%), '교회 지도자들의 삶'(22.8%), '타 종교에 대한 태도'(19.9%), '교인들의 삶'(14.3%), '교회의 성장 제일주의'(8.5%)였다.[16] 목회자의 개선점으로는 '윤리/도덕성'(51.5%)이 월등히 높았고, 뒤이어 '물질 추구 성향'(14.5%), '사회 현실 이해/참여'(12.1%), '교회 성장주의'(6.4%), '권위주의'(6.0%), '리더십'(4.8%) 등이 나타났다.[17] 또 기독교인의 사회생활과 관련해서는 '남에 대한 배려 부족'(26.6%), '정직하지 못함'(23.7%), '배타성'(22.7%), '물질/성공주의'(16.3%), '사회에 대한 무관심'(6.8%)이 지적되었다.[18] 이렇듯 교회에 대해, 목회자에 대해, 일반 그리스도인들에 대해 개선점을 요구한다는 것은 교회 염증의 상태가 녹록하지 않음을 반영한다.

비신자, 그리스도인, 교계 지도자들이 모두 자기들 나름대로 교회 염증을 느꼈다면 가나안 성도들은 얼마나 더했겠는가? 그들의 이탈 행위를 기릴 수는 없을지 몰라도 충분히 이해가 간다. 그들로서는 점점 심해져 가는 교회 염증의 상태를 견디지 못하고 그 울타리를 뛰쳐나간 것이다.

지금까지 나는 가나안 성도 현상이 생기는 원인을 '개인주의', '세속화', '교회 염증'에서 찾았다. 사실 제도적 교회로부터의 이탈은 개인주의나 세속화만으로도 촉발이 가능하다. 그런데 이 두 가지 요인에 교회 염증이 부가적으로(그것도 정도가 심하게) 작용하는 바람에 한국 교회가 가나안 성도의 대거 이탈을 목도하게 된 것이다.

가나안 성도들을 돕는 방안

어떻게 가나안 성도들을 도울 수 있을까? 이에 대한 답변은 가나안 성도들의 이탈 현상에 대한 개인의 태도(비난? 수용? 동조? 등)와 가나안 성도들이 궁극적으로 어떻게 되기를 바라는지에 대한 목표(제도적 교회로의 귀환? 의기투합하는 가나안 성도끼리의 공동체 형성? 가나안 성도 개개인의 성향·욕구·필요에 따른 다양한 신앙적 활로의 구축? 자유롭고 자발적인 영성 그룹에의 느슨한 참여? 등)에 따라 크게 달라질 것이다.

이상의 방안들도 가나안 성도들을 돕는 데 의미를 부여하고 실효성을 나타내겠지만, 나는 조금 다른 성격의 방안을 모색하고자 한다. 그것은 가나안 성도 현상을 초래한 세 가지 원인, 즉 개인주의, 세속화, 교회 염증에 대응하는 식으로 도움의 길을 고려해 보는 것이다. 따라서 여기에서 말하는 '도움'이 꼭 가나안 성도가 원하는 대로의 승복이 아닐 수도 있다. 단지

이 세 가지 원인 하나하나에 초점을 맞추어 대응 방안을 강구
하는 것이 주된 목표이다.

V   개인주의와 가나안 성도들에 대한 도움

(1) 개인주의에 대한 심층적 탐구

앞에서 이미 개인주의의 정의를 언급했지만, 이것만 가지
고는 개인주의와 가나안 성도 현상 사이의 관계를 파악하기가
어렵고, 가나안 성도 현상의 합당성을 판정하는 것 또한 난관
에 봉착한다. 따라서 개인주의와 더불어 몇 가지 연관 개념을
함께 고려하는 것이 필요하다.

- **개인**個人, individual: 국가나 사회, 단체 등을 구성하는 낱낱의
  사람.[19]
- **개체성**個體性, individuality: 개인으로서의 주체적·독자적 속성.[20]
- **이기주의**利己主義, egoism: 다른 사람이나 사회 일반에 대해서
  배려하지 않고 자신의 이익이나 행복만을 고집하는 사고방식.
  또는 그러한 태도.[21]
- **공동체**共同體, community: 운명이나 생활, 목적 등을 같이하는
  두 사람 이상의 조직체.[22]
- **공동체주의**共同體主義, communitarianism: 자유주의 정치 이론 고
  유의 것으로 이야기되는 개인주의를 배척하고, 사회를 단지 개
  인의 자유와 자기 결정을 보호하고 장려하기 위한 것으로 보는

입장에서는 접근할 수 없는 집합적 성격의 가치와 목표 — 예를 들어, 문화적·국가적 가치들 — 를 강조하는 사회·정치 이론.[23]

- **전체주의**全體主義, totalitarianism: 개인은 민족이나 국가와 같은 전체의 존립과 발전을 위해서만 존재한다는 이념을 바탕으로 개인의 자유와 권리를 억압하고 정부나 지도자의 권위를 절대 화하는 정치사상 및 정치체제.[24]

이들 개념 가운데 먼저 유의해야 할 바는 '개체성'과 '개인주의'를 구별하는 일이다. 개체성은 개인이 갖는 개별자적 특성이기 때문에 언제나 합당하고 성경으로부터도 인증을 받을 수 있는 개념이다.[25] 교회가 공동체이고 그리스도인이 공동체주의적 관점을 유지하는 것이 마땅하지만, 동시에 공동체주의가 전체주의(혹은 불건전한 집단주의)로 퇴행하지 않으려면 각 그리스도인의 개체성을 인정하고 주장하는 일 또한 함께 강조되어야 한다. 이처럼 개체성은 누구나 인정해야 하고 언제나 장려되어야 하는 합당한 개념이다.

그러나 개인주의는 다르다. 개인주의는 그 자체로서 합당성 여부가 결정되지 않고 그 성격이 어떠한가에 따라 합당하지 않은 형태의 개인주의(자기중심적 개인주의)와 합당한 형태의 개인주의(자기통제적 개인주의)로 나누어 볼 수 있을 것이다. '자기중심적 개인주의'는 개인의 책임보다 개인의 권리를 앞세우고, 타인의 권리는 무시하거나 백안시하는가 하면, 또 공동체

에 대한 무관심을 특징으로 한다. 반면 '자기통제적 개인주의'
는 개인의 권리보다는 책임을 우선시하고, 타인의 권리를 인
정·존중하며, 공동체적 가치 또한 배제하지 않는다.

자기중심적 개인주의는 개인주의가 자기 편의주의, 이기
주의, 자기중심주의와 짝하거나 그런 경향으로 편중된 상태라
고 말할 수 있다. 교회 생활과 연관시켜 본다면, 다음과 같은
사항들이 자기중심적 개인주의의 표출로 판정이 된다.

- 교회가 집에서 멀다는 이유만으로 자주 주일 예배에 빠짐.
- 설교자의 메시지가 성경적이고 타당한데도 자신의 구미에 맞
  지 않으면 배척함.
- 생활이 전보다 윤택해졌음에도 불구하고 오히려 헌금액을 줄
  임.
- 취미생활과 여흥에 시간을 많이 쏟지만 교회 봉사는 거절함.
- 공동체 내 어려운 형편에 놓인 그리스도인을 돕는 데 전적으로
  무관심함.

반대로 자기통제적 개인주의는 개인주의가 자신의 책임,
타인의 권리, 공동체적 가치와 함께 발휘되므로 자기중심적
개인주의에서 목도되는 께름칙한 사항들을 삼갈 수 있다.

그렇다면 개인주의가 가나안 성도 현상의 원인이 된다고
할 때 그것이 결코 자기통제적 개인주의는 아니다. 그것은 자

기중심적 개인주의를 말한다. (물론 교회 이탈 현상이 세속화나 교회 염증의 원인으로도 촉발될 수 있기 때문에 꼭 개인주의를 고려해야 하는 것은 아니다. 그런데 이런 이탈 사례에 만일 개인주의가 개재되었다면, 그 개인주의는 자기통제적 개인주의가 아니고 자기중심적 개인주의라는 것이다.) 앞에서 말했듯 자신의 책임보다는 자신의 권리만 주장하고 타인의 권리를 중히 여기지 않으며, 공동체는 안중에도 두지 않는 개인주의(자기중심적 개인주의)는 얼마든지 가나안 성도 사태로 이어질 수 있다.

(2) 가나안 성도들 돕기

이제 개인주의와 가나안 성도 현상 사이의 관계를 어느 정도 명료히 정리할 수 있게 되었다. 어떤 그리스도인이 자기통제적 개인주의의 특징을 지닌 이라면 그가 개인주의자라고 해서 교회 이탈을 감행하지는 않을 것이다. (그럼에도 불구하고 그가 가나안 성도가 되었다면 그것은 세속화와 교회 염증 때문이다.) 반대로 그가 평소에 자기중심적 개인주의의 성향을 나타내는 이라면, 그 성향이 심화됨에 따라 얼마든지 교회 이탈을 시도할 수 있다는 것이다.

이렇게 자기중심적 개인주의 때문에 교회 이탈을 시도한 가나안 성도를 교회는 어떻게 도울 수 있을까? 이 경우 도움이란 오냐오냐하며 그의 행위를 인정하고 그의 입장을 비호하는 데 있지는 않다. 오히려 그로 하여금 자신의 자기중심적 개인주의에 직면하도록 계기를 마련하는 것이 그를 돕는 방안이다. 물론 이럴 때 그를 몰아붙이는 식으로 비난하고 정죄하지 않도록 조심해야 한다. 그의 자기 각성을 유도하기 위해 강압적 수단을 동원하는 것은 가나안 이탈을 더욱 조장하는 자극적 행태가 될 수밖에 없다.

여기서 하나의 방안으로 제시하고자 하는 것은 '비지시적 교육 전략'이다. 이것은 학습자가 스스로 자신의 문제를 규명하고 해결책을 강구해 나가도록 도움을 주는 방안이다. 예를 들어, '그리스도인의 자기 발견과 성숙'이라는 주제하에 두 형태의 개인주의를 소개하고 자신의 문제점에 직면하도록 유도하는 것이다. 그런데 이것은 평소에(가나안 성도 현상을 논하기 이전에) 교회에서나 기독교 모임에서 시도하는 것이 좋다. 요즘처럼 온라인 정보 자료가 많이 활용되는 상황에서는 직접적 대면 없는 교육 환경을 활용할 수도 있다.

물론 가나안 성도가 이런 수단을 통해 자신의 자기중심적 개인주의 경향을 깨달았다고 해서 교회 이탈을 청산하지는 않을 것이다. 그럴 리도 없고 또 지금 그것을 목표로 하는 것도 아니다. 그러나 자신의 신앙 여정에서 무엇이 문제점인지 인지하고 직면할 수 있다면, 그것만으로도 유익이 되지 않을까 싶다. 또 이것을 출발점으로 하여 신앙 여정의 진로를 수정하거나 전환하게 된다면 그 유익은 더욱 클 것이다.

Ⅴ   세속화와 가나안 성도들에 대한 도움

(1) 세속화한 행위: 두 범주로의 구분

세속화가 "개인의 관심이 궁극적(종교적) 사안으로부터 준 궁극적(비종교적) 사안으로 크게 바뀌는 관심사적 전환"에 대한 것임은 이미 앞에서 밝혔다. 그러한 전환의 구체적 예로서, 오늘날의 여성들이 과거의 여성들과 달리 교회 봉사[즉 종교적 사안] 대신 경제 활동, 취미 활동 등 일상적 활동[즉 비종교적 사안]에 착념하는 모습을 소개했다. 이러한 비종교적 행동/활동을 가리켜 '세속화한 행위'(혹은 세속화 행위)라 부르겠다.

그러면 이렇게 세속화한 행위, 즉 경제 활동이나 취미 활동 등에 참여하는 것이 왜 문제가 되는가? 만일 어떤 행위나 활동을 단지 비종교적이라는 이유 때문에 바람직하지 않은 것으로 여긴다면, 우리는 극단적인 이원론자로 낙인이 찍힐 것이다. 오히려 성경은 비종교적인 행위라도 하나님을 영화롭게 할 수 있다고전 10:31고 말하지 않는가? 그렇다면 비종교적인 행위가 어떤 경우에는 정당화되고 또 어떤 경우에는 정당화되지 못하는가? 그 기준은 무엇인가? 여기에서 가장 중요한 것은 행동의 '동기'(혹은 '목적')가 아닐까 싶다.

예를 들어, 젊은 회사원 A가 아침 출근 시 복음성가를 듣다가 클래식이나 팝송을 듣는 쪽으로 방침을 바꾸었다고 하자. 이것은 종교적 사안[즉 복음성가]으로부터 비종교적 사안[즉 클래식이나 팝송]으로의 전환이기 때문에 세속화한 행위라고 할 수 있다. 그런데 이러한 세속화 행위가 정당한지 정당하지 않은지는 그런 행위를 하는 이의 동기가 무엇이냐에 달려 있다.[26] 만일 A가 그런 음악을 바꾸어 듣는 동기가 바람직하면 그 세속화 행위는 정당한 것이요, 음악을 바꾸어 듣는 동기가 바람직하지 않으면 그 세속화 행위는 정당하지 않은 것으로 판정을 받게 된다. (이 점을 좀 더 명확히 파악하기 위해 다음의 도표를 참조하라.)

이처럼 A의 세속화 행위는 그 동기가 궁극적으로 하나님을 영화롭게 하느냐 아니냐에 따라 정당할 수도 있고 그렇지 않을 수도 있다는 것이다.

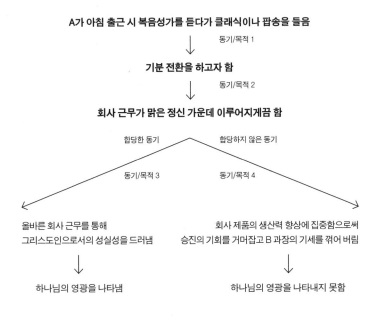

A가 아침 출근 시 복음성가를 듣다가 클래식이나 팝송을 들음

동기/목적 1

기분 전환을 하고자 함

동기/목적 2

회사 근무가 맑은 정신 가운데 이루어지게끔 함

합당한 동기   합당하지 않은 동기

동기/목적 3   동기/목적 4

올바른 회사 근무를 통해   회사 제품의 생산력 향상에 집중함으로써
그리스도인으로서의 성실성을 드러냄   승진의 기회를 거머잡고 B 과장의 기세를 꺾어 버림

하나님의 영광을 나타냄   하나님의 영광을 나타내지 못함

여기 또 다른 예로 주부 C의 경우도 고려해 보자. C는 최근에 카페를 새로 열었고 시간 사용의 문제에 부딪혀 월요일마다 교회에서 담당하던 선교관 봉사 책임을 내려놓게 되었다. 이 역시 명백히 세속화한 행위의 예이다. 그런데 C의 행위는 정당한가 정당하지 못한가? 이 경우에도 C가 수행한 행동의 동기가 어떠냐 하는 것이 중요한 관건으로 작용할 것이다. 만일 C의 동기가 바람직하다면 그의 세속화 행위 또한 정당한 것으로 판명이 날 것이요 C의 동기가 바람직하지 않다면 그의 행위 역시 정당하지 않은 것으로 간주될 것이다. 역시 도표의 도움을 받자.

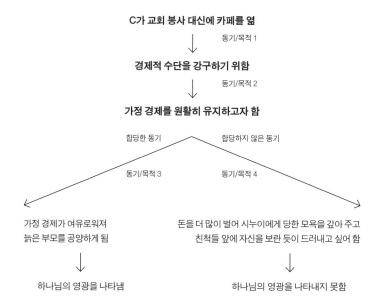

위에서 살펴본 바와 같이 C의 세속화 행위 또한 그의 마음 속 동기가 무엇이냐에 따라 하나님을 영화롭게 하는 합당한 행위로 판명이 날 수도 있고, 하나님의 영광을 가리는 부당한 행위로 규정될 수도 있다.

(2) 가나안 성도들 돕기

이제 우리 앞에 당면한 사안은, "그렇다면 가나안 성도의 교회 이탈 행위는 하나님 앞에서 용인될 수 있는가?" 하는 것이다. 이 질문에 대한 답변 역시 지금까지 다룬 방식을 좇아 판정 노력을 기울여야 한다. 우선 가나안 성도의 교회 이탈 행위는 세속화 행위이다. 이는 교회 출석[즉 종교적 사안]으로부터 일반인과 같은 생활 방식[즉 비종교적 사안]으로의 전환이기 때문이다.

그러면 이러한 세속화 행위는 용인이 될 수 있는 일인가? 이에 대한 판정의 관건은 그런 행위의 주체자가 어떤 동기에 의해 그 행위를 수행하는지에 달려 있다. 만일 교회 이탈자가 그럴 만한 동기를 가지고 있다면 그 행위는 (바람직하지는 않지만) 용인될 수 있을 것이고, 반대로 탐탁하지 못한 동기에 기초한 행위라면 용인될 수 없을 것이다.

결론적으로 말해서, 교회 이탈 행위는 서로 다른 두 가지 동기에 의해 유발될 수 있다고 생각한다(277쪽 도표 참조).

도표에서 보듯이 왼편의 동기로 인해 가나안 성도가 된 경우, 그의 교회 이탈은 어느 정도 동정을 얻을 수 있을 것이

276

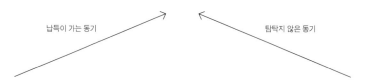

교회를 이탈하여 가나안 성도가 됨

납득이 가는 동기

탐탁지 않은 동기

기존 교회에 남아 있는 것이 하나님을 제대로 예배할 수 없게 만들고, 자신의 신앙과 영적 성숙이나 성도들과의 사귐에도 저해가 되기 때문에 잠정적이라도 떠나고자 함

기독 신앙의 가르침이 공허하게 느껴지고 지금까지의 신앙생활이 헛된 추구라는 생각이 들어 모든 기독교적 요소와 연을 끊고자 함

다. 그러나 오른편의 동기 때문에 가나안 성도가 된 경우, 그의 교회 이탈은 정당화되기가 어려울 것이다.

이러한 판정은 가나안 성도를 어떻게 돕느냐와 직결되어 있다. 탐탁지 않은 동기로 교회를 이탈한 이들에 대해서는 무언가 말을 많이 하기보다는 오히려 그들의 이야기를 진지하게 들어 주는 식으로 접근해야 할 것이다. 그들의 인생과 신앙 여정에 관심을 쏟고 궁금해하며 질문을 던지다 보면 그들과 좀 더 개인적으로 친밀한 관계를 형성할 수 있을 것이다. 여기에서 출발해 서로 간에 신뢰가 쌓이면 머지않아 대화와 의견 교환이 가능해지고 마음에 담긴 생각을 허심탄회하게 나누는 정도에까지 이를 것이다. 역시 이때의 목표도 (제도적 교회로의 복귀는 말할 것도 없고) 그를 회유하든지 견해의 변화를 촉구하는 것이어서는 바람직하지 않다. 그저 있는 그대로의 삶을 나누고 느끼는 마음의 소통이 중요하다.

납득이 가는 동기로 교회를 이탈한 성도들의 경우에는 좀 더 교육적 효과를 의중에 둘 수 있을 것이다. 역시 그들이 왜 과거의 교회에서 그토록 답답하고 힘들었는지(아마 이런 점에서 교회 염증이라는 원인 또한 개재되었을 수가 있다), 개인의 사정을 가능하면 소상히 파악하는 것이 필요하다. 이러한 교분이 깊어지면 깊어질수록 그가 지녀온 심리적 난점은 더 이상 난공불락의 장애 요인으로 남지 않을 것이다. 어쩌면 심지어 제도적 교회(과거의 교회는 아니라 하더라도 훨씬 더 건전하고 건강한 다른 교회)로의 복귀조차 고려하게 될지 모른다.

▽ 교회 염증과 가나안 성도들에 대한 도움

모르면 몰라도 가나안 성도 현상의 가장 큰 원인은 교회 염증일 것이다. 교회 염증이란 역시 글의 앞부분에서 언급했듯 "제도적 교회에서 발생하고 공론화되는 비난거리와 빈축 사항들로 인해 교회에 대해서 갖게 되는 비호감이나 혐오심"을 말한다.

(1) 교회 염증의 구성 내용

교회 염증을 촉발하는 요인들은 목회자에 대한 사항과 교인들에 대한 사항으로 나누어 볼 수 있다.[27] 우선, '목회자에 대한 불만 내용'이다.

- 돈과 명예에 대한 과도한 집착(성장주의 일변도의 목회 방침, 지나친 헌금 강조 등)
- 자질 부족(신학적 깊이·리더십·소통 능력의 부족)
- 언행 불일치(저조한 윤리/도덕성)
- 권위주의적 태도(몰상식적·비민주주의적 교회 운영)

또 '교우들에 대한 불만 내용'은 다음과 같다.

- 교회 내에서의 관계(교우들 간의 분란·형식적 관계·배타성)
- 교회 밖에서의 비도덕적인 삶(정직하지 못함, 남에 대한 배려 부족, 배타성)

(2) 가나안 성도들 돕기

가나안 성도 현상의 원인으로서 교회 염증은 개인주의나 세속화의 경우와 달리 그 원인의 소재가 좀 더 외부적이고 성격이 좀 더 객관적이다. 그러므로 교회 염증의 각도에서 가나안 성도들을 돕는다는 것은, 교회에 대해 염증을 일으킨 구체적 사항들이 변화나 개선의 과정을 통해 없어지거나 경감되는 것을 뜻한다. 다시 말해 바로 위에서 말한 '목회자에 대한 불만 사항'과 '교인들에 대한 불만 사항'의 척결이 가나안 성도들을 돕는 최선의 방안이라고 할 것이다.

교회 염증의 척결을 위해 목회자/지도자들은 네 가지 사항에

서의 노력이 요구된다.

첫째, 목회자는 지도자 특유의 탐심과 싸워야 한다. 탐심
은 우상 숭배골 3:5라서 모든 그리스도인이 경각심을 가질 대상
이지만, 이것은 특히 목회 사역을 담당하는 지도자들의 경우
에 더욱 그러하다. 이미 믿음의 선배들이 밝힌 것처럼 목회자
는 돈·성·권세를 근간으로 한 탐심에 취약하다. 그 가운데 명
예에의 집착은 성장주의 일변도의 목회 철학을 통해서, 또 돈
에의 욕심은 교회 재정의 충당(해마다 커져 가는 교회 예산을 위한
집요한 헌금 수금 전략)이나 개인적 착복(목회자가 교회의 공금을 자
의적으로 사용하는 일)을 통해서 나타난다.

먼저 목회자는 자신이 책임을 맡은 교회나 사역지가 근본
적 의미에서 하나님의 소유임을 수시로 인정해야 한다. 뜻이
하늘에서 이루어진 것같이 땅에서도 이루어지기를마 6:10 진심
으로 원한다면, 교회의 주재主宰가 바로 하나님과 그리스도이
신 것을 한시라도 잊어서는 안 된다. 이러한 하나님 나라의 정
신이 목회자를 휩쌀 때 성장주의 일변도의 목회 철학과 방침
은 설 자리를 잃을 것이다.

바울은 자기 자신이 자족하기를 배웠을빌 4:11-12뿐 아니라
목회자로 세움 받은 디모데에게도 자족을 중요한 덕목으로 강
력히 권면하고 있다딤전 6:6-10. 만일 목회자로 부름을 받았다고
하면서 돈을 사랑하는 경향으로부터 자신의 마음을 지키지 않
는다면, 그의 소명 의식은 그렇게 소홀한 정도만큼 자기기만

적인 것이다. 목회자와 탐심은 함께 갈 수 없다. 그것이 명예에 대한 것이든 돈에 대한 것이든 말이다.

둘째, 목회자는 끊임없이 자기 발전을 꾀해야 한다. 목회자의 자질은 정체적 사안이 아니다. 즉 어느 시점에서 평가할 때 자질이 갖추어졌다고 해서 그것이 항구적으로 실효성을 발휘하는 것은 아니라는 말이다. 혹시 과거에 좋은 자질을 갖춘 것으로 인정되었다고 해도 계속해서 자기 발전의 노력을 기울여야 한다. 하물며 과거에 자질이 충분히 구비되지 않은 목회자의 경우는 어떻겠는가?

역시 바울은 아직 경험이 적은 디모데에게 "이 모든 일 [말·행실·사랑·믿음·정절 면에서 본이 되는 것, 읽는 것과 권하는 것과 가르치는 것에 전념하는 것, 자신에게 허락된 은사를 계발하는 것 등]에 전심전력하여 너의 성숙함을 모든 사람에게 나타나게 하라"**딤전 4:15**라고 권면했다.

따라서 모든 목회자는 목회자로서의 자질 향상을 위해 끊임없이 힘써야 한다. 신학적·목회적 연장 교육을 받고, 리더십 계발 세미나 등에 참여하며, 설교·공적 연설·개인 대화 등에서 명료한 커뮤니케이션을 할 수 있도록 강도 높은 훈련을 받아야 한다.

셋째, 목회자는 높은 수준의 도덕성을 유지하여야 한다. 한국의 그리스도인들이 윤리 실천의 면에서 저급하다는 것은 부끄럽기도 하고 기이한 일이기도 하다. 우리의 행위(선행)가

구원을 받는 데는 전혀 기여를 못 하지만엡 2:8-9, 일단 구원을 받은 이로서는 선한 삶을 목표로 삼아야 한다는 교훈 10절이 한국 교회에서는 크게 간과되고 있다. 이런 면에서 그리스도인은 선한 일에 힘을 써야 하고딛 3:8, 교회는 선한 일에 열심을 내는 하나님의 친백성으로 알려져야 한다딛 2:14.

하물며 교회의 지도자인 목회자의 경우겠는가?! 역시 바울은 지도자인 디모데에게 "행실"에서 본이 되라딤전 4:12고 권면했고, 같은 지도자인 디도에게도 "범사에 네 자신이 선한 일의 본을 보이라"딛 2:7고 당부했다. 그런 의미에서 목회자가 언행 불일치 때문에 지적을 받는다는 것은 있을 수 없는 일이다.

넷째, 목회자는 권위와 권위주의를 구별해야 한다. '권위'는 리더십의 발휘에서 필수적으로 획득되어야 할 조건이다.[28] 그러나 '권위주의'는 다르다. 이것은 권위를 그릇된 방향—세도 부리기, 이웃에 대한 압제—으로 잘못 사용하는 일이다.

교우들의 입장에서 볼 때 목회자의 권위주의적 태도가 극명히 나타나는 영역은 교회에서의 행정 모임과 그 결정 과정에서이다. 즉 교회 운영과 연관된 제반 사항의 결정에서 목회자가 자신의 의견만을 내세우고, 다른 이의 주장이나 견해는 은근히 억누르며 자유스러운 토의 과정을 배제하는 등 독단적 태도를 보일 때 명백히 드러난다.

이러한 위압적 자세는 목회자 편에서의 무지와 오해 때문에 생긴다. 목회자가 지도자로서의 권위를 가지고 있지만, 그것은 어디까지나 하나님의 말씀에 대한 것이다. 즉 목회자가 하나님의 말씀을 정확히 증거할 때는 그 누구나(목회자 자신을 포함함) 그 말씀에 순종해야 한다. 왜냐하면 그것은 목회자에 대한 순종이라기보다는 근본적으로 하나님에 대한 순종이기 때문이다. 그러나 행정적 사안의 결정이라는 영역으로 오면 상황이 달라진다.[29] 목회자라고 해서 행정적 결정 과정에 대해 전권이 있는 것은 아니다. 이때에는 목회자나 회의 참석자들이나 동일한 권위를 가지고 함께 참여하는 것이다. 비록 형식상 목회자가 그 모임의 수장首長으로 되어 있지만, 실제로 행정적 사안의 결정 과정에서는 함께 의논하고 토의하고 의견을 나누는 식이 되어야 한다.

따라서 목회자는 권위주의를 삼가되 특히 행정 모임에서 번번이 등장하곤 하는 권위주의적 태도를 경계해야 한다. 그래야 목회자가 비민주주의적으로 교회를 운영한다는 비난이 자취를 감출 수 있을 것이다.

교회 염증을 척결하는 데 교우들이 책임져야 할 사항들도 있다. 이것조차 목회자 편에서의 올바른 교육과 훈련이 있어야 실행 가능한 바이지만, 실제로 행해야 할 주체자는 교우들이기 때문에 그들의 책임 분야로 배정한 것이다. 크게 두 가지 사항을 언급하고자 한다.

첫째, 교회 내에서 교우들끼리의 교제가 활발해야 한다. 현재 한국 교회의 고질적 문제점 가운데 하나는 유기체로서의 교회적 측면이 현저히 약화되었다는 점이다. 전통적 교회론에 의하면, 가시적 교회visible church는 유기체organism로서의 측면과 조직체institution/organization로서의 측면을 함께 가지고 있다는 것이다.[30] 그런데 조직체로서의 교회는 유기체로서의 교회가 실현되는 수단이라는 점을 유념하는 것이 중요하다.[31]

이 말의 구체적 의미는 무엇인가? 조직체로서의 교회에 속한 모든 요소(건물, 재정, 직분, 활동 등)는 유기체로서의 교회가 지닌 본질적 특징(그리스도의 머리되심, 신자들끼리의 지체됨)을 밝히 드러내고 그것이 더욱 영향력을 행사하도록 자극해야 한다는 말이다. 그러나 현재 한국 교회를 보면 조직체로서의 교회만 강조할 뿐 유기체로서의 교회는 거의 언급조차 하지 않고 있는 실정이다.

유기체로서의 교회가 지닌 특징 가운데 신자끼리의 지체의식과 상호 교제는 "서로 ~하라"는 권면 가운데 확연히 나타난다. "서로 사랑하라"살전 3:12; 벧전 1:22; 요일 3:11, "서로 마음과 뜻을 같이하라"롬 12:16, 15:5, "서로 덕을 세우라"롬 14:19; 살전 5:11, "서로 용서하라"엡 4:32; 골 3:13 등이 대표적 예이다. 만일 교우들이 이러한 성경의 가르침을 중시하고 실행한다면 그들 사이에 분란, 형식적 관계, 배타성은 괄목할 만하게 줄어들 것이다.

둘째, 교우들이 세상 속에서 소금과 빛의 삶을 살아야 한다. 한국 교회가 많이 듣는 비난 가운데 또 다른 사안이 바로 신앙과 삶의 괴리 문제이다. 그런데 그리스도께서는 제자들을

284

향하여 너희는 "세상"의 소금이요 "세상"의 빛 마 5:13, 14이라고 말씀하셨다.

따라서 그리스도인들은 이제부터라도 세상의 소금과 세상의 빛이 된다는 것의 의미가 무엇인지 올바로 파악해야 하고, 또 그 의미를 세상 사람들과의 관계에서 살아 내도록 힘써야 한다.[32] 그렇게 함으로써만이 우리는 그리스도인들이 교회 밖에서 비도덕적인 삶을 영위한다는 비난으로부터 자유로울 수 있을 것이다. 그리스도인들이 세상의 부패와 어둠을 퇴치하는 데 앞장서고 세상에 맛과 선을 구현하는 데 노심초사한다면, 어떻게 우리 가운데에서 부정직과 무례함과 배타심이 목도될 수 있겠는가 말이다.

가나안 성도의 교회 이탈 현상은 누차 밝혔다시피 절대로 그냥 누그러질 사항이 아니다. 한국 교회에 속한 우리 모두는 이 문제를 앞에 놓고 끊임없이 고민하고 대책을 강구하며 하나님께 기도해야 한다.

14. 목사들도 다른 직업을 가져야 한다?

이중직과 미래 목회

•

•

목사는 전통적으로 일반 직업을 버리고 목회 사역에만 전념하는 인물이라고 알려져 왔다. 그런 목사가 또 다른 직업을 갖다니, 이게 대체 웬 말인가? 꽤 많은 그리스도인은 목사의 이중직이라는 말을 듣고 다소 놀라거나 의아한 표정을 지을지도 모르겠다. 그러나 따지고 보면, 목사의 이중직은 이미 신약 성경에서나 현대 교회(특히 북미주의 교회들)에서나 쉽게 찾을 수 있는 개념이자 관행이었다. 단지 한국 교회의 경우, 20여 년 전부터 쉬쉬하며 논의하던 목사의 이중직 문제가 최근에 표면으로 부상했을 따름이다.

이중직의 사례와 유형

▽ 이중직의 성경적 예시

목사의 '이중직二重職, bivocational ministry'이란, "목회자가 목회 사역 이외의 직업 활동에 종사하면서 자신의 생활비 일부를 충당하는 사역 형태"를 말한다. 만일 이중직을 이렇게 이해한다면 그 전례는 바울에게서 찾을 수가 있다.[1]

행 18:2-4 [2] ··· 바울이 그들[브리스길라와 아굴라]에게 가매 [3]생업이 같으므로 함께 살며 **일을 하니 그 생업은 천막을 만드는 것이더라.** [4]**안식일마다 바울이 회당에서 강론하고 유대인과 헬라인을 권면하니라.**

행 20:34 여러분이 아는 바와 같이 **이 손으로 나와 내 동행들이 쓰는 것을 충당하여**

살전 2:9 형제들아! 우리의 수고와 애쓴 것을 너희가 기억하리니 너희 아무에게도 폐를 끼치지 아니하려고 **밤낮으로 일하면서 너희에게 하나님의 복음을 전하였노라.**

살후 3:7-8 [7]어떻게 우리를 본받아야 할지를 너희가 스스로 아나니 우리가 너희 가운데서 무질서하게 행하지 아니하며 [8]누구에게서든지 음식을 값없이 먹지 않고 **오직 수고하고 애써 주야로 일함은** 너희 아무에게도 폐를 끼치지 아니하려 함이니

위의 내용을 보면, 바울은 데살로니가에서나 살전 2:9; 살후 3:8 고린도에서나 행 18:3 에베소에서나 행 20:34 천막 만드는 일을 함으로써 자신의 생계를 꾸려 나갔다고 말한다.

물론 그렇다고 하여 복음의 사역자가 그 사역 대상자로부터 재정을 지원받는 것을 아예 포기해야 한다고 보지는 않았다 고전 9:4-9. 오히려 바울의 생각은 정반대였다 고전 9:10-14. 그러나 여건이 허락되지 않을 때에는 언제나 일을 했고 행 20:34; 살전 2:9; 살후 3:8, 또 그런 면에서 모범이 되고자 했다 행 20:35; 고전 9:12, 18; 살전 2:7; 살후 3:9.

▽ 이중직의 유형

목사가 이중직을 갖는 이유는 개인마다 다를 수 있고, 이에 따라 그 형태 또한 서로 간에 차이를 나타낸다. 미국의 어떤 이중직 전문가는 그 경우를 크게 세 가지로 나눈다.[2]

- 섬기는 교회가 가족들의 필요를 충당할 만큼 사례비를 지불할 수 없는 경우
- 섬기는 지역이 너무 좁아 양에 차지 않는 경우
- 하나님께서 인도하사 두 가지 역할을 감당하게 하셨다고 느끼는 경우(의도형 이중직intentional bivocationalism이라 불림)

이상의 세 가지 경우, 첫째 유형은 '생계형 이중직', 둘째 유

형은 '활동형 이중직', 셋째 유형은 (주창자 자신이 시도했듯) '의도형 이중직'이라 부를 수 있을 것이다. 그런데 '생계형 이중직'은 금세 알아챌 수 있지만, 둘째와 셋째 유형은 조금 더 설명이 필요하다.

활동형 이중직: 이 유형은 아마도 미국과 같은 나라에만 해당되는 것으로 보인다. 활동형 이중직 타입의 목회 사역은, 부름받은 환경이나 여건이 열악하고 협소하여 목회자 자신의 기량과 은사를 충분히 발휘할 수 없다고 판단한 이들에게서 발견된다. 미국의 경우, 교구제parish system를 교회 활동의 중심으로 하는 교단에서 이런 형태가 나타난다. 또 미국은 지역이 워낙 넓어 어떤 특정한 농촌이나 산골 지역 같은 곳에 거처를 정하면 주민의 생활 반경이 그 범위를 벗어나지 못하기 때문에 목회 활동 역시 그에 따라 제약을 받는다. 이런 지역에서 사역하는 목회자들은 자신의 야심 찬 비전의 실현을 목회로만 충족할 수 없기 때문에 그 이외의 직종에도 관여하는 것이다.

의도형 이중직: 이 이중직은 일반 직업 역시 하나님의 소명임을 깊이 인식하는 이들 가운데서 많이 발견된다. 이것은 꼭 그 직업이 사회적으로 존경받는 직종—변호사, 의사, 교수 등—일 필요는 없다. 미국에는 이처럼 경제적 이유 때문이 아니라 자신이 하던 본래의 일 또한 하나님의 소명이라 여겨 그 일을 계속하는 가운데 목회직을 함께 맡는 이들이 적지 않다.

이중직에 관해 남다른 관심을 보여 온 한국의 어느 연구자도 이중직의 유형을 역시 세 가지로 구분한다.[3] 그러나 그의 방식은 앞의 분류와 약간 차이가 난다. 첫째, '소명형 이중직'은 목회 이외의 직업에 종사하던 이가 소명을 받아 신학 훈련 과정 후 목사가 될 때 나타나는 형태이다. 그리하여 그 사람은 일반 직종과 더불어 목사직을 함께 수행한다. 이것은 앞에서 언급된 의도형 이중직에 해당하는 개념이다. 둘째, '생계형 이중직'은 미국의 경우와 똑같다. 셋째, '탈진형 이중직'이 있다. 이것은 어떤 목회자가 기존 교회의 목회직 수행 도중 탈진 상태에 이른 결과, 경제적으로 좀 더 자유로운 상태에서 사역하고자 하여 선택하는 이중직이다. 그런데 이런 탈진형 이중직이 독립적 유형을 구성할 정도로 흔한 것 같지는 않다.

위에 기술한 이론가들의 분류 방식 가운데 생계형 이중직과 의도형(혹은 소명형) 이중직은, 한국이나 미국은 물론 다른 나라들에서도 찾아볼 수 있는 유형이다. 다만, 여기서는 주로 생계형 이중직에 초점을 맞추어 논의를 진행하고자 한다.

▽ 생계형 이중직의 실태

(1) 미국 교회의 경우

미국 교회는 매우 오래전부터[4] 목회자의 이중직을 기정사실화하고 각 교단 내에 정착시켜 왔다. 이렇게 된 데는 몇 가지 역사적·신학적 이유들이 있다. 우선, 미국 교회 내에는 소규모의 이민자 교회들이 많이 있다. 이들은 19-20세기에 유럽의 여러 국가로부터 건너온 다양한 신앙 전통의 공동체들인데, 대체로 수적 규모가 적다. 또, 많은 농촌 교회와 소도시 교회들은 인구가 제한되어 있어 교인 확보가 충분히 되지 않는다. 그뿐만 아니라 다수의 침례교회나 독립교회는 목사 자격에 관한 규정이 크게 까다롭지 않고 절차 또한 비교적 간단하기 때문에, 교회 수에 비해 목회자를 많이 배출하게 되었다.

이러한 여러 가지 복합적인 이유들로 인해서 미국 전역에는 재정적 자립의 전망이 흐리거나 아예 끊긴 소규모 교회들이 상당히 많이 있다. 남침례회의 경우 13,000명의 이중직 목회자가 소속되어 있는데, 이는 전체 교회의 30퍼센트에 해당하는 수치이다.[5] 흑인 회중으로 구성된 침례교의 경우에는 비율이 훨씬 높아 목회자 가운데 최고 70퍼센트가 이중직이다.[6] 장로교회[PCUSA]의 경우 어떤 작은 목회자 모임에서의 설문조사에 의하면 참석자 중 34퍼센트가 자신을 이중직 목사로 밝혔다.[7]

나사렛 교단은 전체 목회자의 약 40퍼센트가 이중직인 것으로 보고되었다.[8] 메노나이트 신앙 전통을 견지한 미국 메노나이트교회Mennonite Church USA 교단은 2007년 당시 1,000개의 교회로 이루어져 있었는데, 이 가운데 500교회는 회중의 수가 150명이 안 되는 처지여서 이중직 목사 없이는 교단 유지가 어렵다고 말했다.[9] 감독교회(미국 성공회) 소속인 와이오밍 교구의 경우 전체 목회자의 30퍼센트인 20명의 신부들이 사례비 없이 사역하고 있다고 말했다.[10] 미국 교회를 한눈에 본다면, 2019년 당시 전체 목회자의 26퍼센트에 해당하는 이들이 자신을 이중직 목사라고 인정했다.[11]

(2) 한국 교회의 경우

생계형 이중직의 개념이 한국 교회에서는 어떻게 형성되어 왔는가? 2000년대 초까지는 교회 내에서 목사의 이중직이 논의조차 되지 않고 있었다. 거기에는 두 가지 요인이 있다. 첫째, 한국 교회는 목회자에 대한 재정 지원을 잘하는 것으로 널리 알려져 왔고 또 이 점을 자랑스러워했다. 한국 교회는 설립 초기부터 네비어스 정책Nevius plan[12]을 도입하여 경제적 자립을 이루어 낸 것으로 귀감이 되어 왔다. 그러므로 이에 반하는 현상을 인정하기가 쉽지 않았던 것이다. 둘째, 어느 교회나 교역자의 사례비 지원을 교회의 가장 기본적 책임 사항으로 받아들여 왔다. 이것은 특히 1970년대 교회의 수적 부흥과 더불어 재정적 규모 또한 크게 신장되었기 때문이었다. 그런데 느닷없이 목회자의 사례비조차 지급하기 힘든 실정이라는 현실이 믿기지 않았던 것이다!

그런데 1990년대쯤부터는 사정이 크게 달라졌다. 부천 지역의 택시 운전기사 가운데 60퍼센트가 신학생이나 목회자라는 이야기는—설사 그 숫자가 과장되었다고 해도—우리에게 큰 충격을 주었다. 교회와 식당의 공통점이 무엇이냐는 농조의 질문에 대한 답변이 "열 개 중에 두 개만 살아남는다"였는

데, 이조차 20년 전의 추세였다. 오늘날에는 매년 신학교를 졸업하는 이들 가운데 5퍼센트도 경제적 자립을 이루기가 쉽지 않다고 한다. 이제 이런 상황에 이르렀기 때문에 자연히 생계형 이중직의 이슈를 나 몰라라 할 수 없게 된 것이다.[13]

지금까지 목사의 이중직 허용에 대한 교단의 방침은 대체로 미온적이었으나, 2020년 이후로는 전격적 변화를 보이고 있다. 침례교와 기장의 경우에는 헌법에 이중직을 금지하는 조항이 없어 원칙상으로 얼마든지 이중직을 수행할 수 있었다. 예장합동과 감리교는 각각 2018년과 2020년에 이중직을 부분적으로 허용하도록 법적 조치를 취했다. 예장통합은 2015년부터의 끈질긴 논의 끝에 드디어 2022년 목사의 이중직을 허용하는 쪽으로 가닥을 잡았다. 기성은 2022년 이중직 허용에 대한 헌법의 개정안이 상정되었지만, 대의원들의 반대로 무산되었다. 그러나 목사의 이중직은 교회들의 사정과 시대적 흐름을 고려할 때 거부할 수 없는 대세로 보인다.

이중직에 대한 전망

▽ **적실성**

생계형 이중직은 이미 한국 교회가 선택해도 되고 안 해도 되는 여유로운 사안이 아니다. 차세대 목회자들 가운데 최소 50퍼센트 이상[14]이 자신의 의지와 상관없이 어쩔 수 없는 환경 때문에 생계형 이중직을 고려해야 할 실정이다. 1970-80년대의 호황을 경험한 선배 목회자들로서는 이러한 상황에 내몰리는 후배들을 바라볼 때 안쓰럽고 미안한 느낌이 앞선다.

그러나 또 한편으로 생각해 보면 꼭 그렇게 비관적이거나 우울한 태도에 빠져들 필요도 없다. 사실 우리가 70-80년대의 예외적 발전 현상을 표준으로 삼아서 그렇지, 관점만 달리하고 시각만 조정한다면 이중직 상황은 하나님의 나라와 교회를 위한 새로운 도전이요 예기치 않은 돌파구가 될 수도 있을 것이다!

목사의 이중직을 경험한 이들은 전임 사역자에게는 허락되지 않는 유익으로 다음과 같은 열두 가지 사항을 소개한다.

- 교회 및 목회자의 경제적 기반이 대체로 좀 더 든든해진다.
- (교회의 인건비가 최소화되는 만큼 더 많은 사역과 활동을 할 수 있다. 수입의 원천이 둘일 때 가족은 재정적 압박감을 좀 덜 가지고 살 수 있다.)
- 이중직 목회자는 생계 문제와 관련해 자신을 지지하지 않는 이들에 의한 위협 요인이 줄어듦으로 리더십 발휘에 훨씬 더 큰 자유를 경험한다.
- 당연히 좀 더 많은 평신도들이 교회의 사역에 참여하게 된다.

- 이중직 목회자가 되면 교우들이 당신을 슈퍼맨으로 기대하지 않는다.
- 이중직 목회자로서 당신은 좀 더 세상의 현실과 긴밀히 접하게 된다.
- 이중직 목회자로서 당신은 개인 증거의 기회가 좀 더 많아질 수 있다.
- 시간적 촉박으로 인한 게으름의 유혹에 덜 굴하게 된다.
- 이중직 목회자가 되면 교회 정치에 관여할 시간이 없어지게 된다.
- 이중직 목회자에 의해 지도받는 교회는 그 지도자를 좀 더 진정한 목회자로 만들어 준다.
- 종종 당신의 가족은 좀 더 여유 있는 사회생활을 영위한다.
- 이중직 목회자는 좀 더 빈번히 합리적인 목표를 겨냥하여 계획과 활동을 할 수 있다.[15]

이상의 열두 가지 항목 가운데 어떤 것은 큰 의미가 없어 보이고 또 어떤 것은 한국 실정에 맞지 않는 것처럼 보인다. 이 가운데 세 가지가 한국 실정에 잘 맞는 이중직 사역의 강점이라고 생각하여 그 내용을 상세히 기술하고자 한다.

(1) **이중직 목회자는 현실감각이 좀 더 계발된다.** 전임 사역자들은 대부분 목회 현장에만 파묻혀 있고 또 만나는 사람들이 대부분 그리스도인이기 때문에, 세상의 현실이나 삶의 현

장에 대한 감각이 무디어지기 쉽다. 또 목회자가 비신자들과 교우 전도friendship evangelism의 기회를 갖는다는 것은 거의 힘든 일이다.

이에 비해서 이중직을 수행하는 목회자는 매일 일반 사람들 가운데에서 그들과 같이 호흡하고 그들과 같은 삶의 정황에 놓이기 때문에, 그들의 문제점·꿈과 희망·두려움·기쁨 등을 좀 더 피부로 느끼게 마련이다. 이런 것이 설교나 상담, 리더십 스타일에도 영향을 미치게 된다. 특히 자신의 직종을 접촉점으로 하여 우정을 수립하고 대화와 증거의 기회까지 마련할 수도 있다. 이러한 수단과 기회를 누리고 활용하는 것은 이중직 수행자들만의 특권이라고 할 수 있다.

이러한 특권은 특히 의도형/소명형 이중직의 경우 극대화된다. 소명형 이중직의 수행자들은 대부분의 경우 어떤 특수한 직종에 관여하기 때문에, 전도와 선교의 기회가 훨씬 더 많고 상대방과 더 깊은 수준에서 만날 수 있다. 예를 들어, 교사 같으면 학생들에 대해서, 의사 같으면 수련생이나 환자들에 대해서, 사업가 같으면 고객이나 거래처에 대해서 그렇다. 최근 대학 교수들 사이에 이런 형태의 사역이 늘어나는 것도 같은 이치라고 하겠다. 2000년 이후 캠퍼스 교회가 상당수 늘어났는데 설교자는 한결같이 그 대학의 교수들이다.

(2) **좀 더 많은 평신도들을 목회 사역에 참여시킬 수 있다.** 종종 전임 사역자들이 의도하지 않으면서도 범하는 오류는,

자신의 헌신과 열심 때문에 일반 교우들을 수동적으로 만든다는 사실이다. 평신도 훈련의 필요성과 중요성을 익히 알고 목회적 프로그램에 반영하는 전임 사역자들의 경우에는 문제가 되지 않겠지만, 목회의 현실은 꼭 그렇지 않다.

그런데 이중직 목회자의 경우에는 이런 문제가 거의 발생하지 않는다. 그는 목회와 일반직에 골고루 시간을 배분해야 하기 때문에 목회에서도 시간 사용의 효율성을 생각지 않을 수 없고, 이것은 자신이 꼭 해야 할 일과 교우들에게 맡겨야 할 일을 구별하도록 만들어 준다. 그리하여 할 수 있으면 여러 평신도들의 참여를 유도하여 그들로 하여금 다양한 사역과 책임을 수행하도록 종용하게 된다.

(3) **메시지 전달에서 좀 더 자유를 느낀다.** 원칙적으로 목회자는 외부의 압박이나 구속 없이 자신의 소신대로 하나님의 말씀을 전하고 선포해야 한다. 그러나 목회 현장의 여러 상황을 겪다 보면 생각만큼 자유롭지 못한 것이 설교자의 실정이다. 특히 자신의 생계를 100퍼센트 책임지고 지원하는 교우들을 정면으로 바라보면서 그들이 불편하게 느낄 메시지를 전한다든지, 이미 갈등 요인이 되고 있는 사안을 들먹인다든지, 그들의 죄된 행실과 삶의 방식에 직격탄을 날린다든지 하는 것이 쉬운 일은 아니다.

그러나 목회자가 경제적 도움의 면에서 부분적으로라도 덜 의존적일 때, 그는 그 정도만큼 메시지의 내용과 표현 방식에서 자유로울 수 있다. 또 교우들도 목회자가 단순히 밥벌이 때문에 저런 이야기를 하지 않는다는 것을 감지하기 때문에, 메시지의 설득력 또한 상당히 증대될 수 있다.

▽ **어려움**

그러나 그렇다고 하여 이중직이 유익만을 가져오는 것은 아니다. 어떤 점들이 이중직 목회자들을 괴롭히는 골칫거리가 될까? 역시 세 가지 사항을 언급하고자 한다.

(1) **자기 정체성에 관한 회의에 시달리기 쉽다.** 이중직 목회자들이 가장 심하게 반복적으로 겪는 고뇌는 자아상에 관한 문제이다. 다른 전임 목회자들과 비교해 볼 때 흡사 '이류급 목사' 같다는 의식이 잠시도 떠나지 않기 때문이다. 이것은 특히 전임 목회자로 사역하기를 원하지만 여건이 허락되지 않아 부득이 생계형 이중직으로 머물게 된 이들의 경우에 더욱 심하다.

그들은 늘 원치 않는 다소 불건전한 내성內省, introspection에 시달린다. '목회자로서의 내 능력이 이것밖에 되지 않는가?' '내가 좀 더 영감 있는 설교를 했다면 이런 처지에 빠지지는 않았을 터인데….' '내가 게으르지 않고 좀 더 노력했다면 전임 목회자가 될 수도 있지 않았을까?' '내가 소명을 확인하고서 그렇게 크게 감격하고 기꺼이 헌신했건만 그 결과가 이것밖에 안 된단 말인가?' 까닥 잘못하면 이런 식의 자기비판과 자기연민이 하나님에 대한 상습적 원망과 불평으로 굳어질 수 있다. 그런데 문제는 거기에서 멈추지 않는다. 조만간 동료 목회자들 사이에서도 묘한 분위기를 감지하게 마련이다. 이중직 목회자는 노회에서나 기타 비공식적 모임에서 언젠가부터 떳떳하지 못한 모습으로 기가 죽어 있는 자신을 발견한다. 또 소위 성공했거나 번창하는 목회자들의 그룹에 끼어들 수도 없고, 또 끼어든다 해도 할 말이 별로 없음을 깨닫게 된다. 그 누구도 의도적으로 시도한 것은 아니지만 그는 어느새 동료들 사이에서도 무능력하거나 표준에 이르지 못한 사역자로 인식되고 있는 것이다!

그렇다면 일반 교우들의 시선과 태도는 다른가? 그들은 이중직 목회자를 다른 전임 사역자들처럼 존경하고 격려하고 감싸 안아 주는가? 천만의 말씀이다. 어쩌면 이들로부터의 침묵적 평가가 가장 큰 괴로움의 원인이 될지도 모른다. 그들이 입을 열어 표현하지는 않지만 의심에 찬 눈초리로 미루어 보건대 그들은 분명 이 상황과 관련하여, 속으로 '목사님이 좀 더 하나님을 의지하고 신앙으로 일관했더라면 이 지경까지 되지는 않았을 텐데요', '목사님의 설교나 목회 비전이 사람들에게 좀 더 호소력을 발휘할 수 있었더라면, 수적 증가도 있었을 것이고 개척 교회 상태는 면할 수 있지 않았을까요?'라고 그들 나름대로 판단을 내리고 있는 것이다. 이런 속사정을 참작할 때 이중직 목회자가 느끼는 심적 고통은 종종 인내의 한계를 벗어나는 것으로서 무척 견디기가 힘들다.

(2) **번듯한 직종을 찾기가 쉽지 않다.** '이중직'이 이중직다우려면 목회 사역과 더불어 종사하는 일반직이 어느 정도 수준을 갖춘 것이어야 한다. 수준을 갖춘다는 것은 반드시 경제적 조건만을 가리키지 않고 직업으로서의 적정성·안정성·항구성 또한 염두에 둔 표현이다. 그런데 자신에게 맞는 이런 직종을 발견하고 지속적으로 의미 있게 종사한다는 것이 실제로는 매우 드문 일이다.

물론 소명형 이중직의 경우에는 이런 것이 거의 문제가 되지 않는다. 그는 목회 사역과 무관하게 (혹은 목회 사역을 시작하기 훨씬 전에) 어떤 특정한 직종에 종사해 오거나 전문 분야에서 실력을 발휘해 왔기 때문이다. 그러나 생계형 이중직을 수행하는 이들의 경우에는 사정이 다르다. 그들은 대체로 예상치 않게 이중직을 맡게 되었으므로, 다른 직종에 대해 생각할 여유나 실제적 준비를 할 기회가 없었다. 그러므로 생계형 이중직으로 분류되는 목회자들은 현재 거의 '알바' 수준에서—아니면 심지어 일용직 형태로—일을 하고 있다. 이럴 수밖에 없는 것은 번듯한 직종에 필요한 전문적 지식이나 기술이 결여되어 있기 때문이다. 또 그런 직종은 사람들을 시간제로 채용하는 경우가 그리 많지 않기 때문이기도 하다. 이렇듯 어쩔 수 없이 '알바' 형태로 일을 하면 시간적·업무적 부담은 적지만 수입이 너무 미미하다는 것이 흠이다. 직종과 관련한 이러한 어두운 전망은 이중직 수행자에게 경제적으로만 어려움을 끼치는 것이 아니고 심리적으로도 염려와 불안정에 휩싸이도록 만든다.

(3) **효율적인 시간 관리가 엄청난 부담으로 다가온다.** 시간 관리는 우리 모두가 끙끙거리며 짊어져야 할 중차대한 과제 중 하나이다. 특히 한국 교회의 실정에서 목회자로서의 시간 관리가 얼마나 복잡한지는 겪은 이들만이 안다. 또 현대 사회에서 어떤 직종에 종사하는 일 역시 시간 관리의 관점에서 보면 쉬운 일이 아니다. 그런데 이중직 소명자는 양쪽 일을 다 하면서 효율적으로 시간을 사용해야 한다! 이것은 마치 접시를 대여섯 개 건네주면서, 멋진 저글링을 해 달라고 요청하는 것과 비슷하다.

이중직 목회자에게 시간 관리가 이토록 어려운 이유는 목회적 돌봄의 한계를 어디까지로 잡아야 하는지가 불투명하기 때문이다. 공식 모임에 대한 참석은 어느 정도 소요 시간을 예측하고 시간 계획을 꾸밀 수가 있지만, 심방·상담·비공식적 의논·대화 등의 경우에는 결코 그렇지가 못하다. 특히 교우들 가운데 위기 상황이 발생했는데, 직장에 가야 한다며 자리를 뜨기는 무척 힘들다. 이런 사정은 일터 쪽에도 마찬가지이다. 역시 직종에 따라 시간 사용의 융통성과 촉박성이 다르게 작용하지만, 마감 시간을 지켜야 한다든지, 초과 근무를 해서라도 업무 목표를 달성해야 한다든지, 근무자들끼리 규정된 근무 시간 이외에 회동해야 한다든지 하는 일들이 비일비재하게 발생하기 때문에 시간 사용을 자신의 통제하에 두기가 힘든 것이다.

효율적 시간 관리가 어렵게 되는 또 다른 요인은 가족 관계 때문이다. 상당수의 목회자들은 목회 사역 하나만으로도 가정 내 책임을 다하지 못하는 수가 많다. 그런데 이중직을 수행하면서 동시에 배우자에 대해 또 자라는 아이들에 대해 시간 면에서 신경을 쓴다는 것은 말만큼 쉽지가 않다. 그러나 가족을 돌보는 것이 지속적으로 약화되면—어떤 특정한 경우에 일시적으로 그런 것이야 어쩔 수 없겠지만—그 사역자는 조만간 목회에서든 직장에서든 위기를 겪게 마련이다. 이처럼 목회-직업-가족의 틈바구니에 끼인 채 시간 사용을 주도한다는 것은, 생각보다 훨씬 더 어려운 사안이다.

미래의 목회를 위한 제안

오늘날의 목회 환경이 어렵다는 것과 앞으로 더 열악해지리라는 것은 누가 가르쳐 주지 않아도 충분히 짐작할 수 있다. 이런 어두운 전망 때문에 낭패의 심정과 패배주의적 멘탈리티가 미세 먼지처럼 우리 사이에 만연해 있다. 그러나 목회자 각 개인과 한국 교회가 이런 상황에 대해 어떻게 반응하느냐에 따라 예상치 않은 발전과 기회가 찾아올 수도 있다. 단지 우리가 다음과 같은 제안에 대해 마음이 열려 있다면 말이다. 이와 관련하여 네 가지 항목을 제시하고자 한다.

(1) **교회 및 목회와 관련한 우리의 고정관념을 바꾸어야 한다.** 고정관념이 다 나쁜 것은 아니다. 고정관념은 전통의 기반을 상기시키고 과거와의 연속성을 제공한다는 점에서 필요하다. 그러나 위기 상황을 만나 변화가 요구되는 시점에서는 버거운 굴레와 장애 요인으로 작용하기도 한다. 지금은 목회자로서 교회의 사역을 어떻게 전개해 나갈 것인지와 관련하여 우리의 고정관념을 바꾸어야 할 때이다.

보통 우리는 자신의 목회 사역을 내다보며 다음과 같은 식의 구상을 한다. 신학교 졸업 후 두 가지 길이 놓여 있다. 하나는 졸업하자마자 개척 목회의 길을 걷는 것이다. 또 하나는 중·대형 교회의 부목사로 사역을 하다가 40세 정도에 어느 교회의 청빙을 받는 것이다(물론 이때 여의치 않으면 뒤늦게라도 개척 사역을 해야 하겠지만). 개척 목회든 청빙에 의한 교회 사역이든 세월이 흐르면 수적으로 부흥하고 재정적으로 탄탄해지며 머지않아 1,000명을 내다보는 중·대형급 교회로 자라게 될 것이다!

그러나 이런 내용의 구상과 관념은 구시대의 유물이다. 오늘날은 전혀 사정이 다르다. 신학교 졸업 후 수립한 개척 교회는 세월이 흐른다고 자립 교회로 바뀌지 않는다. 30-50명 정도의 적은 인원은 과도기적 현상이 아니고 교회의 항구적 규모일 수도 있다! 교회 개척 후 15-20년 정도 지나면 교회당 건축을 시도한 때도 있었지만, 이제는 평생 목회해도 자체 예배당을 갖지 못할 수 있다! 목회자가 고정 기본급 이외에 여러 수당으로 여유 있게 지내는 경우도 있겠지만, 기본 급여조차 어려울 수도 있다!

이미 앞에서도 밝혔듯 우리는 70-80년대의 목회 상황을 표준으로 여기기 때문에, 그에 미달하는 조건—교인 수, 사례비, 건물 소유 여부 등—이 발견되면 정식 교회로 생각을 하지 않는 경향이 있다. 이제는 그런 허상과 고정관념이 깨져야 한다. 사실 아시아 여러 국가들에 있는 다수의 교회들, 미국에 있는 농촌 및 소수 민족의 교회들, 핍박 지역의 많은 교회들은 우리의 고정관념에 문제가 있음을 여실히 보여 주고 있다. 교인의 수효와 헌금액이 적고 독립적 건물을 보유하지 못하며 목회자의 사례 규모가 적다 하더라도, 교회의 본질과 사명에 충실하다면 그 공동체는 얼마든지 적합한 교회인 것이다!

(2) **목사의 이중직에 대한 인식의 전환이 필요하다.** 우선 목사의 이중직을 무조건 부정적이거나 바람직하지 않은 것으로 치부하지 않도록 조심해야 한다. 이중직 목회자들은 대체로 목사로서의 기량이나 은사가 부족하다든지, 열심히 노력하지 않는다든지, 믿음의 추진력이 결여되어 있다든지 하는 식으로 속단하지 말아야 한다. 어떤 이는 목사의 이중직은 인정하지

만, 이런 상태를 일시적 과정으로 해석하든지 아니면 더 나은 목회 조건으로 나아가기 위한 디딤돌로 간주하곤 하는데, 이 또한 합당하지 않다.

이와 관련하여 세상의 직업 역시 하나님의 소명임을 인정해야 한다. 이것은 이미 마르틴 루터의 종교개혁 당시부터 강조된 진리이지만, 오늘날까지도 선뜻 받아들여지지 않는 경우가 많다. 그렇다면 이중직 목사가 일반 직종에 종사한다고 해서 그가 하나님의 소명에 대해 믿음으로 반응하지 않거나 반기를 든 것으로 볼 것이 아니라, 오히려 그야말로 하나님의 이중 소명에 순종한 것으로 인정해 주어야 한다.

이러한 인정은 우선 동료 목회자들이나 해당 교회의 교인들에 의해 이루어져야 한다. 그러나 가장 중요한 것은 물론 하나님으로부터의 인정을 확신하는 일이다. 어차피 이중직 목회자가 다수를 이룰 전망인데, 우리는 이들을 부지런히 동료 사역자로 인정하고 지원하는 적극적 태도를 함양하도록 힘써야 할 것이다.

(3) **전통적인 목회자 이외에 여러 유형의 목회자를 예기**豫期 **해야 한다.** 앞으로 한국 교회 내에는 다양한 형태의 목회자와 사역자가 활동할 것이다. 우선 전통적 패턴의 목회자는 여전히 필요하고 또 교회에서 적지 않게 발견될 것이다. 예를 들면 다음과 같다.

- 역사가 있고 규모가 꽤 되는 전통적 교회에 청빙을 받아 섬기는 경우
- 개척 사역을 통해 얼마 후 경제적 자립을 이루어 낸 경우
- 대교회의 파트타임 부교역자로서 자신의 독특한 은사를 통해 교회를 세워 가는 경우

그러나 과거에 찾아볼 수 없었던 사역 전개나 활동 방식을 통해 목회 사역을 펼치는 경우도 많을 것이다.

- 택시 기사로 일하면서 주일 저녁 '기사선교회'를 중심으로 소규모 예배를 드리고 이것이 모체가 되어 작은 교회를 개척하는 경우
- 마을의 자원을 사용하여 농가 소득을 창출하는 데 기여할 뿐 아니라 이를 통해 교회가 경제적 자립을 이루는 경우
- 큰 교회에 파트타임으로 있으면서 K 지역의 의료인들을 양육하고 상담하는 사역에 투신하는 경우
- 주중에 Y시의 예술 고등학교 교목으로 근무하면서 고등학생 전도와 양육 및 진학 지도를 총괄하는 경우
- 강원도 산골의 농촌 교회를 담임하면서 허용된 땅을 활용해 농사와 가축 사육에 힘쓰고, 방학 때에는 교회당과 주변 시설을 수양회 장소로 대여하는 경우
- 개척 교회 인근 지역에 저렴한 비용의 영어 공부방을 개설하

여 전도와 봉사를 함께 수행하는 경우

(4) **목회자 이중직에 대해 거擧교회적인 계몽과 교육의 기회를 마련해야 한다.** 목사 이중직에 대한 계몽의 노력은 그리스도인이나 목회자 개인의 차원, 그리고 교회의 차원에서도 이루어져야 하지만, 동시에 신학교나 교단의 협조 또한 반드시 포함해야 한다.

우선 신학교의 개설 과목 가운데 선택 과목으로라도 목사 이중직에 대한 소개와 설명이 있어야 한다. 이것은 신학교 시절부터 이중직에 대한 의식awareness을 고취시키기 위함이다. 그리하여 신학생들은 자신들이 머지않아 이중직을 수행하게 될 가능성이 높다는 것을 예상하고 있어야 하고, 이 경우 자신의 적성에 가장 잘 맞고 의미 있는 직업 활동은 무엇인지 미리 생각하고 준비하도록 장려해야 한다. 이것은 마치 졸업 후 초문화 사역을 꿈꾸는 신학생이 해당 선교 지역에 가서, 자신의 어떤 은사와 활동 — 침술, 요리, 태권도, 한글 교습 등 — 이 사역에 도움이 될지를 미리부터 챙기는 것과 비슷하다.

교단 역시 한 교회의 힘으로 할 수 없는 분야에서의 도움을 베풀어야 한다. 현재로서는 최소 두 가지 항목이 떠오른다. 우선, 목회자들이 이중직을 선택할 경우 현재 한국의 실정에서 어떤 직업이나 직종이 가능하고 유망하고 실제로 도움이 되는지를 안내해 주는 일이 있어야 한다. 교단의 홈페이지를 활용하여 이런 내용을 공지하고 소개한다면, 많은 이들이 유익을 얻을 것이다.

또 한 가지는 생계형 목회자들을 위한 인터넷 사이트를 마련해 주어서, 그들로 하여금 자신들의 경험·고뇌·비결·제안 사항 등을 자유롭게 나누도록 도와야 한다. 이 사이트는 이들만의 애환이 공유되고 이들만의 고민 및 해결책이 제시되는, 치유와 교육의 공간이 되도록 장려하는 것이 좋다. 특히 여기서 이중직 목회자의 문제점으로 지적한 세 가지 사항—자아상, 직종 물색, 시간 사용—과 관련하여 대화·토론·의견 교환이 활발해진다면, 이 사이트의 의의는 더욱 증대될 것이다.

미래는 멀리 있는 것이 아니고 이미 우리 가운데로 성큼 다가왔다. 누차 이야기하지만 목회자 이중직은 우리가 선택해도 되고 버려도 되는 목회적 옵션이 아니다. 이제는 한국 교회가 어쩔 수 없이 받아들여야 하는 필수 사항이다. 이왕 받아들일 바에는 즐겁고 적극적 태도로 대응하면 좋겠다. 오히려 이런 어려움을 통하여 과거에 생각지 못했던 유익과 발전이 있기를 기대하면서 말이다.

15. 교회 직분은 걸림돌인가?

직분과 직분자

·
·

　교회에서 직분자들의 역할이 중요함은 두말할 나위가 없다. 성경 이곳저곳에서 그 중요성을 직간접으로 표명하고 있기 때문이다. 그런데 한국 교회만큼 직분의 개념을 잘 활용하고(?) 있는 공동체는 지구상 어디에도 없을 듯하고 역사적으로도 전무하지 않을까 싶다.

　우선, 직분을 그리스도인끼리 부르는 호칭의 일환으로 삼는다는 점에서 매우 독특하다. 또, 성경의 용례가 없는 '권사', '전도사', '선교사' 등의 직분명이 공공연히 활개 친다는 면에서도 그러하다. 성경에 기반을 둔 직분이라도 그 하부 명칭들이 난무한다는 점 또한 예사롭지 않다. 예를 들어, 집사의 경우

에도 안수집사, 서리집사가 있고, 장로직과 관련해서도 휴무
장로, 협동장로, 원로장로, 명예장로, 수석장로 등이 있는가 하
면, 목사라는 명칭에서도 원로목사, 담임목사, 부목사, 교육목
사, 교구목사, 대표목사, 협동목사 등 다양하기 짝이 없다. 심
지어, 직분이 없는 교우들을 부르기 위해 '성도'라는 용어를
부당한 의미로 활용하고 있다. 이 얼마나 직분 중심의 공동체
생활인가!

성경이 말하는 직분/직분자

▽ 직분(및 직분자)에 대한 일반적 설명

한글 사전에는 '직분職分'이 "① 직무상의 본분. ② 마땅히
해야 할 본분"[1]으로 나타나 있다. 따라서 '직분자職分者'는 직무
상의 본분을 다하는 인물이고, 교회 직분자는 교회 내에서 어
떤 직무와 관련하여 본분을 다하는 이들이라고 정의할 수 있
을 것이다.

직분에 해당하는 영어 단어 'office'는 라틴어 'officium'에
서 유래했는데, 이는 'opus(일, work)'와 'fic-(하다, do)'의 합성
어로서 어떤 임무를 수행한다는 말이다.[2] 사전에 수록된 의미
를 보면 "1 개인의 지위나 직책에 부속된 임무; 수행해야 할

일이나 업무. ⋯ 3a 어떤 의무 사항이 수반되는(특히 다소 공적 성격을 띠는) 지위나 자리"[3]라고 되어 있다. 이와 관련해 직분자를 뜻하는 단어 'officer'에 대해서는 "1 공적·시민적 혹은 교회적 직분을 보유하는 이 ⋯ 4 임무, 봉사, 기능을 수행하는 이 ⋯ 6 어떤 단체나 제도의 경영 및 감독을 위해 직책을 맡고 그런 활동에 참여하는 인물"[4]이라고 묘사하고 있다. 그렇다면 'church officer'는 "교회 소속의 직분자"라는 뜻이 된다.[5]

∇ **직분(및 직분자)에 대한 성경의 용례**

(1) **직분을 언급하는 구절들**

한글 신약 성경에는 '직분'이라는 단어가 총 16회 등장한다눅 16:3, 4; 행 1:20; 롬 11:13; 고후 3:7, 8, 9[2회], 4:1; 골 4:17; 딤전 1:12, 3:1, 10, 13; 히 7:5, 8:6. 이 가운데 누가복음 16장 3, 4절은 가정 내에서의 청지기를 말하기 때문에 교회의 직분과 상관이 없다. 또 히브리서 7장 5절의 경우, 원문에는 '직분'을 뜻하는 단어가 없기 때문에 현재의 논의 대상에서 빼야 한다. 또 히브리서 8장 6절은 그리스도에 대한 언급이므로 제외해 마땅하다.

나머지 열두 구절 가운데 네 구절행 1:20; 롬 11:13; 고후 4:1; 딤전 1:12은 사도직을 거론하면서 직분을 말했고, 감독과 연관해 한 구절딤전 3:1, 집사직과 연관해 두 구절딤전 3:10, 13이 등장한다. 아킵보의 경우에는 특정한 직분명 없이 '직분'이 언급되었다골 4:17. 그 외에도 특정 직분명이나 인물에 대한 언급 없이, 그저 신약 시대의 사역과 일꾼에 대한 설명이 고린도후서 3장 7, 8, 9절에 나타난다.

(2) 직분자를 총칭하는 표현들

직분자office-bearer를 가리키는 표현 가운데 가장 보편화된 단어는 '일꾼worker'이다. '일꾼'을 나타내는 그리스어 단어 가운데 '디아코노스διάκονος'가 있는데, 바울은 이 단어를 자신과 동료들에 대해 사용하고 있다. 바울은 일꾼이란 원래 복음을 위해 일하는 사람이므로엡 3:7 자신을 가리켜 "복음의 일꾼"골 1:23이라 칭하기도 하고, 또 교회와 더불어(또 교회 안에서, 교회를 통해) 일하므로 "교회의 일꾼"골 1:25이라 밝히기도 한다. 또 궁극적으로 그리스도께 속해 일하는 존재이므로 "그리스도의 일꾼"고후 11:23이기도 하고 하나님과 함께 일하기 때문에 "하나님의 일꾼"고후 6:4; 참고. 6:1이기도 하다.

직분자를 총칭하는 또 다른 단어로서 '종servant'(그리스어 둘로스δοῦλος)를 꼽을 수 있다. 이 단어는 대체로 자신의 소속을 밝히는 소유격 뒤에 사용하는데, 예수 그리스도와 연관된 종롬 1:1; 갈 1:10; 빌 1:1; 골 4:12; 벧후 1:1; 유 1:1으로, 하나님의 종딛 1:1 혹은 주의 종딤후 2:24으로, 또는 하나님과 예수 그리스도 모두의 종약 1:1으로 표기된다. 물론 하나님 혹은 예수 그리스도의 종이라는 표현이 교회의 직분자에게만 해당되는 것은 아니고 신약의 그리스도인들 모두를 지칭하는 경우도 많다엡 6:6; 벧전 2:16; 계 1:1, 2:20, 6:11, 7:3, 19:2, 5, 22:3, 6. 그러나—또 그렇기 때문에—이들 가운데서 직분자들만을 염두에 두고서도 얼마든지 하나님/ 예수 그리스도의 '종'이라 표현할 수 있다.

직분자들을 가리키는 또 다른 단어들로서 '쉰에르고스'**롬 16:3, 9; 고전 3:9; 고후 8:23; 빌 2:25, 4:3; 골 4:11; 살전 3:2; 몬 1:1, 24; 요삼 1:8**와 '쉰둘로스'**골 1:7, 4:7**가 있다. 이 두 단어는 맨 앞에 '함께σύν-'라는 접두어가 붙어 있어서, '쉰에르고스συνεργός, co-worker'는 "함께 일하는 자"라는 뜻이고 '쉰둘로스σύνδουλος, fellow-servant'는 "함께 종 된 자"라는 뜻이 된다. 그러므로 이 두 단어의 어간은 근본적으로 '일꾼'과 '종'임을 알 수 있다. '쉰에르고스'는 한글성경에 주로 '동역자'로 번역되어 있고, 대부분의 경우 특정 사역자에 대한 언급과 더불어 등장한다.

직분자를 총칭하는 마지막 범주의 단어들로서 "다스리는 자"**살전 5:12**와 "인도자"/"인도하는 자"**행 15:22; 히 13:7, 17, 24**가 있다. "다스리는 자"에 해당하는 그리스어 동사 '프로이스테미προΐστημι'는 '~앞에πρό-'와 '두다ΐστημι'의 합성어로서 "앞에 두다"라는 뜻을 가지고 있다. '인도자'/'인도하는 자'는 그리스어 동사 '헤게오마이ἡγέομαι'로부터 유래한 것으로서 "주도권을 잡다", "선도하다"라는 뜻이 있다.

(3) 직분의 종류

신약에는 여덟 가지의 직분, 즉 ① 사도, ② 선지자, ③ 복음 전하는 자, ④ 장로, ⑤ 감독, ⑥ 목사, ⑦ 교사, ⑧ 집사가 나타나 있다. 이 가운데 ①, ②, ③의 경우에는 오늘날 존속되지

x

않고,[6] ④와 ⑤는 동일한 직분의 서로 다른 명칭이며,[7] ⑥과 ⑦은 한 인물에 의해 동시에 보유되는 직분임을 고려할 때,[8] 결국 ④ 장로, ⑥ 목사, ⑧ 집사, 이 세 직분이 오늘날의 교회에서 발견된다.

그런데 한국 교회에는 성경에는 없지만 교회 발전 과정에서 자리를 굳힌 세 가지 직분—권사, 전도사, 선교사—이 존재한다.[9] 그렇다면 한국 교회에는 현재 목사, 장로, 집사, 권사, 전도사, 선교사, 이 여섯 가지 직분이 활성화되어 있는 셈이다. 이 장에서 '직분/직분자'를 언급할 때는 이 여섯 가지 직분을 염두에 두고 있다.

Ⅴ 직분자/일꾼의 중요성

왜 직분자/일꾼이 중요한가? 무엇 때문에 우리가 직분자/일꾼이라는 요소 없이는 교회를 제대로 논하기가 힘든가? 이에 대해서는 세 가지 이유가 있다고 생각한다.

(1) **사람을 통해 일하시기로 하나님께서 뜻을 정하셨기 때문에 직분자는 중요하다.** 사실 하나님께서는 직분자를 통하지 않고서도 자신의 경륜을 이루어 가실 수 있지만, 황공하게도 그렇게 하도록 결정하셨다. 이를 위해 하나님께서는 직분자를 부르시고 또한 세우신다.

① 하나님은 필요로 하는 이들을 부르신다.

눅 6:13 밝으매 그 **제자들을 부르사** 그중에서 열둘을 택하여 **사도**라 칭하셨으니

행 16:10 바울이 그 환상을 보았을 때 우리가 곧 마게도냐로 떠나기를 힘쓰니 이는 하나님이 저 사람들에게 복음을 전하라고 **우리를 부르신** 줄로 인정함이러라.

고전 1:1 **하나님의 뜻을 따라** 그리스도 예수의 **사도로 부르심을 받은 바울**과 형제 소스데네는

② 하나님은 부름받은 그 대상을 직분자로 세우신다.

막 3:16 **이 열둘을 세우셨으니** 시몬에게는 베드로란 이름을 더하셨고

고전 12:28 **하나님이 교회 중에 몇을 세우셨으니** 첫째는 **사도**요 둘째는 **선지자**요 셋째는 **교사**요 그다음은 **능력을 행하는** 자요 그다음은 **병 고치는** 은사와 서로 **돕는 것**과 **다스리는 것**과 **각종 방언을 말하는 것**이라.

딤후 1:11 내가 이 복음을 위하여 **선포자와 사도와 교사로 세우심을 입었노라.**

(2) **교회의 사역을 감당하기 위해서는 일꾼이 있어야 하므로 직분자는 중요하다.** 교회는 각종 사역을 수행하도록 사명을 받은 신앙 공동체이다. 그런데 이렇게 다양한 사역을 수행하려면 일꾼의 기용이 필수 조건으로 등장한다. 이것은 예수 그리

스도 당시에나 그 후의 교회 시대에나 마찬가지이다.

마 9:35, 37 [35]예수께서 모든 도시와 마을에 두루 다니사 그들의 회당에서 **가르치시며** 천국 복음을 **전파하시며** 모든 병과 모든 약한 것을 **고치시니라** … [37]이에 제자들에게 이르시되 추수할 것은 많되 **일꾼**이 적으니

고전 3:5-6 [5]그런즉 아볼로는 무엇이며 바울은 무엇이냐? 그들은 주께서 각각 주신 대로 너희로 하여금 믿게 한 **사역자들**이니라. [6]**나는 심었고 아볼로는 물을 주었으되** 오직 하나님께서 자라나게 하셨나니

딤전 5:17-18 [17]잘 **다스리는 장로들**은 배나 존경할 자로 알되 **말씀과 가르침에 수고하는 이들**에게는 더욱 그리할 것이니라. [18]성경에 일렀으되, "곡식을 밟아 떠는 소의 입에 망을 씌우지 말라" 하였고 또 "**일꾼**이 그 삯을 받는 것은 마땅하다" 하였느니라.

(3) 누군가는 책임을 지고 그리스도인의 신앙적 성숙을 도모해야 하므로 직분자는 중요하다. 성경에서는 신앙적 성숙이 필요한 대상을 가리켜 "믿음이 [연]약한 자"롬 14:1-2, 15:1, "어린아이"고전 3:1, 13:11; 히 5:13, "가르침을 받는 이"갈 6:6 등으로 묘사한다. 이것은 이들이 신앙적으로 더 자라야 하고참고. 고전 14:20; 엡 4:14-15; 골 1:10; 히 5:14; 벧후 3:18, 그리스도의 장성한 분량이 충만한 데까지 이르러야 한다는 뜻이다엡 4:13. 그런데 이들이 성숙으

로 나아가도록 도울 자들이 직분자 외에 누구겠는가?!

행 18:24-26 [24]알렉산드리아에서 난 아볼로라 하는 유대인이 에베소에 이르니 이 사람은 언변이 좋고 성경에 능통한 자라. [25]그가 일찍이 주의 도를 배워 열심으로 예수에 관한 것을 자세히 말하며 가르치나 **요한의 세례만 알 따름이라.** [26]그가 회당에서 담대히 말하기 시작하거늘 **브리스길라와 아굴라가 듣고 데려다가 하나님의 도를 더 정확하게 풀어 이르더라.**

골 1:28 우리가 그를 전파하여 **각 사람을 권하고** 모든 지혜로 **각 사람을 가르침**은 각 사람을 그리스도 안에서 **완전한 자로 세우려 함**이니

히 13:7 하나님의 말씀을 너희에게 일러 주고 너희를 인도하던 자들을 생각하며 그들의 행실의 결말을 주의하여 보고 그들의 믿음을 본받으라.

이처럼 직분자/일꾼은 교회에 대한 하나님의 섭리적 방침, 사역의 효과적 수행, 초보 수준의 그리스도인을 위한 교육의 필요 때문에 아무리 강조해도 지나치지 않을 정도로 중요하다.

한국 사회의 유교적 성격

그러나 안타깝게도 한국의 많은 그리스도인들은 꽤 오랜 기간 동안 직분관이 세속적 사고방식에 물들여져 왔다. 여기에서 '세속적 사고 방식'은 유교적 가치관을 가리킨다. 즉 한국 교회에 속한 대부분의 그리스도인들은 자기도 모르는 사이에 유교적 신념에 입각하여 그들의 직분관을 형성했다는 것이다.

▽ **편만한 유교적 가치관**

(1) 유교적 가치관의 역사

종래 한국 사회는 19세기 후반까지 유교적 가치관의 토대 위에 세워져 있었다. 그런데 유교적 가치나 신념은 가족이라는 구조적 단위를 기반으로 한 효孝의 가치관이었다. 어느 사회학자는 이 점을 다음과 같이 묘사한다.

유교적 가치 지향성의 핵심이 가족이라는 구조적 단위 언저리에 놓여 있어, 효孝의 가치가 조선 사회의 기본적인 틀을 유지시켜 온 것이다. 그것은 가족 공동체의 정점에 대한 의무와 공헌을 강조하는 인륜의 원칙이다. … 조선 사회에서 혈연적 가족 공동체는 국가 공동체보다 더 기본적이며 자연적인 가치의 영역으로 인식되었으며, 따라서 효가 충을 포함한 다른 인륜적 의무보다 더 우선하였다는 뜻이 된다.

이처럼 가족 공동체 중심의 인륜 관계에 놓여진 높은 유교적 가치는 조선 사회의 구조와 과정을 통하여 유지되어 왔고, 뒤바꾸어 말하자면 그러한 가치에 의하여 사회의 여러 제도적 수준과 영역이 정당화되었다.[10]

그러나 20세기에 들어서면서 전통적인 유교적 가치관은 자본주의적 가家의 실현으로 변화되었다. 한국학 전문가인 최봉영은 이러한 변화의 최종점을 입신출세라고 말한다.

한국 사회의 변동과 함께 초래된 가家의 성격의 변화는 한국인의 삶에 많은 변화를 초래하였다. 특히 국가의 성격이 변화함에 따라 한국인이 추구하는 가家의 실현에도 큰 변화가 초래되었다. …조선시대 사람들은 유교적 방식에 의한 개인의 실현을 추구하였다. 이것이 유교적 자가 실현으로 개인의 완성은 입신양명으로 나타났다. **반면에 오늘날 사람들은 자본주의적 방식에 의한 개인의 실현을 추구하고 있다. 이것이 자본주의적 자가 실현으로 개인의 완성은 입신출세로 나타나고 있다.** 유교적 사회체제가 자본주의적 사회체제로 변화하면서 자가 실현의 내용이 입신양명立身揚名에서 입신출세立身出世로 변화된 것이다.[11] [강조는 인용자의 것]

(2) 입신출세의 정체

그러면 도대체 입신출세란 무엇인가? 역시 최봉영에 의하면 입신출세의 근본적 성격은 네 가지로 정리가 가능하다.

첫째, 입신출세에서 '출세'는 출중出衆, 출류出類 등에서 볼 수 있듯이 남보다 뛰어남을 뜻한다. 그리고 이러한 뛰어남은 많은 사람들이 갖고자 원하는 외부에 존재하는 대상물, 즉 재력, 권력, 학력, 능력 등을 획득·소유함으로써 이루어진다.[12]

둘째, 입신출세의 대상물은 재력, 권력, 학력, 능력과 같이 사회적으로 통용되는 힘(一財力, 權力 등)을 의미한다. 이러한 출세의 대상물은 그것을 소유한 사람에게 힘을 부여하게 되고, 소유자는 이것을 통해서 비교의 대상이 되는 다른 사람보다 우월적 위치에 서게 된다.[13]

셋째, 입신출세란 주로 현재 속에 드러난 결과를 두고 하는 말이다. … 따라서 특정한 사람이 출세를 했느냐 안 했느냐 하는 것은 그가 현재 도달해 있는 결과를 가지고 평가된다. 따라서 출세를 논함에 있어 현재까지의 과정은 크게 문제 삼지 않는다.[14]

넷째, 입신출세란 주로 세속적 기준에 입각하여 밖으로 드러난 외형적인 모습을 평가한 것이다. … 출세의 기준은 외부인의 관찰로 쉽게 파악되는 밖으로 드러난 것이 된다. 그 사람의 내면이 어떻게 되어 있느냐 하는 것은 출세와 관계가 없다.[15]

입신출세의 꿈이 유교적 가치관의 핵심이기 때문에, 이런 마음 상태는 두 가지 서로 맞물린 결과를 초래한다.

(1) 감투/벼슬에의 집착

감투나 벼슬이 "관청에 나가서 나랏일을 다스리는 자리"라고 되어 있지만, 사회학자 최재석에 의하면 실제로는 용례의 범위가 이보다 훨씬 넓다.

① 행정, 입법, 사법 3부 소속의 공무원의 신분,
② 경제·문화·학술 단체와 같은 제기능적 집단에의 참여를 의미하기도 한다.
③ 현재 직위에서의 승진을 의미하기도 하고,
④ 사람을 통제 관리할 기회가 비교적 많은 직업에 종사하는 계층, 즉 권력을 장악한 계층을 감투라고 하기도 한다.
⑤ 또 ①, ②에 있어서의 비교적 높은 지위를 가리키기도 한다.
⑥ 일반적으로 관직에 대하여 가장 집중적으로 사용되고 있는 것 같다.[16]

한국인이 감투에 대해 얼마나 집착적인지는 감투와 연관한 한국인의 사회의식 가운데 잘 드러나 있다.

① 어떻게 해서든지 '감투'는 획득되어야 한다.

② '감투'를 얻으려면 유력자와 인연을 맺어야 한다.

③ 신분적인 계층질서를 엄격히 존중해야만 출세할 수 있는데 이 것을 외적 행동으로 나타내야 한다.

④ 비합리적인 방법으로 치부致富할 수도 있고, 출세할 수도 있다.

⑤ 개인이 가족에서 미분화되어 있기 때문에 감투를 좌우하는 당 사자가 아니더라도 그 가족원을 통해서도 획득할 수 있다.[17]

(2) 우두머리가 되고자 하는 열망

입신출세의 꿈은 또 다른 결과—우두머리가 되고자 하는 열망—도 낳는다. 소위 말해서 '장長'이 되고자 하는 집념이 강한 욕구로 작용하게 되었다.

한국인에게는 유교적 자가 실현, 즉 입신양명에 뿌리를 두고 있는 입신출세적 성취동기가 역사적 직분 의식의 형태로 내면화되어 있다. 이렇기 때문에 한국인은 입신출세를 이룩함으로써 사람으로 행세할 수 있고, 사람으로 대접받을 수 있고, 사람으로서 보람을 얻을 수 있다고 생각한다. 따라서 한국인은 역사 무대 속에서의 세속적 영웅이 되기 위해 영웅적 방식으로 생각하고 행동하는 경향을 갖고 있다.

한국인은 역사 무대 속에서의 세속적 영웅, 즉 '―장長님'이 되기를 원한다. '―장님'으로 불릴 수 없는 용의 꼬리가 되는 것보다는 '―장님'으로 불릴 수 있는 뱀의 머리가 되려고 한다.[18] [강조는 인용자의 것]

물론 우두머리가 되도록 부추기는 또 다른 요인으로서 존비어尊卑語의 사용이 있다.

한국인은 개인을 지칭할 때에도 상하의 존비 관계를 표시하는 직책으로 부르는 것이 통례이다. 상대가 자신보다 높은 직책에 있는 경우에는 '사장님' '부장님' '과장님' '교수님' '계장님' 등과 같이 '님'을 붙여 지칭한다. 반면에 자신보다 직책이 낮거나 직책이 없는 경우에는 성씨나 이름으로 지칭한다. '김 씨' '이 씨' '미스터 박' '미스 김' '아저씨' '아주머니' 등이 그것이다. 성씨나 이름을 낮게 취급하는 것은 성씨와 이름에는 상하의 높낮이가 없기 때문이다. **따라서 사람들은 성씨나 이름으로 불리는 수모를 당하지 않기 위해서도 기를 쓰고 높은 자리에 오르려고 한다.**[19] [강조는 인용자의 것]

이처럼 한국 사회는 유교적 가치관의 작용으로 말미암아 벼슬에 집착하게 됐고, 또 그런 감투나 벼슬 가운데에서도 우두머리를 꿈꾸도록 자극했다.

한국 교회에 침투한 유교적 직분관

▽ 호칭 문화의 현실

오늘날 한국 교회의 인간관계를 눈여겨볼 때 가장 특이하게 목도되는 것은 구성원들 사이에 만연되어 있는 호칭 문화이다. 즉 교우들이 서로를 부를 때 성姓에다 교회 직분을 붙인다는 사실이다. 그리하여 우리는 김 장로님, 유 목사님, 송 전도사님, 서 권사님, 양 선교사님 등의 호칭에 익숙해 있다.

그런데 이런 호칭들은 모두 개인의 직분에 관한 것이다. 다시 말해서 개인의 직분을 호칭으로 활용한 경우로서, 이들을 한데 묶어 '직분 명칭'이라 분류할 수 있다. 이러한 직분 명칭에 대조되는 범주의 명칭이 있으니 바로 '신분 명칭'이다. 신분 명칭은 그리스도인이 구원을 받을 때 신분의 변화 때문에 부여받은 명칭이다. 다음은 신약에 나타난 '신분 명칭'의 예이다.

- 나는 **그리스도인**이다 행 11:26, 26:28; 벧전 4:16.
- 나는 **하나님의 자녀**이다 요 1:12; 롬 8:16.
- 나는 다른 그리스도인에 대해 **형제/자매**이다 막 3:35; 고전 7:15; 약 2:15.
- 나는 **성도**들 중 하나이다 행 9:13; 고전 1:2; 히 6:10.

- 나는 그리스도의 몸을 이룬 **지체**이다 롬 12:5; 고전 12:27; 엡 3:6.

- 나는 **제사장**이다 벧전 2:5; 계 1:6.

앞에서 언급했다시피 '직분 명칭' 또한 존재한다.

- 나는 **목사/목회자**이다 엡 4:11.

- 나는 **장로**이다 행 14:23; 딤전 5:17; 약 5:14.

- 나는 **권사**이다.

- 나는 **집사**이다 빌 1:1; 딤전 3:8.

- 나는 **전도사**이다.

- 나는 **선교사**이다.

그런데 한국 교회에서는 상대방을 부를 때 신분 명칭이 아니라 직분 명칭을 택했다. 교우들을 '그리스도인', '하나님의 자녀', '형제/자매'로 언급하긴 하지만 서로 부를 때는 이런 신분 명칭을 사용하지 않는다. 만일 신분 명칭을 호칭의 수단으로 활용했다면 직분과 상관없이 그리스도인들을 하나로 묶어주는 효과가 나타났을 것이다. 그러나 안타깝게도 직분명이 호칭의 주요소가 되고 말았다.

▽ 호칭 문화의 문제점

호칭 문화는 일반 사회에서도 문제가 되지만,[20] 더욱 피해를 크게 겪는 것은 신앙 공동체 안에서이다. 호칭 문화의 부정적 영향을 두 가지로 나누어 보면, 하나는 직접적(혹은 즉각적) 영향이고 또 하나는 간접적(혹은 후속적) 영향이다. 직접적/즉각적 영향은 우리가 이런저런 호칭을 사용하고 이런저런 호칭으로 불리면서 경험하는 바 '자아상 면에서의 고착 관념'이다. 이것은 직분이 참으로 우리의 정체를 수립해 주고 가치를 결정해 준다는 오해와 편견을 말한다.

바로 이러한 고착 관념이 근원이 되어 간접적/후속적 영향이 피해로 나타난다. 무엇이 그러한 피해일까? 최소 네 가지 문제점이 피해를 구성한다고 생각한다.

(1) 직분이 직분자 개인의 위상을 높이는 것으로 착각한다. 가장 저급한 형태의 경우 당사자는 자신의 직분이 승진이나 신분 상승과 같은 효과를 발휘하는 수단이라고 여긴다. 이것은 입신출세의 사고방식이 신앙 공동체에 적용된 예라 할 수 있다.

또 어떤 경우에는 직분의 부여가 자신이 다른 그리스도인에 비해 더 성숙하다는 것을 입증하는 일이라고 오해하는 수도 있다. 그리하여 은연중에 무직분자나 '낮은(?)' 직분자에 대해 교만한 마음을 품기도 한다.

직분을 개인의 위상 제고提高와 연관시키는 것은 근본적으로 직분의 본질에 대한 무지로부터 연유한다. 직분은 성령의 은사에 바탕을 둔(고린도전서 12장 28절에는 직분에서 은사로의 자연스러운 전환이 엿보인다) 터전이고 특정 기능을 수행하기 위한 기지이지, 직분자의 신앙 인격이나 성숙의 정도를 보장하지 않는다. 성숙한 신앙은 오히려 성령의 열매인 사랑에 의해 측정할 수 있다. 그러므로 직분자는 자신의 직분을 자기 위상의 상승이 아니라 책임 의식과 연관을 시켜야 한다.

(2) **직분들 사이에 위계성이 있다는 편견을 드러내고 또 강화한다.**[21] 대부분의 그리스도인들은 직분 사이의 기능적 차이를 직분/직분자의 우열성優劣性과 연계시키고 있다. 흔히 통념화된 패턴은 남성의 경우 '서리 집사 → 안수 집사 → 장로'이고 여성의 경우 '집사 → 권사'이다. 따라서 집사는 가장 열등한 직분이고 장로나 권사는 좀 더 우월한 직분이라고 생각한다. 또 집사직은 장로나 권사가 되기 위한 예비 단계에 지나지 않는다고 여기게 마련이다.

그러나 이것은 어떤 직분이 다른 직분과 상관없이 독자적인 의의와 가치를 갖는다는 성경의 가르침에서 벗어난, 세속적 관념에 지나지 않는다. 이런 그릇된 생각은 서양의 교회에서조차 문제가 되었다.

우리의 교회 직분은 아직도 위계적으로 수립이 되는 것 같다. 흔히 목사가 가장 존경을 받고 그다음에 장로가 오며 가장 마지막에 집사가 위치해 있다.

…그럼에도 불구하고 이런 생각은 그릇된 직분관을 반영한다. **사**

실 직분들은 각각 독특한 것으로서 서로가 다른 성격을 보유하고 있다. 그러나 직분들을 위계적으로 수립해서는 안 된다. ⋯ 예를 들어, 자신의 직분을 진정으로 이해하는 집사라면, 장로나 설교자가 교회 내 핍절한 사람을 향한 책임을 다하지 않을 때 권계하거나 책망하는 임무를 행해야 할 것이다. 마찬가지로 장로들도 목사의 교리와 행실에 대해 감독해야 한다.

그러므로 직분들은 각 직분자에게 할당된 임무에 따라 수립되어야 한다.[22] [강조는 인용자의 것]

(3) 그리스도인들은 가장 높은 직분명으로 불리기를 바라고 또 그렇게 되도록 총력을 기울인다. 이것은 그리스도인의 직분관이 성공 지향적이고 경쟁주의적인 심리 상태로 착색되어 있다는 사실을 노정한다. 이런 생각을 가진 그리스도인은 직분의 획득을 종교적인 면에서의 성공으로 여긴다. 또 가장 높은 직분의 위치에 올라감으로써 여러 경쟁 대상을 물리치고 승리를 누리겠다는 야망과 투지가 엿보인다. 이렇게 승리를 쟁취하고 나면 사람들의 주목과 인정을 받는 것은 덩달아 누릴 수 있는 유익인 고로 그는 더욱 분연히 노력을 쏟아붓는다.

만일 이런 멘탈리티가 고쳐지지 않으면 목표가 달성되고 나서 더 큰 문제가 발생한다. 자신이 바라던 위치의 직분자가 되기 전까지는 그래도 겉으로나마 직분자로서의 자격을 확보하기 위해 요구되는 여러 가지 조건의 충족에 신경을 썼었다.

그러나 일단 뜻한 목표를 이루고 나서부터는 그것조차 게을리 하는 수가 많기 때문이다.

(4) **어떤 이유에서건 가장 높은 직분명으로 불리지 않게 될 경우 패배감과 수치심에 휩싸이곤 한다.** 사실 겉으로 표현을 안 해서 그렇지 이런 문제는 거의 모든 교회에서 골칫거리가 되어 있다. 어차피 남자 집사들 모두에게 장로직을 부여할 수는 없는 실정이므로, 상당수의 집사들은 장로 피택에서 제외된 채 평생을 집사로서 지내야 한다. 만일 그런 이들이 위에서 말했듯 각 직분의 고유적 독특성을 확신하고 있는 건강한 그리스도인이라면, 크게 문제될 일이 없을 것이다. 그러나 대부분 그렇지 못하다.

예를 들어, 어떤 장로 교회에서 한 남성이 50대 초반에 이르도록 장로 선출에서 빛을 보지 못했다고 하자. 우선 그는 직분의 문제와 관련하여 체면이나 위신을 세우기가 매우 힘들다. 어쩌면 자존감 면에서까지 어려움을 겪고 있는지도 모른다. 심지어 자신의 불신 친구들이 던지는, "당신 그렇게 교회를 오랫동안 열심히 다녔는데 아직도 장로가 안 되었어?"라는 농담조의 힐문조차 마음에 상처가 될 수 있다. 엎친 데 덮치는 격으로 혹시 자기의 후배나 자기 생각에 별 자격도 갖추지 못한 인물이 자신을 제치고 장로로 피택되었다면, 그때 그가 겪는 굴욕감이나 괴로움은 가히 상상을 초월할 정도이다. 이 모든 고뇌와 아픔은 궁극적으로 호칭 문화의 후유증이라 하지 않을 수 없다.

▽ 호칭 문화 극복의 어려움과 '몸부림'

그렇다면 우리는 어떻게 이러한 호칭 문화의 문제를 극복할 수 있을까? 솔직히 말해서 답변은 부정적이다. 호칭 문화는 우리의 공동체 생활 가운데 이미 씨줄과 날줄처럼 자리를 잡은 데다가 혹시 이런 관행을 근절한다고 해도 이에 대한 건설적 대안을 마련하기가 매우 힘들기 때문이다.

물론 그리스도인들 사이에 저들 나름대로 노력을 기울이지 않은 것은 아니다. 내 경우에는 교회의 모든 공식 모임 때 어떤 대상에 대해서든지 '교우'라는 호칭을 사용하도록 제안했고, 어느 정도 실효를 거둔 것도 사실이다. 그러나 아직 교회 생활을 하지 않는 이들에게 '교우'라는 호칭을 사용하는 것이 격에 맞지 않게 여겨지는 경우가 있었고, 새파란 청년이 늙수그레한 나이의 신자를 가리켜 '교우'라고 부르는 것 또한 어색하기 짝이 없었다. 게다가 공식 모임 이후 여러 맥락에서 이루어지는 비공식적 자리에서 서로 간에 '교우'라는 호칭을 쓰기가 쉽지 않았다.

또 어떤 교회에서는 어느 연령 이상의 남성들을 모두 '장로'라고 부른다는 이야기도 들었다. 이것은 바로 앞에서 지적한 네 번째 문제점을 타개하기 위한 방편으로 보인다. 그런데 이렇게 하다 보니까 신앙적 자질이나 자격 조건에서 장로가 될 수 없는 이들까지 '장로'로 불리게 되었고, '장로'라고 불리지만 영적 성숙의 수준이 상당히 낮은 이들 때문에 공동체가 다른 이들(그리스도인이든 비그리스도인이든)로부터 빈축을 사는 수도 있어서 또 다른 문제가 야기되었다고 한다.

좀 더 연배가 낮은 젊은이들 중심의 어떤 교회에서는 교우들 각자에게 영어 이름을 부과하고 그 이름으로 호칭을 삼았다고 했다. 이 방침에도 일리가 있지만 모든 난점에서 벗어날 수 있는 것은 아니었다. 젊은 세대가 모인 교회나 가족 분위기의 소교회인 경우에는 이 방침이 유용하지만, 그렇지 않은 교회(전통적 스타일의 교회, 나이 많은 세대가 주축을 이룬 교회, 대형 교회 등)의 경우에는 시행 자체가 난항이 예상된다. 또 세상 속에 흩어져 살다가 삶의 현장에서 교우들을 만났을 때 어떻게 불러야 할지 막막한 경우도 있을 것이다.

사실 어떤 방도를 채택하든 호칭 사용에 수반되는 어려움이 완전히 사라지지는 않는다. 이처럼 호칭 문화를 완전히 배제할 수 없는 것이 한국 교회의 실정일진대, 호칭을 사용하되 이로 인한 문제점이 무엇인지는 교우들이 숙지하고 있어야 한다. 어쩔 수 없이 문제점을 안고 살더라도 그 문제점이 무엇인지는 분명히 파악해야 할 것이다!

16. 두 교회를 하나로 합치자고요?

교회 합병에 대한 이해

•
•

　'교회 합병敎會合倂, church merger'이란 무엇인가? 한국에서
는 아직 이 말이 보편화되지 않은 관계로 많은 이들에게 생경
한 느낌을 줄지도 모르겠다. 그러나 현재 한국 교회의 어려운
상황을 감안할 때 대략 무슨 뜻인지는 짐작할 수 있을 것이다.
또 기업 합병企業合倂이라는 경제계의 생존 전략이 사회에 소
개된 바 있으므로, 유사점에 의거한 추론 역시 가능하다. 여기
서는 '교회 합병'을 "독자적으로 존재하던 두 개의 신앙 공동
체가 여러 가지 필요 때문에 조직상 하나의 집단으로 합치는
통합 작업"이라는 작업가설working hypothesis을 기반으로 논의
를 전개하고자 한다. 이론상으로는 세 교회나 심지어 그 이상

의 집단끼리도 합체가 가능하지만, 합병이 추진되는 실례는 대부분 두 교회 사이이므로, 교회 합병의 해당 주체는 두 교회인 것으로 상정하고자 한다.

교회 합병을 이상과 같이 묘사할 경우 흔히들 이런 의문을 갖는다. "교회 합병은 결국 성경이 말하는 천국의 확장눅 13:18-21과 모순되는 것이 아닐까?" 천국의 확장은 수적 증가와 긴밀히 연관이 되고, 그리스도인의 수효를 늘리려면 교회의 분립(물론 합당한 형태의 분립을 의미함)과 개척이 포함되어야 하는데, 교회 합병이란 이런 정책과 정면으로 충돌하는 것이 아니냐는 것이 질문의 요지이다.

그러나 이러한 반론에는 논리적 허점이 개재되어 있다. 우선, 천국의 확장이 꼭 그리스도인의 수적 증가로 나타나는 것은 아니다. 그럴 수도 있지만 그렇지 않은 경우도 비일비재하다. 또 혹시 천국의 확장이 수적 팽창과 일치한다고 해도, 교회 수의 증가가 반드시 그리스도인의 수적 증가를 보장하는 것은 아니다. 통계적 자료를 보면, 어떤 교단이 다른 교단에 비해 교회 수는 많아도 교인 수는 뒤떨어지는 경우도 있기 때문이다.

이로 보건대 교회 합병이 반드시 천국의 확장과 마찰을 일으키는 것은 아니다. 물론 상당히 많은 경우 천국 확장은 교회 개척의 노력과 함께 갈 것이다. 그러나 그렇지 않은 경우도 존재한다. 즉 교회 합병을 해야만 그것이 오히려 천국의 확장(및 심지어 수적 증가까지도)을 도모하는 일이 된다는 것이다.[1] 여기서 다루는 교회 합병에 대한 논의는 이런 배경을 염두에 둔 것이다.

교회 합병의 세 가지 경우

교회 합병은 합병이 이루어지는 상황과 맥락—합병 전 두 공동체의 형편/위상, 합병이 필요한 이유, 합병의 주된 세력 등—에 따라 그 과정과 윤곽이 크게 달라진다. 따라서 교회 합병을 논하려면 먼저 합병이 발생하는 상황과 맥락을 파악하는 일이 선행되어야 한다. 그런데 교회 합병이 이루어지는 맥락은 다른 무엇보다도 '목사의 거취'라는 관점에서 조망하는 것이 필요하다. 여기에서 '목사의 거취'는 목사가 있느냐 없느냐, 있다면 몇 명이냐, 둘이 있다면 둘 사이의 권위상 위계질서는 어떻게 되느냐 하는 것 등이다.

왜 교회 합병이 발생하는 맥락을 목사의 거취라는 관점에서 살펴야 하는가? 그것은 목사의 거취가 교회 합병의 성패뿐만 아니라 합병 이후 교회의 안정적 발전에도 지대한 영향을 미치기 때문이다. 목사는 평소에도 책임 맡은 회중에 대해 상당한 권위를 행사하지만, 교회 합병의 과정에서는 그 권위의 작용력이 극대화된다. 특히 한국 교회의 경우에는 이것이 부연적 설명이 필요 없을 정도로 명백한 사실이다.

이제 목사의 거취가 교회 합병에 작용하는 패턴을 세 가지 경우로 구분해서 알아보자.

(1) **일인 부재 —人不在의 경우이다.** 이것은 합병하는 어느 한 쪽 교회의 목회자가 자리를 비울 때 발생한다. 갑작스러운 사고나 질병으로 인한 죽음, 도덕적 과실에 따른 징계나 퇴출, 혹은 개인의 특수한 사정으로 말미암은 사임 등 다양한 원인이 있다. 보통 목회직이 공백인 경우 새로운 목회자를 청빙하는 것이 상례이지만, 어떤 교회는 자기들 나름의 특이성—구성원들의 독특한 신앙 스타일, 특정 사역에 대한 헌신, 혹은 공동체의 신앙적 유산 등—을 살리기 위해 청빙 대신 기존의 다른 공동체와 합병하는 길을 택할 수 있다.

사실 이것은 내가 사역하던 새시대교회의 행보였다. 1996년 신학교 교수로서 활동을 시작했고 이와 동시에 1998년부터는 성인 멤버 약 35명 되는 교회에서 주로 설교 위주의 사역자로 섬기게 되었다. 교회 사역을 한 지 10년 만(2007년)에 시간적·정신적 부담을 이기지 못하고 교회를 사임했다. 새시대교회는 다른 목회자를 찾는 일이 뜻대로 되지 않자 2010년에 다니엘교회와 합병을 시도했다. 당시 합병을 지지하지 않던 20퍼센트 정도의 교우들을 제외하고는 모두 다니엘교회로 적을 옮겼고, 교회의 명칭은 다니엘새시대교회로 바뀌었다.

일인 부재의 경우에는 두 목회자끼리의 복잡하고 미묘한 의견조율 과정이 생략된다는 점에서 교회 합병이 비교적 쉽다. 대체로 목회자가 없는 쪽의 교회가 목회자를 보유한 교회의 방침에 순응하는 식으로 합병이 진행되기 때문이다. 새시대교회의 경우에는 교회당 건물이 없었고, 교인들의 수효가 다니엘교회보다 훨씬 적었기 때문에 합병이 더욱 용이했다.

(2) **이인 위계**二人位階**의 경우가 있다.** 이 경우는 합병하는 두 교회에 각각 목회자가 직무를 수행하고 있다는 점에서 첫째 경우와 차이가 난다. 그런데 합병을 통하여 두 목회자 사이에 위계질서가 확립이 된다. 대체로 연장자가 담임 목사의 위치에 서고 연하의 목회자가 부목사로 자리매김을 한다. 교세의 경우에는 두 교회가 비슷할 수도 있고, 어느 한 교회가 다소 클 수도 있다.

이인 위계의 교회 합병은 은퇴를 몇 년 내에 두고 있는 목회자의 교회와 지금 한창 목회적 기량과 에너지를 뿜어 내고 있는 중견 목회자의 교회 사이에 이루어지기도 한다. 특히 전자의 교회는 교회 소유의 예배당이 있지만 교인들의 동력이 정체되어 있는 데 비해, 후자의 교회는 구성원들이 좀 더 젊고 생동감으로 넘치되 상가 일부를 예배 처소로 임차하고 있는 형편이라면, 교회 합병은 두 교회 모두에게 매력적인 옵션이 된다.

그러나 이러한 이인 위계의 합병이 은퇴를 배경으로 해야만 가능하다는 뜻은 아니다. 만일 두 교회의 처지가 합병을 통해 윈윈win-win의 결과를 예상할 수 있다면, 합병은 어느 한쪽 목회자의 연령 조건과 무관하게라도 추진될 수 있을 것이다. 단지 목회자 상호 간에 '위계'가 제대로 유지될 수 있도록 합의를 보는 일과 약속을 지키는 일에서 차질이 빚어지지 않아야 의도한 합병의 목표와 유익이 구체적으로 실현될 것이다.

(3) **이인 동사**二人同事**를 지향하는 경우이다.** 이 경우의 교회 합병은 합병 대상인 두 교회에 목회자가 직무 수행 중이라는 점에서 첫째 경우와도 다르고, 교회 합병 후 두 목회자가 대등한 입장과 위상을 보유한다는 점에서 둘째 경우와도 차별화된다.

'동사'의 실천은 한국 교회 초기에는 드물지 않았던 모습이다. 이 개념의 핵심은 두 목회자가 권위, 직책, 역할 등에서 동등한 자격과 조건을 부여받는 데 있다. 따라서 특정한 은사의 자율적 활용이나 독자적 사역 영역의 확보만으로는 동사가 실현되지 않을 수도 있다. 또 요즘처럼 은퇴를 앞둔 목사가 스무드한 후계자 계승을 목표로 하여 동역하는 일을 가리키는 것도 아니다. 동사란 그보다 훨씬 더 근본적이고 급진적인 것으로서 두 목회자의 대등성, 온전한 파트너십과 협업, 합의에 의한 권리와 책임의 규정 등이 포함된다.

사실 이런 식의 동사가 겉으로는 멋져 보이지만 실행하는 데는 여간 힘든 일이 아니다. 그런데도 왜 동사 지향의 교회 합병을 추구하는가? 최소 두 가지 이유를 제시할 수 있을 것이다.

첫째, 어떤 이는 신학적 이유 때문에 동사 지향적 교회 합병을 시도한다. 미국에는 복수 장로 형태의 회중 제도plural-elder congregationalism를 신약적 교회 정치의 표준으로 보는 이들[2]이 있는데, 이들은 교회 합병이라면 당연히 동사 지향적 교회 합병이어야 한다고 생각한다.

둘째, 동사 지향의 교회 합병은 목회적 이상을 꿈꾸는 이들에게서 발견되곤 한다. 그들은 대부분 신학생들이거나 목회 초년생으로서 한국 교회가 당연시하는 일인 만능 체제의 목회 리더십에 넌더리를 쳤고, 그에 대한 대안으로서 동사 목회를 열렬히 지지하게 된 것이다.[3]

교회 합병에 따르는 교회론적 이슈들

교회 합병을 시도하거나 추구하다 보면 이전에는 겪지 않았던 교회 운영상의 여러 가지 문제와 만나게 된다. 그 가운데 네 가지 사항을 추려서 소개하고, 이에 대한 답변을 마련하고자 한다.

▽ 이슈 1: 다른 교단 교회와의 교회 합병

같은 노회 또는 같은 교단 내의 교회와 합병이 이야기될 경우에는 크게 염려할 바가 없겠지만, 교단이 다른 교회끼리의 합병일 경우에는 문제가 상당히 복잡해진다. 구체적으로 말해서, 합병 대상인 두 교회가 장로교와 침례교 소속이거나, 오순절 교단과 감리교 혹은 성결교 소속인 경우 어떻게 해야 하느냐는 것이다. 우선 이 사안이 흔히 말하는 교회 연합―교단 차원에서의 하나됨과 교류―이 아님을 기억할 필요가 있다. 지금 거론되는 문제는 어느 한 교회의 구성원들(목회자, 직분자, 교우들)이 교단을 바꿀 수 있느냐 하는 것이다.

교단을 바꾼다는 것은 신학적 견해와 교회정치적 입장을 바꾼다는 뜻이다. 우선 신학적 견해의 문제부터 생각해 보자. 대부분의 교단은 복음주의적 핵심 교리―삼위일체 하나님, 성경의 신적 권위, 창조, 그리스도의 신성과 인성, 대속의 죽음, 부활, 중생/회심, 성령의 역사, 그리스도의 재림 등―를 공통으로 가지고 있고, 이차적으로 각 교파/교단 특유의 교리― 예를 들어, TULIP(장로교), 침수 방식(침례교), 완전 성화(감리교), 치유(성결교), 성령 세례(오순절 교단) 등―를 표방한다. 그런데 어떤 이들은 복음주의적 핵심 교리의 견지를 우선적으로 중요시할 뿐 교단 특유의 교리에 대해서는 크게 괘념하지 않지만, 또 어떤 이들은 복음주의적 핵심 교리뿐 아니라 교단 특유의 교리까지도 그대로 견지해야 한다는 신념을 가지고 있다.

교회정치적 입장은 교회 공동체를 어떻게 통치/운영 governance 하느냐에 대한 것으로서, 감독제(성공회나 감리교), 장로제(장로교나 개혁 교단), 회중제(침례교나 형제교회 및 독립교회)

가 있다. 역시 어떤 이들은 자신의 교회정치적 입장을 가장 타당한 것으로 여기는가 하면, 어떤 이들은 각각의 입장들이 성경적 지지는 받을 수 있되 그럼에도 불구하고 절대적이지는 않은 것[4]으로 여긴다.

이상의 내용에 기초할 때 어떤 이는 교단을 바꿀 수 있다고 생각할 것이고 어떤 이는 그럴 수 없다고 생각할 것이다. 전자(교단을 바꿀 수 있다고 생각하는 이)는 신학적 견해에서 복음주의적 핵심 교리의 견지에만 심혈을 기울이고 교회정치적 입장들과 관련해서는 그 어느 쪽이나 절대적이지 않다고 여기는 이들이다. 후자(교단을 바꿀 수 없다고 생각하는 이)는 자신이 속한 교파/교단의 교리까지도 중시하고 자신이 합류한 신앙 공동체의 교회정치적 입장이 최선이라고 여긴다. 그리하여 교단을 바꿀 수 있다고 생각하는 이들은 다른 교단 내 교회와의 합병을 지지할 것이고, 교단을 바꿀 수 없다는 신념의 보유자들은 다른 교단 내 교회와의 합병을 찬성하지 않을 것이다. 이처럼 다른 교단 교회와의 교회 합병 문제는 교단을 바꾸는 일에 대한 그리스도인 개개인의 신학적·교회정치적 입장에 달려 있다고 할 수 있다.

▽ 이슈 2: 동사 목회의 가능성

동사 목회는 정말 가능한가? 이론상으로는 물론 가능하다. 또 어떤 이들은 목회자라면 으레 이런 타입의 사역을 실행

해야 하지 않겠느냐고 결론 짓기까지 할 것이다. 그런 주장을
하는 이들의 논리를 추적해 보면, 다음과 같은 생각의 흐름이
발견된다.

- 그리스도인은 예수님의 가르침**요 15:12**과 희생적 모범**요일 3:16**을
  좇아 서로를 사랑해야 한다.
- 일반 그리스도인이 그런 정도로 사랑해야 한다면, 그들의 지도
  자인 목회자들은 상호 간에 더할 나위 없이 사랑해야 한다.
- 목회자들 사이에는 동사 목회를 감당할 정도로 지고한 사랑이
  현시되어야 한다.
- 목회자들 사이에는 동사 목회가 실행되어야 한다.

그러나 이것은 일련의 관념적 발전 과정에 대한 예시일
뿐 실제로 목도할 수 있는 목회 사역의 패턴이 아니다. 인간에
게는 끊임없는 욕구가 발동되고, 본성의 부패는 이 방면에서
도 그리스도인의 (오히려 지도자에 대해서는 더욱더) 심령을 노략
질하기 때문이다. 이런 점에서는 두 명의 목회자라 할지라도
아직 도상에 있는 '용서받은 죄인들'일 뿐이다.

물론 이 말이 애초부터 동사 목회의 이상을 포기하라는
것은 아니다. 동사 목회는 성경의 이상이고 우리가 꿈꾸어야
할 목표이기 때문에 기다렸다는 듯이 포기할 수는 없다. 또
100퍼센트까지의 동사 목회는 아니라 하더라도, 이런 이상과

목표에 근접하고자 애를 씀으로써 현행의 일인 독재식 목회 리더십이 초래하는 폐습을 조금이라도 경감할 수 있기 때문에, 우리의 꿈꾸기는 부단히 계속되어야 한다. 다만 동사 목회나 그에 근접한 목회 리더십을 이루고자 할 경우 철저한 준비와 각오가 요구된다는 점만큼은 마음에 새겨야 할 것이다. 특히 염두에 둘 만한 준비 사항은 다음 다섯 가지이다.[5]

- 목회에서의 동역에 대한 개인적 확신과 비전이 있어야 한다.
- 동역을 꿈꾸는 이들 상호 간에 깊은 신뢰가 형성되어야 한다.
- 목회적 동역을 계획하는 이들은 솔직한 의사소통과 대화에의 의지가 있어야 한다.
- 목회에서의 동역을 실현하려면 서로 간 은사의 확인과 인정이 있어야 한다.
- 목회적 동역에 대한 계획을 세울 때 구체적 목표를 설정해야 한다.

▽ **이슈 3: 교회 합병 반대자에 대한 목회자의 조치**

어떤 교회의 목회자가 다른 교회와의 합병을 염두에 두고 있다고 하자. 그는 자기 교회와 상대방 교회의 목회적 형편을 잘 알고 있고, 합병 프로젝트가 가져다줄 재정적 여유나 사역의 활성화 때문에 한시바삐 합병 과정이 시작되기를 고대하고 있다.

그런데 교회 합병에 대해 교우들 모두가 긍정적인 것은
아니었다. 일부 반대자들은 목소리를 높여 가며 합병 프로젝
트를 깎아내리는가 하면, 말로 표현을 하지는 않지만 합병에
대해 우려와 의혹을 내비치는 교우들도 있었다. 더욱이 이들
의 부정적 태도는 다른 교우들에게까지도 마이너스 요인으로
작용하고 있다.

이런 경우 목회자의 권세는 무엇이며 목회자는 어떤 방식
으로 반대자들을 상대해야 할까? 우선, 하지 말아야 할 것 두
가지부터 언급해 보겠다. 무엇보다도, 목회자는 이번에 무슨
수를 써서라도 교회 합병을 성사시키고야 말겠다는 집념을 앞
세우지 말아야 한다. 비록 특정 교회와의 합병이 타당하게 여
겨지고 그에 대해 상당한 확신이 들더라도, 여차하면(예를 들
어, 반대자가 너무 많으면) 교회 합병에 관한 자신의 의제를 철회
할 수도 있다는 마음의 준비가 필요하다. 또 한 가지 금기는
"내가 기도해 보니까 합병하는 것이 하나님의 뜻이더라" 하는
식으로 스스로 부과한 영적 권위를 방패막이로 삼아 자기 입
장을 관철하려는 시도는 하지 말아야 한다.

목회자가 교회 합병을 반대하는 이들에 대해 취해야 할
전략은 '대화'와 '설득'이다. 왜 저 교회와 합병을 시도하는 것
이 바람직한지 납득이 갈 만한 근거들을 제시해야 한다. 만일
그들이 이 제시 내용을 듣고 마음을 바꾼다면, 참으로 기쁜 일
이다. 그러나 그런 내용을 들었지만 심경의 변화가 나타나지

않는다 해도 크게 동요할 이유가 없다. 목회자 편에서는 그저 반대하는 이들의 의견조차 귀하게 여기고 그들을 존중해 주는 것이 필요하다. 이렇게 함으로써 비록 의견은 같아지지 않아도 마음은 얻을 수 있다. 이것이 교회 합병을 반대하는 이들에 대해 목회자가 행사할 권세의 모습이 아니겠는가?**참고. 고후 10:8**

▽ 이슈 4: 회중 사이의 차이점에 대한 타결책

교회 합병을 하고 나서 양쪽 교회의 교우들 사이에 갈등이나 위화감이 발생하는 요인 중 하나는, 각 교회가 지닌(뚜렷이 의식하지 못했지만 전부터 발전시켜 온) 하부 문화 sub-culture에서의 마찰/충돌 때문이다. 여기에서 하부 문화라 함은 특정 교회의 공동체적 분위기, 예배 스타일, 여러 가지 사역 프로그램 등의 총화를 의미한다. 그런데 합병을 시도하고자 하는 두 교회의 하부 문화가 너무 다르면, 교회 합병 이후 공동체의 구성원들 사이에 실망·오해·의혹이 발생하고 여기저기에서 불협화음이 표출된다.

그렇기에 교회 합병을 실행하기 전에 두 교회의 하부 문화를 상세히 점검하는 작업이 필요하다. 특히 각각의 교회는 합병 이후에도 여전히 강조해야 할 하부 문화적 사항들을 우선순위별로 정리해 놓고, 상대방 교회의 지도자들(및 관련자들)과 솔직한 논의를 해야 한다. 일단 상호 합병을 원하는 두 교회의 하부 문화적 사항들을 우선순위와 중요성에 따라 ① 필

A교회		B교회
전통적 예배 스타일 웨스트민스터 신앙 고백 공부 주일의 주방 봉사	**필수적 항목**	현대적 예배 스타일 제자 훈련 프로그램 가동 예배 처소 매입 외국인 노동자 돕기
새가족부의 활성화 장애우 사역 선교지 방문	**선호적 항목**	장애우 사역 소그룹 성경 공부 성경 통독 선교지 방문
평신도 발표회 성경 필사 의료 선교 활동	**지엽적 항목**	독서 토론 모임 유학생 영어 예배

수적 항목, ② 선호적 항목, ③ 지엽적 항목으로 정리해 보자.

합병을 시도하고 있는 A교회나 B교회의 하부 문화는 필수
적 항목, 선호적 항목, 지엽적 항목으로 구성되어 있다. 이 세
가지 항목들 가운데 교회 합병의 가능성 여부에 지대한 영향
을 미치는 것은 필수적 항목의 사항들이다. (따라서 선호적 항목

과 지엽적 항목은 논의에서 제외할 것이다.)

만일 A교회의 필수적 항목과 B교회의 필수적 항목이 일치하든지 아니면 최소한 조정되지 않으면 두 교회의 합병은 현실화될 수 없다. 혹여나 그런 일치나 조정에 도달할 수 없다면, A교회와 B교회의 합병은 시도를 하지 않는 편이 더 낫다. (또 혹시 합병한다 할지라도 상호 부조화와 마찰 때문에 합병 상태가 오래 가지 못할 것이다.)

앞의 도표(345쪽)에 나타난 처지를 참작하건대 두 교회가 정면으로 충돌하는 것은 예배 스타일의 문제이다. A교회는 찬송가를 사용하는 전통적 예배 스타일을 필수 사항으로 내세운 반면, B교회는 CCM이 채택된 현대적 스타일의 예배를 양보할 수 없는 사항으로 고집하고 있다. 따라서 전통적 예배 스타일을 취하고 현대적 예배 스타일을 포기하든가, 아니면 반대로 현대적 예배 스타일을 채택함으로써 전통적 예배 스타일과는 결별을 선언해야 한다. 만일 이것이 너무 극단적인 조치로 여겨진다면, 주일 예배를 1, 2부로 나누어 1부에는 전통적 스타일의 예배를, 2부에는 현대적 스타일의 예배를 드리는 식으로 조정을 할 수 있다.

이렇듯 필수적 항목에 해당하는 사안들에 대해서는, 합병하는 두 교회가 일치 내지 조정을 이룩해야 한다. 따라서 위에 제시한 예배 스타일 이외의 사안들(A교회의 웨스트민스터 신앙 고백 공부, 주일의 주방 봉사; B교회의 제자 훈련 프로그램 가동, 예배 처소 매입, 외국인 노동자 돕기)과 관련해서도 일치나 조정을 시도해야 한다.[6] 그래야만 안정적 의미에서의 교회 합병을 기대할 수 있다.

교회 합병은 이제 단순히 이론적 고찰거리이거나 다른 나라 교회의 이야기가 아니라 한국 교회의 목회 현실로 성큼 닥쳐왔다. 앞으로 교회론이나 목회학은 교회 합병을 하나의 목회 사역적 주제로 다루지 않을 수 없게 되었다. 이왕 이렇게 된 바에야 성경적·신학적으로 건전하고 목회적·현실적으로 적실한 교회 합병 패러다임을 구축하도록 더욱 힘써야 할 때이다.

머리말: 《아는 만큼 건강한 목회》를 선보이며

1) 고려대학교 민족문화연구원 국어사전편찬실 편, 《고려대 한국어대사전: ㄱ~
ㅁ》(서울: 고려대학교 민족문화연구원, 2009), p. 2172.

2) Leslie Brown, ed., *The New Shorter Oxford English Dictionary*, Vol. 2:
N-Z (Oxford: Clarendon Press, 1993), p. 2119.

3) Thomas C. Oden, *Pastoral Theology: Essentials of Ministry* (New York:
Harper & Row, Publishers, San Francisco, 1983), pp. x-xi. (《목회신학》,
한국장로교출판사)

4) 존 맥아더 외 지음, 서원교 옮김, 《목회 사역의 재발견》(서울: 생명의말씀사,
1997), p. 6.

1. 무엇이 목회 활동의 중심인가?: 복음 사역과 목회

1) 고려대학교 민족문화연구원 국어사전편찬실 편, 《고려대 한국어대사전: ㅂ- ㅇ 》(서울: 고려대학교 민족문화연구원, 2009), p. 2743.

2) David R. Jackson, "Gospel (Message)," *The Zondervan Pictorial Encyclopedia of the Bible*, Vol. II: *D-G*, ed. Merrill C. Tenney (Grand Rapids, Michigan: Zondervan Publishing House, 1976), p. 779.

3) 위의 책, p. 779.

4) gospel의 어원에 대해서는 Leslie Brown, ed., *The New Shorter Oxford English Dictionary*, Vol. 1: *A-M* (Oxford: Clarendon Press, 1993), p. 1121 에 나타나 있다.

5) Robert H. Mounce, "Gospel," *Evangelical Dictionary of Theology*, 2nd ed., ed. Walter A. Elwell (Grand Rapids, Michigan: Baker Academic, 2001), p. 513.

6) 이 개요는 Kenneth L. Barker, ed., *Zondervan NIV Study Bible*, rev. ed. (Grand Rapids, Michigan: Zondervan, 2002), pp. 1744-1745를 참조한 것 이다. (《NIV 스터디 바이블》, 부흥과개혁사)

7) 어떤 스터디 바이블은 로마서 1장 15절의 해설에서 "왜 바울은 이미 그리스도 인이 된 사람들에게 복음을 전하겠다고 하는가? 바울은 '믿음'이 초기적 구원 신앙으로의 부르심일 뿐 아니라 믿음을 매일의 삶 가운데 지속하라는 부르심 (롬 6:4, 8:4; 고후 5:17; 갈 5:6)인 것으로도 이해한다"라고 말한다[*ESV Study Bible* (Wheaton, Illinois: Crossway, 2008), p. 2158]. (《ESV 스터디 바이 블》, 부흥과개혁사)

8) David R. Jackson, "Gospel (Message)," p. 783.

9) D. J. Tidball, "Practical and Pastoral Theology," in *New Dictionary of*

Christian Ethics & Pastoral Theology, eds. David J. Atkinson *et al.*
(Leicester, England: Inter-Varsity Press, 1975), p. 45.

3. 목회에서 동역은 꿈에 불과한가?: 목회 동역의 비전

1) Loughlan Sofield, Carroll Juliano, *Collaborate Ministry: Skills and Guidelines* (Notre Dame, IN: Ave Maria Press, 1987), pp. 11-12, 16.
2) Samuel E. Waldron, "Plural-Elder Congregationalism," *Who Runs the Church?: 4 Views on Church Government*, ed. Paul E. Engle (Grand Rapids, Michigan: Zondervan, 2004), pp. 187-221; James R. White, "The Plural-Elder-Led Church: Sufficient as Established—The Plurality of Elders as Christ's Ordained Means of Church Governance," *Perspectives on Church Government: 5 Views of Church Policy*, eds. Chad Owen Bran and R. Stanton Norman (Nashville, Tennessee: Broadman & Holman Publishers, 2004), pp. 255-284.
3) Bruce Stabbert, *The Team Concept: Paul's Leadership Patterns or Ours?* (Tacoma, Washington: Hegg Bros. Printing, 1982), pp. 1-44의 내용은 '타코마 펠로우십 성서 교회(Fellowship bible church in Tacoma)'의 사역과 리더십 패턴을 염두에 두고 쓴 듯하다.
4) 1997년에 필자가 가르치던 신학교 2학년 학생 세 명은 공동 목회의 꿈을 가지고 계획안을 만들었다. 그들은 왜 그런 공동 목회가 필요한지를 네 가지로 밝히고 있다.
(1) 21C 새로운 패러다임에 대한 목회적 대응
① 탈권위를 특징으로 하는 21세기에 오직 주님의 권위를 높이며 인물 중심의

사역이 아닌 은사 중심의 사역으로써 진정한 성경적 권위를 드러낸다.

② 다양성을 추구하는 시대에 대응하여 설교의 다양화(3인 설교), 봉사의 다양화, 교육의 다양화, 문화 사역의 다양화를 꾀할 수 있다.

③ 세대 간의 양극화 현상을 극복하는 대안으로서, 각 세대 사역의 전문화를 추구하되 연계성 있는 관계 회복을 추구한다.

(2) 은사의 다양성

① 한 사람의 은사는 제한적이기 때문에 담임 목회자 1인이 교회의 모든 사역을 감당하기에는 한계가 있고, 부교역자가 사역을 담당할 경우 담임 목사의 목회 방침으로 인하여 은사가 충분히 발휘되지 못하므로, 각 부분의 은사를 가진 전문 사역자들이 동등한 위치에서 사역을 감당한다.

② 그 결과, 다양한 은사를 가진 성도들을 수용하여 그 은사의 계발을 촉진하며 교회 사역에 적절히 배치함으로써 균형 있는 교회를 세울 수 있다.

(3) 발전적 사역

① 1인 목회의 경우, 목회자의 영적 침체 시 해결 방안이 쉽지 않고 목회 자원의 고갈 문제로 인해 목회가 정체화될 우려가 있다.

② 그러나 팀목회의 경우 상호 격려와 보완 그리고 정보의 다양성을 통해 이 문제를 극복하여 적극적이며 발전적인 사역을 할 수 있다.

(4) 개척 시의 유익

① 준비된 인적 자원이 초기에 확보된 가운데 교회를 시작할 수 있다.

② 좀 더 구체적인 준비 기간을 많은 이들의 관심과 중보기도 가운데 가질 수 있다.

③ 서로의 장단점을 격려하거나 계발시켜 상호 발전할 수 있다.

④ 성경적인 교회상을 서로 점검하며 현실 속에 바른 교회상을 실현해 나가도록 서로 독려하며 연구할 수 있다.

⑤ 인격적인 훈련과 죄성의 약한 부분을 서로 보완하고 세워 주는 기도의 동

역자가 된다.

불행하게도 이들의 계획은 예기치 못한 상황의 변화와 여건이 마련되지 않아 무산되고 말았다.

5) 참으로 안타까우면서도 아이러니한 일은 담임 목회자에게 그런 식으로 시달린(?) 부교역자들이, 후에 담임 목회자로 세움을 받고 나서 자신들이 과거에 싫어했던 그 전횡적 방식 그대로 부교역자들을 대한다는 사실이다!!

6) Roland Hoksbergen, "Partnering for Development: Why It's So Important, Why It's So Hard, How to Go about It," *REC Focus*, Vol. 3, No. 4 (December 2003): 6.

7) 위의 책.

8) 위의 책.

9) 원래의 책자에는 목회적 동역이 제공하는 유익을 열 가지로 밝히고 있다(Bruce Stabbert, *The Team Concept*, pp. 46-69). 그러나 내 경우 그 가운데 앞의 다섯 가지만이 적실하다고 보기 때문에 그것들에 대해서만 언급할 생각이다.

10) 위의 책, p. 49.

11) 위의 책, p. 51.

12) 위의 책, p. 53.

13) 위의 책, p. 56.

14) 이것은 Bruce Stabbert가 자신의 책자인 *The Team Concept*(p. 57)에서 하는 말이고, 대부분의 경우 훨씬 더 많이 소요되는 것이 설교자의 경험일 것이다. 게다가 한국 교회에서처럼 여러 번 설교해야 하는 처지에서는 결국 설교의 질이 희생되어 버리곤 한다.

4. 작은 교회 목회자, 어떻게 살 것인가?: 우리 시대 영웅으로서의 정체성

1) 이 보고서는 '21세기교회연구소'와 '한국교회탐구센터'가 '지앤컴리서치'에 의뢰하여 2017년 9월 28일(목)부터 11월 2일(금) 사이에 조사·정리한 바의 결과물이다. 지앤컴리서치는 이 기간 동안 출석 교인 100명 이하의 소형 교회를 담임하는 206명의 목회자를 대상으로 소형 교회 및 목회자의 실태를 밝히는 데 주력하였다. 이 설문 조사를 위해 총 39개의 문항이 마련되었고, 온라인 조사와 면접 조사를 병행하였다. 자세한 내용을 위해서는 김진양, 〈소형 교회 목회 실태 및 인식조사 보고서〉(지앤컴리서치, 2017년 11월 10일), pp. 1-134를 참조하라.

2) 미국의 경우, Dennis Bickers, *The Healthy Small Church: Diagnosis and Treatment for the Big Issues* (Kansan City, Missouri: Beacon Hill Press, 2005), p. 9를 보라.

3) David R. Ray, *Small Churches are the Right Size* (New York: The Pilgrim Press, 1982), p. xiv.

4) Brandon J. O'Brien, *The Strategically Small Church* (Minneapolis, Minnesota: Bethany House, 2010), p. 27.

5) W. Curry Mavis, *Advancing the Smaller Church* (Grand Rapids, Michigan: Baker Book House, 1968), pp. 45-46.

6) 소형 교회를 논하는 많은 책자들은 이구동성으로 이런 문제점을 언급하고 있다[Paul O. Madsen, *The Small Church—Valid, Vital, Victorious* (Valley Forge, PA: Judson Press, 1975), pp. 38-59; Arthur C. Tennies, "The Real and the Unreal: Social and Theological Images of the Small Church," in *Small Churches are Beautiful*, ed. Jackson W. Carroll (San Francisco: Harper & Row, Publishers, 1977), pp. 64-68; Lyle E. Schaller, *The Small*

Church Is Different! (Nashville: Abingdon Press, 1982), pp. 56-124;
Anthony G. Pappas, *Entering the World of the Small Church* (n.p.: The
Alban Institute, 2000), pp. 7-9].

7) Leslie Brown, ed., *The New Shorter English Dictionary*, Vol. 1: *A-M*
(Oxford: Clarendon Press, 1993), p. 1224.

8) 고려대학교 민족문화연구원 국어사전편찬실 편, 《고려대 한국어대사전: ㅂ ~
ㅇ 》(서울: 고려대학교 민족문화연구원, 2009), p. 4433.

9) Brian S. Hook and R. R. Reno, *Heroism & the Christian Life: Reclaiming
Excellence* (Louisville, Kentucky: Westminster John Knox Press, 2000), p. 4.

10) 위의 책.

11) 위의 책, pp. 5-6.

12) E. F. Schumacher, *Small Is Beautiful: Economics as if People Mattered*
(New York: Harper & Row, Publishers, Inc., 1973), p. 66. (《작은 것이 아
름답다》, 문예출판사)

13) Jon Johnston, "David in Goliath's World," in *The Smaller Church in a
Super Church Era*, eds. Jon Johnston and Bill M. Sullivan (Kansas City,
Missouri: Beacon Hill Press of Kansas City, 1983), p. 23.

14) E. F. Schumacher, *Small Is Beautiful*, p. 36.

15) 사실 슈마허의 아이디어가 실효성이 있음은 George McRobie, *Small Is
Possible* (New York: Harper & Row, Publishers, 1981) 같은 책의 내용을
보면 알 수 있다.

16) David R. Ray, *Small Churches are the Right Size*, pp. 39-41.

17) 위의 책, p. 41.

18) Francis A. Schaeffer, *No Little People* (Downers Grove, Illinois:
InterVarsity Press, 1974), p. 18.

19) 위의 책, p. 25.

20) 이하에 제시하고자 하는 세 가지 도움 사항은 이 글의 초반에 나타난 내용—소형 교회 목회자의 어려움 세 가지—과 상응한다.

21) 이와 관련하여 송인규, "하나님 나라의 제자도,"《한국 교회 제자훈련 미래 전망 보고서》, 정재영 외(서울: 한국기독학생회출판부, 2016), pp. 110-133 을 참조하라.

5. 제자 훈련, 무엇을 놓쳤는가?: 제자 훈련과 제자 훈련 프로그램

1) 고려대학교 민족문화연구원 국어사전편찬실 편,《고려대 한국어대사전: ㅈ~ ㅎ》(서울: 고려대학교 민족문화연구원, 2009), p. 5571.

2) 마이클 윌킨스 지음, 황영철 옮김,《제자도 신학: 주님의 뒤를 따르는 제자도》 (서울: 국제제자훈련원, 2015), pp. 51-52.

3) 윌킨스는 '제자 훈련'에 관해서는 별도의 설명이나 정의를 제시하지 않는다. 이 정의는 필자가 '제자', '제자도', '제자 삼기'에 대한 윌킨스의 정의를 참작하 여 꾸민 것이다.

4) 사실 '제자', '제자도', '제자 훈련'과 관련해서는 많은 질문이 있게 마련이고, 또 이에 따라 마땅히 주석적·성경신학적 해설이나 답변이 수반되어야 한다. 그 러나 이 글은 제자 훈련 커리큘럼에 초점을 맞추고 있으므로 다른 이슈나 의 문 사항까지 다룰 수는 없다. '제자', '제자도', '제자 훈련'에 관한 여타 사항을 다룬 내용으로서, 송인규, "제자도와 제자 훈련 커리큘럼,"《주는 영이시라》, 은퇴기념논총 출판위원회 편저(수원: 합동신학대학원출판부, 2009), pp. 426-441을 참조하라.

5) Gareth Weldon Icenogle, *Biblical Foundations for Small Group Ministry:*

An Integral Approach (Downers Grove, Illinois: InterVarsity Press, 1994),
pp. 203-213. (《성경적 사역을 위한 소그룹 기초》, CLC)

6) Carl Wilson, *With Christ in the School of Disciple Building: A Study of Christ's Method of Building Disciples* (Grand Rapids, Michigan: Zondervan Publishing House, 1976), pp. 63-66.

7) P. T. 찬다필라 지음, 신재구 옮김, 《예수님의 제자 훈련》(서울: 한국기독학생회출판부, 2015).

8) 제자도의 조건으로 7가지 사항을 열거한 경우[William McDonald, *True Discipleship* (Kansas City, Kansas: Walterick Publishers, 1975), pp. 6-9]도 있고, 제자도의 필수적인 내용으로 11가지 사항을 제시한 경우[Francis M. Cosgrove, *Essentials of Discipleship* (Colorado Springs, Colorado: NavPress, 1980), pp. 15-16]도 있다. [전자는 《참제자의 길》(태광출판사), 후자는 《제자의 삶》(네비게이토출판사)으로 번역되어 있다.]

9) 마가복음에는 제자들을 어디로 보내는지에 대해 명시적 언급이 없다. 마태복음의 경우에는 예수께서 제자들을 선택한 뒤 "이방인의 길로도 가지 말고 사마리아인의 고을에도 들어가지 말고 오히려 **이스라엘 집의 잃어버린 양**에게로 가라"(10:5-6)라고 말씀하시는 것으로 되어 있다. 그러나 후에는 "이 천국 복음이 **모든 민족**에게 증언되기 위하여 **온 세상**에 전파되리라"(마 24:14)라고 되어 있어, 제자들의 사역 대상이 이스라엘뿐 아니라 "모든 민족"이고 또 그러한 사명지가 온 세상임을 알 수 있다. 요한복음에는 제자들이 보냄 받은 사명지가 "세상"이라고 명백히 밝혀져 있다(17:18; 참고. 20:21).

10) 물론 그리스어에서도 주어는 나타나 있지 않지만 **오신**(ὦσιν)이라는 동사로 보건대 주어가 3인칭 복수, 곧 "그들"임을 알 수 있다.

11) Robert P. Meye, "Disciple," *The International Standard Bible Encyclopedia*, Vol. One: *A-D*, rev. ed., eds. Geoffrey W. Bromiley *et al.* (Grand

Rapids, Michigan: William B. Eerdmans Publishing Company, 1979), p. 948.

12) Lesley Brown, ed., *The New Shorter Oxford English Dictionary*, Vol 1: *A-M* (Oxford: Clarendon Press, 1993), p. 574.

13) George J. Posner and Alan N. Rudnitsky, *Course Design: A Guide to Curriculum Development for Teachers* (New York: Longman, 1978), p. 6.

14) 위의 책, p. 7.

15) Cooperative Curriculum Project, *The Church's Educational Ministry: A Curriculum Plan* (St. Louis: The Bethany Press, 1965), p. 12의 내용으로서, Howard P. Colson and Raymond M. Rigdon, *Understanding Your Church's Curriculum* (Nashville, Tennessee: Broadman Press, 1969), pp. 46-47에 인용되어 있다.

16) *The Church's Educational Ministry*, p. 15의 내용으로서, *Understanding Your Church's Curriculum*, p. 47에 인용되어 있다.

17) 물론 제자 훈련을 받는 이들이 어떤 인위적 상황을 만들어 내어 촌극을 하거나 드라마를 연출함으로써 갈등과 그 해결책에 대한 간접적 체험을 할 수는 있을 것이다. 그러나 이것도 한두 번으로 족하지 계속 시행할 수는 없다. 만일 이런 일을 반복한다면 오히려 학습 효과의 체감 현상이 나타날 것이다.

6. 제자도 없는 제자 훈련이 가능한가?: 제자도를 상실한 제자 훈련

1) William MacDonald, *True Discipleship* (Kansas City, Kansas: Walterick Publishers, 1975), pp. 6-9. (《참제자의 길》, 태광출판사)

2) 이 점은 "2. 내 교회의 성장만이 전부인가?: '내 교회주의'와 우상 숭배"에서

자세히 설명하고 있다. 이하의 진술은 2장 42-43쪽에 나오는 내용의 반복이다.

3) '한국교회탐구센터'에서는 2015년 말 평신도(460명) 및 목회자(305명)를 대상으로 제자 훈련에 관한 설문 조사를 했는데, 제자 훈련의 부정적인 측면을 알아보는 것도 조사의 일부였다. 제시된 항목에 따른 반응은 "교회나 선교 단체 내부 활동에 치우쳐 있다"(평신도 75.3%, 목회자 64.6%), "지식적인 훈련에 치우쳐 있다"(평신도 70.0%, 목회자 75.4%), "영적인 엘리트 의식을 키운다"(평신도 66.1%, 목회자 63.9%), "리더에게 지나치게 의존한다"(평신도 66.1%, 목회자 61.6%) 등으로 나타났다[정재영, "제자 훈련에 대한 경험과 의식," 《한국 교회 제자 훈련 미래 전망 보고서: 무엇을 위한 누구의 제자인가》(서울: 한국기독학생회출판부, 2016), p. 43]. 이로 보건대 제자 훈련을 받은 이들이 자신들의 훈련 경험을 은근히 자랑거리와 우월감의 바탕으로 삼고 있음을 알 수 있다.

4) 목회자 자신이 이와 연관한 중요한 책을 읽고 그 내용을 요약해 전달하는 것도 하나의 실제적 방안이 될 것이다. 그러한 책으로서 마크 래버튼 지음, 하보영 옮김, 《제일 소명: 세상을 위한 하나님 백성의 제자도》(서울: 한국기독학생회출판부, 2014)[특히 pp. 40-43, 57-60]를 강력히 추천한다.

7. 교회는 성경을 제대로 가르치고 있는가?: '성경 교육' 유감

1) 이것은 특히 '교리별 성경 교육'의 경우에 그렇다. 교리별 성경 교육에 대해서는 다음에서 설명을 이어 갈 것이다.

2) 주제별 성경 교육에 매우 적합한 교재로서, 알반 더글라스가 쓴 《주제별 성경 연구》(서울: 두란노, 2011)를 소개한다. 그렇다고 해서 이 교재의 모든 내용에 동의한다는 뜻은 아니다.

3) 이와 관련하여 이하에 개진되는 '둘째 요인: 신학교 커리큘럼을 밟는다고 해
도 성경을 개인적으로 공부하는 일에 훈련되는 것은 아니기 때문이다'의 내용
도 함께 참조하라.

4) 이재천, 《개인 성경 연구 핸드북》(서울: 한국기독학생회출판부, 2003)은 이런
방면의 좋은 안내서이다.

5) 송인규, 《나의 주 나의 하나님》(서울: 한국기독학생회출판부, 1990)의 내용
가운데, 제3장부터 제8장까지의 설명(pp. 22-78)을 참조하라.

8. 초점이 흐린 양육, 이대로 좋은가?: 맞춤 양육이 필요한 시대

1) 이는 한국 교회, 특히 개신교 특유의 용례라고 할 수 있다. 북미 교회의 경우
에는, 한국 교회가 '양육'이라고 하는 활동이나 사역을 대체로 '제자도
(discipleship)'나 '그리스도인의 성장/성숙(Christian growth/maturity)'으로
표현한다. 1970-80년대 '네비게이토선교회' 같은 대학생 선교 단체의 경우에
는 follow-up(추후 권유/조치)이라는 용어를 쓰기도 했는데, 이는 처음 그리
스도를 영접한 이들에 대한 후속적 돌봄을 의미했다[Cf. The Navigators,
*Growing in Christ: A Thirteen-Week Follow-Up Course for New and Growing
Christians* (Colorado Springs, CO: NavPress, 2007)]. 어쨌든 한국 교회의
'양육'에 어의상 정확히 상응하는 영어 단어는 존재하지 않는다.

2) 이와 관련하여 송인규, 《행복에의 초대》(서울: 한국기독학생회출판부, 1995),
pp. 59-62를 참조하라.

3) 기초 양육의 한 가지 예로서 송인규, 《새로운 삶의 길》(서울: 한국기독학생회
출판부, 1995)이 있다.

4) 혹자는 브리스길라 부부의 활동은 양육이 아니라 전도라고 주장할지도 모르

겠다. 아볼로는 브리스길라 부부를 만나기 전까지는 그리스도인(중생자)이 아니었기 때문이라는 것이다. 이 문제는 "구약 시대의 성도들 중에도 중생한 이가 있는가?"라는 어려운 질문과 연관이 되어 있다. 나는 아볼로가 구약 시대의 성도와 같다고 (따라서 중생했다고) 여기는 입장이므로, 아볼로에 대한 브리스길라 부부의 조치를 양육으로 보고자 한다.

5) 코칭, 멘토링 및 제자 훈련(이것이 우리 용어로는 '양육'에 해당된다)의 관계에 대해서는, 게리 콜린스 지음, 정동섭 옮김, 《크리스천 코칭》(서울: 한국기독학생회출판부, 2004), pp. 23-26의 내용을 참조하라. 이 세 가지 활동이 나타내는 차이에도 불구하고, 개인에게 지대한 영향력을 미친다는 점에서는 서로 간에 공통적이라고 할 수 있다.

6) 게리 콜린스, 《크리스천 코칭》, p. 43.

7) 키스 앤더슨·랜디 리스 지음, 김종호 옮김, 《영적 멘토링》(서울: 한국기독학생회출판부, 2001), p. 19.

8) 세 번째 항목은 맞춤 양육의 채택을 정당화하는 데에 입지가 가장 약하다. 그러나 첫째 항목인 성경적 증거와 둘째 항목인 교육적 효과가 합당한 근거로 제시된 만큼, 셋째 항목도 덩달아서 그런 목적에 이바지할 수 있다고 본 것이다. 만일 앞의 두 항목이 없었다면 셋째 항목은 이곳에 등장하지도 않았을 것이다.

9) "이러한 현재의 경향들('자아실현'이나 '자아 표현')은 종교의 선택 혹은 소비에 영향을 미치고, 나아가 자신의 필요에 따라 종교를 가공하는 것으로 발전하기도 한다. ⋯ 이러한 추구에 있어 중심에 위치한 것은 '신'이 아니라, 앞에서 말한 바처럼 '자아'이다. 따라서 자신이 소비하고자 하는 종교적, 영적 재화가 소비 욕구에 적합하지 않을 때, 그들은 쉽게 다른 종교적, 영적 재화 혹은 나아가 비종교적 재화로 소비를 변화시킬 수 있다"[최현종, "탈물질주의와 포스트모더니즘을 통해 살펴본 다음 세대의 종교 이해," 제19회 바른교회아카데미 연구위원회세미나(2015년), p. 60].

9. 편만한 개인주의, 공동체를 이어 갈 수 있을까?: 개인주의 풍조와 신앙 공동체

1) 고려대학교 민족문화연구원 국어사전편찬실 편, 《고려대 한국어대사전, ㄱ~
ㅁ》(서울: 고려대학교 민족문화연구원, 2009), p. 216. 원래는 네 항목의 설명
이 수록되어 있지만 편리상 그중 두 가지만을 소개한다.

2) Thomas Mautner, ed., *Penguin Dictionary of Philosophy* (London:
Penguin Books, 1997), pp. 272-273.

3) Robert N. Bella *et al., Habits of the Heart: Individualism and Commitment
in American Life* (Berkeley and Los Angeles, California: University of
California Press, 1985), p. 143.

4) 위의 책, p. 336.

5) 위의 책, p. 33.

6) 위의 책, pp. 33-35, 333.

7) 위의 책, p. 334.

8) 위의 책, p. 34.

9) Louis Berkhof, *Systematic Theology* (Edinburgh: The Banner of Truth
Trust, 1958), p. 555. (《벌코프 조직신학》이라는 제목으로 여러 출판사에서
우리말로 출간했다.)

10) 위의 책, pp. 555-557.

11) Bruce Milne, *Know the Truth: A Handbook of Christian Belief,* 3rd ed.
(Downers Grove, Illinois: IVP Academic, 2009), pp. 284-288. (《기독교
교리 핸드북》, 한국기독학생회출판부)

12) 송인규, 《성경은 공동체에 대해 무엇을 말하는가?》(서울: 한국기독학생회출
판부, 1996), p. 59.

13) 바나바는 신약 시대의 인물이지만 그가 묘사된 방식에 있어서만큼은 구약

적이다.

14) H. Wheeler Robinson, *The Christian Doctrine of Man*, 3rd ed.
   (Edinburgh: T. & T. Clark, 1926), pp. 29-30.

15) 송인규, "한국 교회와 경건 훈련: 새벽 기도회에서 큐티로,"《한국 교회 큐티
   운동 다시 보기》, 정성국·지형은·송인규(서울: 한국교회탐구센터, 2015),
   pp. 189-193. 이 도표는 pp. 193, 219에 들어 있다.

10. 섬김의 목회를 왜 힘들어하는가?: 섬김 목회에 대한 이론과 실제

1) 송인규,《더불어 사는 삶을 위하여》(서울: 한국기독학생회출판부, 1997), p. 55.

2) Charles John Ellicott, ed., *Ellicott's Commentary on the Whole Bible*, Vol.
   VI: *The Four Gospels* (Grand Rapids, Michigan: Zondervan Publishing
   House, 1959), p. 29.

3) 위의 책.

4) 송인규,《형제가 연합하여 동거함이》(서울: 한국기독학생회출판부, 1995),
   pp. 113-115.

5) 이 주제에 대한 심층적 고찰을 위해서는 "11. 비난의 화살을 어떻게 감당해야
   할까?: 목회자가 비난을 받을 때"를 참조하라.

6) 송인규,《어인 일로 이 아픔이: 비난과 그 반응》(서울: 한국기독학생회출판부,
   1985), pp. 4-11. 이 소책자에는 비난의 유익이 여섯 가지로 소개되어 있지만,
   여기서는 그 가운데 네 가지 항목만을 추렸다.

11. 비난의 화살을 어떻게 감당해야 할까?: 목회자가 비난을 받을 때

1) 고려대학교 민족문화연구원 국어사전편찬실 편, 《고려대 한국어대사전: ㅂ ~ ㅇ 》(서울: 고려대학교 민족문화연구원, 2009), p. 2938.

2) 위의 책, p. 2980.

3) Leslie Brown, ed., *The New Shorter Oxford English Dictionary*, Vol. 1: *A-M* (Oxford: Clarendon Press, 1993), p. 551.

4) Thomas P. Hanna, *Going Critical: How To and Why To Give and Take Proper Criticism* (n.p., 2012), p. 15.

5) John W. Alexander, *Practical Criticism: Giving It & Taking It* (Madison, WI: InterVarsity Press, 1976), pp. 6-7.

6) 위의 책, p. 6.

7) 위의 책, p. 7.

8) J. Oswald Sanders, *Spiritual Leadership*, rev. ed. (Chicago: Moody Press, 1980), pp. 176-178. 샌더스는 리더십의 대가로 여덟 가지 사항—자기희생, 외로움, 탈진, 비난, 배척, 압박과 당혹감, 근접 인물의 희생, 반대 의견에 대한 응수—을 언급했는데, 그중 네 번째가 비난이다. (《영적 지도력》, 요단출판사)

9) *Evangelical Trust* (Manila, n. d.)에 나타난 R. D. Abella의 이야기로서, J. Oswald Snaders, 위의 책, p. 183에 인용되어 있다.

10) William J. Diehm, *Criticizing* (Minneapolis, MN: Augsburg Publishing House, 1986), p. 89.

12. 목회자 안의 괴물, 무엇으로 다스릴까?: 목회자와 성적 비행

1) 이것은 심지어 여성 목회자가 꽤 많은 미국 교회의 경우에도 마찬가지이다. 비록 반대 경우가 없는 것은 아니지만, 대부분의 성적 비행은 남성 목회자가 여성 교우(혹은 사역자)에 대해 저지르는 것으로 알려져 있다[Stanley J. Grenz and Roy D. Bell, *Betrayal of Trust: Confronting and Preventing Clergy Sexual Misconduct*, 2nd ed. (Grand Rapids, Michigan: Baker Books, 2001), pp. 17-18; Pamela Cooper White, "Soul Stealing: Power Relations in Pastoral Sexual Abuse," *The Christian Century*, Vol. 108, No. 6 (February 20, 1991): 196-199 at https://www.snapnetwork.org/psych_effects/soul_stealing_1.htm, accessed on July 22, 2018].

2) Candace R. Benyei, *Understanding Clergy Misconduct in Religious Systems: Scapegoating, Family Secrets, and the Abuse of Power* (New York: The Haworth Pastoral Press, 1998), p. 60.

3) 위의 책, pp. 60-63. 그러나 꼭 필요한 경우가 아닌 한 '성적 비행'이라는 포괄적 용어를 사용할 것이다.

4) Stanley J. Grenz and Roy D. Bell, *Betrayal of Trust*, pp. 42-45.

5) 위의 책, p. 42.

6) Candace R. Benyei, *Understanding Clergy Misconduct in Religious Systems*, p. 70.

7) 성인 신자를 염두에 둔다면 피해자는 장년층의 여성 신도가 될 것이요, 청소년층을 대상으로 생각한다면 젊은 여성이나 여학생이 해당될 것이다. 이 글에서는 주로 전자를 고려의 대상으로 삼고자 한다.

8) 이런 시각의 대표적 예가 Andre Bustanoby, "Counseling the Seductive Female," *Leadership*, Vol. 9, No. 1 (Winter 1988): 48-53 at https://www.

christianitytoday.com/pastors/books/counselcare/lldev03-9.html, accessed on July 28, 2018에 나타나 있다.

9) Pamela Cooper White, "Soul Stealing: Power Relations in Pastoral Sexual Abuse." Donald Capps는 종교 지도자에게 ① 다른 이에 의해 감시나 감독을 받지 않을 수 있는 권세, ② 접근이나 접근 가능한 권세, ③ 회중 개개인에 대해—종종 사적으로—아는 권세가 부여되어 있다고 말한다[Donald Capps, "Sex in the Parish: Social Scientific Explanations for Why It Occurs," *The Journal of Pastoral Care*, Vol. 47, No. 4 (December 1993): 352].

10) Stanley, J. Grenz and Roy D. Bell, *Betrayal of Trust*, p. 113.

11) John Thoburn and Jack O. Balswick, "A Prevention Approach to Infidelity Among Male Protestant Clergy," *Pastoral Psychology*, Vol. 42, No. 1 (September 1993): 46.

12) 위의 책.

13) 위의 책, 47.

14) Stanley J. Grenz and Roy D. Bell, *Betrayal of Trust*, pp. 55-56.

15) J. Steven Muse, "Faith, Hope and the 'Urge to Merge' in Pastoral Ministry: Some Countertransference-Related Distortions of Relationship Between Male Pastors and Their Female Parishioners," *Journal of Pastoral Care*, Vol. 46, No. 3 (Fall 1992): 303-306.

16) Stanley J. Grenz와 Roy D. Bell은 성적 비행의 영향력이 미치는 범위와 관련하여 가해자뿐 아니라 성적 비행이 발생한 교회의 회중, 가해자의 배우자, 피해자, 피해자의 배우자와 자녀들까지도 언급을 하고 있다(*Betrayal of Trust*, pp. 28-35).

17) 어떤 전문가들은 목회자의 성적 비행이라는 단일 사안을 살피고자 할 때에

도 일곱 가지 사항— ① 소명감 평가, ② 소진(burnout) 점검, ③ 목회자의 성격, ④ 영적 형성의 내용, ⑤ 부부 관계, ⑥ 회중의 요구, ⑦ 노회 등 상위 기관의 역할— 을 고려해야 한다고 말한다[Rob Baker and John Thoburn, "Clergy Sexual Misconduct Overview: A Model for Prevention, Education, Treatment, and Oversight," in *Clergy Sexual Misconduct: A Systems Approach to Prevention, Intervention, and Oversight*, eds. John Thoburn and Rob Baker with Maria Dal Maso (Carefree, Arizona: Gentle Path Press, 2011), p. 23].

18) 미국의 경우 이미 2010년에 최소 36개의 교단에는 목회자의 성적 비행에 대한 공식적 정책이 수립되어 있었다(Diana R. Garland & Christen Argueta, "How Clergy Sexual Misconduct Happens," p. 1).

19) 부부 사이의 이러한 친밀성은 '영적 친밀성'이라는 각도에서도 설명할 수 있다(Cf. Stanley J. Grenz and Roy D. Bell, *Betrayal of Trust*, pp. 189-191).

20) James MacDonald, "5 Moral Fences," *Leadership*, Vol. 20, No. 3 (Summer 1999): 45-48 at https://www.christianitytoday.com/pastors/1999/summer/913045.html, accessed on August 4, 2018.

13. 그들은 왜 교회를 떠났을까?: 가나안 성도 현상

1) 양희송, 《가나안 성도, 교회 밖 신앙》(서울: 포이에마, 2014), p. 21; 정재영, 《교회 안 나가는 그리스도인》(서울: 한국기독학생회출판부, 2015), p. 17. 한국에서 최근에 이 용어를 확산시킨 것은 '일상생활연구소'의 지성근 목사라고 소개한다(양희송, p. 20; 정재영, p. 8).

2) 정재영, 위의 책, p. 16.

3) 한국기독교목회자협의회, 《한국 기독교 분석 리포트: 2013 한국인의 종교 생활과 의식조사 보고서》(서울: 도서출판 URD, 2013), p. 70.

4) 정재영, 위의 책, pp. 18-19.

5) 한국기독교목회자협의회, 《한국 기독교 분석 리포트: 2018 한국인의 종교 생활과 의식조사 보고서》(서울: 도서출판 URD, 2018), p. 79.

6) 김진영, "한국 개신교인 수 771만 추정 … '가나안 성도' 226만," 〈기독일보〉(2023년 3월 3일) at https://kr.christianitydaily.com/articles/116753/20230303/개신교인-수-771만-추정-가나안-성도-226만.html, accessed on June 9, 2023.

7) 양희송, 《가나안 성도, 교회 밖 신앙》, pp. 73-93.

8) 정재영, 《교회 안 나가는 그리스도인》, pp. 61-106.

9) 송인규, "개인주의 시대의 신앙 공동체," 〈목회와신학〉(2016년 9월): 161.

10) 송인규, "한국 교회와 경건 훈련: 새벽 기도회에서 QT로," 《한국 교회 큐티 운동 다시 보기》, 정성국·지형은·송인규(서울: 한국기독학생회출판부, 2015), pp. 185-189.

11) 이와 연관된 사회학적 이론의 계보와 발전에 대해서는, 정재영, 《교회 안 나가는 그리스도인》, pp. 163-172를 참조하라. 또 최현종, "세속화," 《21세기 종교사회학》(서울: 다산출판사, 2013), pp. 87-105도 참조하라.

12) 어떤 역사학자는 '세속화'의 용례를 여섯 가지 항목 — ① 대형 사회 조직의 분화 과정, ② 개별 제도의 탈종교화 사태, ③ 교회 주도적 활동의 이양, ④ 개인의 정신 상태, ⑤ 인구 집단 내 종교성 하락 현상, ⑥ 기독교적인 것과 대조되는 의미로서의 용어 사용—으로 정리했다[C. John Sommerville, "Secular Society/Religious Population: Our Tacit Rules for Using the Term 'Secularization'," *Journal for the Scientific Study of Religion*, Vol. 37, No. 2 (1998): 250-251]. 현재 나는 넷째 항목에 관심을 쏟고 있다.

13) 위의 책, 250.

14) 《한국 기독교 분석 리포트: 2013 한국인의 종교 생활과 의식조사 보고서》, pp. 438-457.

15) 윤신일 편, 《2020년 한국교회의 사회적 신뢰도》(서울: (사)기독교윤리실천운동, 2020), pp. 13, 15.

16) 위의 책, p. 28.

17) 위의 책, p. 32.

18) 위의 책, p. 34.

19) 고려대학교 민족문화연구원 국어사전편찬실 편, 《고려대 한국어대사전: ㄱ ~ㅁ》(서울: 고려대학교 민족문화연구원, 2009), p. 215.

20) 송인규, "개인주의 시대의 신앙 공동체": 164-165.

21) 《고려대 한국어대사전: ㅂ~ㅇ》, p. 4934.

22) 《고려대 한국어대사전: ㄱ~ㅁ》, pp. 537-538.

23) Thomas Mautner, ed., Penguin Dictionary of Philosophy (London: Penguin Books, 1997), p. 100.

24) 《고려대 한국어대사전: ㅈ~ㅎ》, p. 5427.

25) 송인규, "개인주의 시대의 신앙 공동체": 164.

26) 동기의 문제를 생각할 때 세속화는 어느 정도 개인주의의 문제와 연관이 된다.

27) 《가나안 성도의 신앙의식 및 생활에 관한 조사보고서》(서울: (주)지앤컴리서치, 2018), pp. 15, 17.

28) 이와 관련하여 송인규, "목회자의 권위," 〈목회와신학〉(2017년 4월): 136-141을 참조하라.

29) 송인규, 《형제와 연합하여 동거함이》(서울: 한국기독학생회출판부, 1995), pp. 116-119.

30) Louis Berkhof, Systematic Theology (Edinburgh: The Banner of Truth Trust, 1958), p. 567. (《벌코프 조직신학》이라는 제목으로 여러 출판사에서

우리말로 출간했다.)

31) 위의 책.

32) 이와 관련하여, 송인규, "직분자여, 세상의 소금과 빛이 되라," 《한국 교회와 직분자: 직분제도와 역할》, 정주채·배종석·송인규·정재영(서울: 한국기독학생회출판부, 2013), pp. 169-180, 199-208을 참조하라.

14. 목사들도 다른 직업을 가져야 한다?: 이중직과 미래 목회

1) 어떤 이는 바울을 가리켜 "이중직의 아버지"라 불릴 수 있다고 한다[Luther M. Dorr, *The Bivocational Pastor* (Nashville, Tennessee: Broadman Press, 1998), p. 7].

2) Ray Gilder, "The Demands and Benefits of the Bivocational Minister," at https://www.lifeway.com/en/articles/pastor-bivocational-minister-demands-benefits, accessed on June 10, 2023.

3) 김승호, 《이중직 목회》(대구: 하명출판, 2016), pp. 129-131.

4) 예를 들어, 침례교의 한 갈래인 Primitive Baptists는 이미 1820년대에 목회자가 사례비를 받지 않는 이중직 목사(bivocational minister)일 것을 요구했다. [James T. Spivey, Jr., "Primitive Baptists," *Dictionary of Christianity in America*, ed. Daniel G. Reid (Downers Grove, Illinois: InterVarsity Press, 1990), p. 940].

5) Dennis W. Bickers, *The Tentmaking Pastor* (Grand Rapids, Michigan: Baker Books, 2000), p. 26.

6) Luther M. Door, *The Bivocational Pastor*, p. 35.

7) Philip Browning Helsel, "A Snapshot of Bivocational Ministry," *The*

Presbyterian Outlook (December 3, 2019): 1.

8) "Bio-Vocational Pastors," *Pastoral Care Inc.*, at https://www.pastoralcareinc.com/reources/bi-vocational-pastors/, accessed on June 11, 2023.

9) Diane Zaerr Brenneman, "The Bivocational Pastor: Toward a Healthy Part-time Arrangement for the Fully-valued Pastor and the Fully-engaged Congregation," (Doctor of Ministry Dissertation at McCormick Theological Seminary, 2007), p. 3.

10) G. Jeffrey MacDonald, "As Denominations Decline, Number of Unpaid Ministers Rise," *Sojourners* (September 17, 2013): 1.

11) Aaron Earls, "More Than Half of Pastors Started Their Careers Outside of the Church," *Lifeway Research* (January 11, 2019): 2, at https://research.lifeway.com/2019/01/11/more-than-half of-pastors-started-their-careers-outside-the-church,/accessed on June 11, 2023.

12) 네비어스 정책은 중국에서 사역하던 미국인 선교사 John Livingstone Nevius(1829-1893)에 의해 주창된 자국인 교회 활성화 방안이다. Nevius는 한국에서 사역하던 선교사들의 요청으로 그들을 방문하여 2주 동안 자신의 방법론을 소개했다. 아이러니컬하게도 네비어스 정책은 중국 교회보다 한국 교회에서 그 결실을 보았다! [Bong Rin Ro, "Nevius Method," *Evangelical Dictionary of World Missions*, ed. A. Scott Moreau (Grand Rapids, Michigan: Baker Books, 2000), p. 677].

13) 또 엄밀하게 말하자면 생계형 이중직이라고 할 수 없으면서도 경제적 효과나 결과에서는 생계형 이중직으로 분류해도 되는 목회자들이 있다. 여기에도 두 가지 종류가 있는데, 하나는 목회자가 개인 부모로부터 유산을 상속했든지 아니면 목회자가 되기 전에 사업 수완에 의해 재산을 충분히 축적했기

때문에 생활비 걱정을 하지 않아도 되는 경우이다. 또 하나는 목회자의 배우자가 안정적 직업—예를 들어, 교사·간호사·사업가·교수·의사·법조인·학원 경영자 등—을 가지고 있기 때문에 목회자가 생계에 신경을 쓸 필요가 없는 경우이다. 이런 경우에 해당하는 목회자들은 목회 사역으로부터의 수입이 적어도 크게 괘념하지 않고 주어진 사역에 전념할 수 있다.

14) 사실 오늘날 파트타임으로 일하는 부교역자들도 실은 생계형 이중직의 범주에 넣어서 생각해야 한다. 이런 추세로 보면 머지않아 이중직 목회자의 비율이 전임 목회자보다 훨씬 더 커질 것이다.

15) Ray Gilder, "The Demands and Benefits of the Bivocational Minister," pp. 1-2.

15. 교회 직분은 걸림돌인가?: 직분과 직분자

1) 고려대학교 민족문화연구원 국어사전편찬실 편, 《고려대 한국어대사전: ㅈ~ㅎ》(서울: 고려대학교 민족문화연구원, 2009), p. 5867.

2) Leslie Brown, ed., *The New Shorter Oxford English Dictionary*, Vol. 2: *N-Z* (Oxford: Clarendon Press, 1993), p. 1983.

3) 위의 책.

4) 위의 책, p. 1984.

5) church officer는 사전에 독립적 표제어로까지는 나타나 있지 않지만, 파생어로서는 소개되어 있다[Leslie Brown, ed., *The New Shorter Oxford English Dictionary*, Vol. 1: *A-M* (Oxford: Clarendon Press, 1993), p. 400].

6) Cf. Louis Berkhof, *Systematic Theology* (Edinburgh: The Banner of Truth Trust, 1958), p. 585. (《벌코프 조직신학》이라는 제목으로 여러 출판사에서

우리말로 출간했다.)

7) David G. Stwart, "Bishop (Elder)," *The Zondervan Pictorial Encyclopedia of the Bible*, Vol. 1: *A-C*, ed. Merrill C. Tenney (Grand Rapids, Michigan: Zondervan Publishing House, 1976), p. 618.

8) 에베소서 4장 11절을 보면 "목사와 교사"의 경우 'the pastors and the teachers'로 되어 있지 않고 'the pastors and teachers'로 되어 있다. 전자는 '목사'와 '교사'가 별개의 존재임을 나타내지만 후자는 하나의 인물이 목사이자 교사라는 것을 말해 준다.

9) 권사, 전도사, 선교사는 성경에 언급되어 있지 않지만 교단의 법에는 직분자로 나타나 있다. 합동측 헌법에는 '전도사'와 '권사'에 대한 규정이 있고[〈헌법〉(서울: 대한예수교장로회총회, 2010), pp. 152-153], '선교사'는 "다른 민족을 위하여 외지에 파송을 받은 목사"(위의 책, p. 158)로 되어 있다. 한편 통합측의 헌법을 보면 '전도사'에 대한 규정은 따로 나와 있으나[대한예수교장로회총회 헌법개정위원회 편, 〈헌법〉(서울: 한국장로교출판사, 2007), p. 183], '권사'의 경우에는 '집사'와 함께 다루어져 있고(위의 책, pp. 183-185), '선교사' 대신 '선교목사'라는 호칭을 사용하고 있다(위의 책, p. 177).

10) 박영신, 《역사와 사회 변동》(서울: 대영사, 1987), pp. 249-250.

11) 최봉영, 《한국인의 사회적 성격 (1): 일반이론의 구성》(서울: 도서출판 느티나무, 1994), p. 114.

12) 위의 책, p. 117.

13) 위의 책, p. 118.

14) 위의 책, p. 119.

15) 위의 책, p. 121.

16) 최재석, 《한국인의 사회적 성격》(서울: 현음사, 1999), p. 64.

17) 위의 책, pp. 71-72.

18) 최봉영, 《한국인의 사회적 성격 (1)》, p. 175.

19) 위의 책, p. 261.

20) 송인규, 《분별력 2: 삶의 모든 영역을 하나님의 통치 아래 살아가는 길》(서울: 부흥과개혁사, 2014), pp. 237-238.

21) 이 항목은 위의 책, pp. 218-222에 좀 더 자세히 기술되어 있다.

22) K. Sietsma, *The Idea of Office*, trans. Henry Vander Goot (Ontario, Canada: Paideia Press, 1985), pp. 56-57.

16. 두 교회를 하나로 합치자고요?: 교회 합병에 대한 이해

1) 교회 합병이 사실상 교회의 미션과 비전에 의해 추동되는 것임을 밝히는 글로서, "The New Math of Church Mergers," *CT Pastors* (December 2019), at http://www.christianitytoday.com/pastors/channel/utilities/print. html?type=article&id=163503, accessed on July 26, 2021을 참조하라.

2) Samuel E. Waldron, "Plural-Elder Congregationalism," *Who Runs the Church?: 4 Views on Church Government*, ed. Paul E. Engle (Grand Rapids, Michigan: Zondervan, 2004), pp. 187-221; James R. White, "The Plural-Elder-Led Church: Sufficient as Established — The Plurality of Elders as Christ's Ordained Means of Church Governance," *Perspectives on Church Government: 5 Views of Church Policy*, eds. Chad Owen Bran and R. Stanton Norman (Nashville, Tennessee: Broadman & Holman Publishers, 2004), pp. 255-284.

3) 필자가 신학교에서 가르치던 1997년에도 세 명의 학생이 동사 목회의 꿈을 가지고 미래를 준비한 적이 있다. 그들은 그런 목회의 필요성을 ① 21C 새로

운 패러다임에 대한 목회적 대응, ② 은사의 다양성, ③ 발전적 사역, ④ 개척시의 유익 등에서 찾았지만, 실제로는 한국 교회 목회자들의 전횡적 리더십에 대한 반감 및 대안 찾기가 주된 이유였다. 이 내용은 이 책 "3. 목회에서 동역은 꿈에 불과한가?: 목회 동역의 비전"에 좀 더 자세히 기술되어 있다.

4) D. A. Carson, "Church, Authority in the," *Evangelical Dictionary of Theology*, 2nd ed., ed. Walter A. Elwell (Grand Rapids, Michigan: Baker Academic, 2001), p. 250.

5) 송인규, "꿈과 현실 사이: 목회에서의 동역," 〈목회와신학〉(2015년 12월): 142-143.

6) 물론 선호적 항목의 사항들에 대해서도 일치나 조정이 있으면 좋다. 그러나 필수적 항목의 것들만큼 중요한 것은 아니다. A와 B 교회가 필수적 항목의 사항들에서 일치나 조정을 이룩할 수 있다면, 선호적 항목의 사항들의 경우에는 후에라도 더욱 융통성 있고 여유 있는 자세로 논의에 임할 수 있을 것이다.

아는 만큼 건강한 목회

송인규 지음

2023년 9월 1일 초판 발행

펴낸이 김도완　　　　　　　**펴낸곳** 비아토르
등록번호 제2021-000048호　　**주소** 서울시 종로구 삼일대로 428, 500-26호
　　　　(2017년 2월 1일)　　　　　　(우편번호 03140)
전화 02-929-1732　　　　　　**팩스** 02-928-4229
전자우편 viator@homoviator.co.kr

편집 이현주　　　　　　　　**디자인** 즐거운생활
제작 제이오　　　　　　　　**인쇄** (주)민언프린텍　　　　　**제본** 다온바인텍

ISBN 979-11-91851-78-6 03230　　**저작권자** © 송인규, 2023